"十四五"职业教育国家规划教材

"十三五"职业教育国家规划教材 修订版

江苏省高等学校重点教材（教材编号：2021-1-046）

新能源汽车概论

第 2 版

主　编　孙　旭　陈社会
副主编　马文胜　姚文俊　杨正荣
参　编　郝金魁　王昕灿　翟　羽　王　菲
主　审　徐　贤

机械工业出版社

本书是"十四五"职业教育国家规划教材，介绍了新能源汽车的类型、发展新能源汽车的必要性以及新能源汽车关键技术、发展现状和发展趋势。本书通过车型实例详细描述了纯电动汽车、混合动力汽车、燃料电池汽车以及其他清洁能源汽车的基础知识，并对新能源汽车的3大核心技术：电池、电机与电控技术做了系统的介绍，每个项目通过课前引入、课中实践、课后思考开展教学，并配套在线课程资源。同时配有阅读小材料，丰富了相关知识。全书内容翔实，图文并茂，选取了大量的实例，对普及新能源汽车的基础知识具有很重要的意义。

本书可作为职业教育汽车类专业教材，也可作为各类汽车培训机构授课教材及新能源汽车行业相关工程技术人员的参考用书。

为方便教学，本书配有电子教案、电子课件及相关教学视频，凡选用本书作为授课教材的教师均可登录 www.cmpedu.com 注册后免费下载，或来电咨询编辑，编辑电话：010-88379201。

图书在版编目（CIP）数据

新能源汽车概论/孙旭，陈社会主编. —2版. —北京：机械工业出版社，2022.12（2025.8重印）

ISBN 978-7-111-72012-6

Ⅰ.①新… Ⅱ.①孙…②陈… Ⅲ.①新能源-汽车-职业教育-教材 Ⅳ.①U469.7

中国版本图书馆CIP数据核字（2022）第212038号

机械工业出版社（北京市百万庄大街22号 邮政编码100037）
策划编辑：师 哲　　　　责任编辑：师 哲
责任校对：贾海霞　张 征　封面设计：张 静
责任印制：张 博
天津市银博印刷集团有限公司印刷
2025年8月第2版第18次印刷
184mm×260mm・11印张・271千字
标准书号：ISBN 978-7-111-72012-6
定价：48.00元

电话服务　　　　　　　　　　网络服务
客服电话：010-88361066　　　机 工 官 网：www.cmpbook.com
　　　　　010-88379833　　　机 工 官 博：weibo.com/cmp1952
　　　　　010-68326294　　　金 书 网：www.golden-book.com
封底无防伪标均为盗版　　　　机工教育服务网：www.cmpedu.com

关于"十四五"职业教育国家规划教材的出版说明

为贯彻落实《中共中央关于认真学习宣传贯彻党的二十大精神的决定》《习近平新时代中国特色社会主义思想进课程教材指南》《职业院校教材管理办法》等文件精神，机械工业出版社与教材编写团队一道，认真执行思政内容进教材、进课堂、进头脑要求，尊重教育规律，遵循学科特点，对教材内容进行了更新，着力落实以下要求：

1. 提升教材铸魂育人功能，培育、践行社会主义核心价值观，教育引导学生树立共产主义远大理想和中国特色社会主义共同理想，坚定"四个自信"，厚植爱国主义情怀，把爱国情、强国志、报国行自觉融入建设社会主义现代化强国、实现中华民族伟大复兴的奋斗之中。同时，弘扬中华优秀传统文化，深入开展宪法法治教育。

2. 注重科学思维方法训练和科学伦理教育，培养学生探索未知、追求真理、勇攀科学高峰的责任感和使命感；强化学生工程伦理教育，培养学生精益求精的大国工匠精神，激发学生科技报国的家国情怀和使命担当。加快构建中国特色哲学社会科学学科体系、学术体系、话语体系。帮助学生了解相关专业和行业领域的国家战略、法律法规和相关政策，引导学生深入社会实践、关注现实问题，培育学生经世济民、诚信服务、德法兼修的职业素养。

3. 教育引导学生深刻理解并自觉实践各行业的职业精神、职业规范，增强职业责任感，培养遵纪守法、爱岗敬业、无私奉献、诚实守信、公道办事、开拓创新的职业品格和行为习惯。

在此基础上，及时更新教材知识内容，体现产业发展的新技术、新工艺、新规范、新标准。加强教材数字化建设，丰富配套资源，形成可听、可视、可练、可互动的融媒体教材。

教材建设需要各方的共同努力，也欢迎相关教材使用院校的师生及时反馈意见和建议，我们将认真组织力量进行研究，在后续重印及再版时吸纳改进，不断推动高质量教材出版。

机械工业出版社

PREFACE 前 言

内燃机汽车的发展是现代工业技术最重大的成就之一。然而大气质量的恶化、全球变暖和石油资源的匮乏已成为人们生活中必须面临的问题。日益严格的排放和燃料效率的标准促进了安全、清洁和高效车辆的迅猛发展。开发低污染或零污染的绿色汽车，特别是以纯电动汽车、插电式混合动力（含增程式）汽车和燃料电池汽车为代表的新能源汽车已成为当今汽车工业发展的重要课题。

围绕实现制造强国的战略目标，《中国制造2025》行动纲领中提出将节能与新能源汽车作为大力推动的十大重点领域之一，推动自主品牌节能与新能源汽车同国际先进水平接轨。我国《新能源汽车产业发展规划（2021—2035年）》明确指出，发展新能源汽车是我国从汽车大国迈向汽车强国的必由之路，是应对气候变化、推动绿色发展的战略举措。近年来，新能源汽车行业高速发展，新技术层出不穷，汽车专业的学生非常有必要掌握节能与新能源汽车方面的基本知识和基本技能，为此，编者以多年的新能源汽车科研及教学经验为基础，编写了本书。

本书介绍了发展新能源汽车的必要性以及新能源汽车发展现状和发展趋势，并通过不同发展阶段的典型车型，分析了纯电动汽车、混合动力汽车、燃料电池汽车以及其他清洁能源汽车的基本结构、原理和技术发展脉络。本书对新能源汽车的动力蓄电池及管理系统、驱动电机及控制系统、充电技术和高压安全技术也作了较系统的阐述，重点围绕我国新能源汽车"三纵三横"技术路线，介绍了我国新能源汽车典型车型和先进技术，向读者展示全球新能源汽车行业中的中国力量。本书特色如下：

1. 落实立德树人根本任务

坚持以习近平新时代中国特色社会主义思想引领教材建设，提升教材的思想性、科学性、时代性。融入我国新能源汽车的技术发展，培养学生的职业认同感，同时介绍了国外新能源汽车典型车型，增强了学生的国际化视野，发挥教材培根铸魂的作用。

2. 以学生为中心，注重适用性，突出职教特色

本书突出实用性、实践性和职业性，注重遵循职业教育教学规律和职业院校学生的身心发展规律。每个项目以"学习目标""学习要求"引入新知识，通过"课前引入"引导学生分析问题，设置"课中实践"以提升学生的课堂参与度，鼓励学生自主学习，提高教学效果。辅以"阅读小资料"等对重难点进行补充，进而拓宽学生的知识面，提升文化素养，发展学生的兴趣，最后通过"课后思考"对学习效果进行评价。

3. 遵循专业教学标准，融入"四新"技术

本书内容遵循最新的《高等职业教育专科新能源汽车技术专业教学标准》，根据"四

新"要求增加、更新了新能源汽车新技术,如对典型新能源汽车实例进行了替换等。

4. 配套资源丰富,满足混合式教学要求

本书配有电子教案、电子课件及相关教学视频,同时也得到了清研车联汽车学堂的支持,读者可登录 www.auto-mooc.com 搜索"新能源汽车概论",构建混合式教学模式。

本书由孙旭教授(高级工程师)、陈社会教授任主编,马文胜、姚文俊、杨正荣任副主编,郝金魁、王昕灿、翟羽、王菲参加了编写。本书由奇瑞新能源汽车有限公司徐贤博士主审。

在本书的编写过程中,编者查阅了大量书籍、文献和资料,引用了一些网上资源,广泛参考和借鉴了国内外新能源汽车方面的研究成果,也得到了有关新能源汽车生产厂家的支持。在此,对这些成果的研究和开发人员表示衷心的感谢。

由于新能源汽车技术的飞速发展以及编者水平有限,书中难免有不妥之处,敬请广大读者批评指正。

编者

二维码索引

序号	名称	图形	页码	序号	名称	图形	页码
1	汽车学堂-新能源汽车概论（免费在线课程）		V	5	纯电动汽车基本构成及工作原理		61
2	驱动电机系统的整体认知		33	6	丰田普锐斯混合动力汽车		95
3	常用驱动电机的认识		35	7	电气危害与救助		158
4	新能源汽车电控系统认识		48				

目 录

关于"十四五"职业教育国家规划教材的出版说明
前　言
二维码索引

项目一　新能源汽车的总体认知　1

学习目标 / 1
学习要求 / 1
课前引入 / 1
课题一　新能源汽车的定义与分类 / 2
课题二　新能源汽车的发展背景 / 6
课题三　新能源汽车的发展现状与趋势 / 8
阅读小资料 / 12
课中实践 / 13
课后思考 / 14

项目二　新能源汽车关键技术的认知　15

学习目标 / 15
学习要求 / 15
课前引入 / 16
课题一　新能源汽车动力蓄电池系统 / 16
课题二　新能源汽车驱动电机系统 / 33

课题三　逆变器与变频器 / 41
课题四　新能源汽车控制系统 / 46
课题五　智能网联技术的应用 / 51
阅读小资料 / 55
课中实践 / 56
课后思考 / 56

项目三　纯电动汽车的认知　58

学习目标 / 58
学习要求 / 58
课前引入 / 58
课题一　纯电动汽车概述 / 59
课题二　纯电动汽车的基本结构与原理 / 61
课题三　典型纯电动汽车车型实例 / 65
阅读小资料 / 75
课中实践 / 79
课后思考 / 79

项目四　混合动力汽车的认知　80

学习目标 / 80

学习要求 / 80
课前引入 / 80
课题一　混合动力汽车概述 / 81
课题二　混合动力汽车的基本结构与原理 / 85
课题三　典型混合动力汽车车型实例 / 95
阅读小资料 / 108
课中实践 / 110
课后思考 / 111

学习要求 / 134
课前引入 / 134
课题一　气体燃料汽车 / 135
课题二　生物质燃料汽车 / 148
课题三　太阳能汽车和压缩空气动力汽车 / 151
阅读小资料 / 155
课中实践 / 156
课后思考 / 157

项目五 112　燃料电池汽车的认知

学习目标 / 112
学习要求 / 112
课前引入 / 112
课题一　燃料电池汽车概述 / 113
课题二　质子交换膜燃料电池 / 122
课题三　典型燃料电池汽车车型实例 / 125
阅读小资料 / 131
课中实践 / 133
课后思考 / 133

项目七 158　新能源汽车高压电气防护

学习目标 / 158
学习要求 / 158
课前引入 / 158
课题一　新能源汽车使用与维护 / 158
课题二　新能源汽车电气防护 / 162
阅读小资料 / 166
课中实践 / 167
课后思考 / 167

参考文献 / 168

项目六 134　其他清洁能源汽车的认知

学习目标 / 134

项目一 01 新能源汽车的总体认知

学习目标

通过本项目的学习，学生能够了解新能源汽车的概念与范畴，认识发展新能源汽车的必要性，了解国内外新能源汽车的发展现状和趋势，关注全球新能源汽车产业的中国力量。

学习要求

知识要点	能力要求	相关知识
新能源汽车的定义与分类	了解什么是新能源汽车，新能源汽车包括哪些类型	新能源汽车的概念
发展新能源汽车的必要性	了解为什么要发展新能源汽车	温室效应、环境污染、石油资源匮乏
新能源汽车的发展现状	通过对国内外新能源汽车发展现状分析，对新能源汽车有较全面的了解	美国、日本、德国和中国的新能源汽车发展现状
新能源汽车技术的发展趋势	通过对新能源汽车技术发展趋势的认识，了解新能源汽车的发展方向	电池、电机、整车等技术路线；"三纵三横"

课前引入

能源、气候、环境和资源是与一个国家的国计民生息息相关的问题，如何解决这些问题关系到人类社会能否可持续发展。

近十年来，在与交通运输相关的研究开发领域，人们致力于加快培育和发展高效、清洁和安全的运输工具。以纯电动汽车、插电式混合动力汽车和燃料电池汽车为代表的新能源汽车已被公认为日后用以替代传统车辆的主要运输工具。当前，新能源汽车已成为全球汽车产业转型发展的重要方向。经过多年持续发展，我国新能源汽车产业技术水平得到显著提升、企业竞争力大幅增强。2015年以来，我国新能源汽车产销量、保有量连续十年居世界首位，电动化跻身世界前列，市场上涌现了比亚迪、北汽、奇瑞、吉利、蔚来、理想等新能源汽车自主品牌，全球新能源汽车产业迎来了中国力量。那么，新能源汽车为什么会引起如此关注？什么样的汽车可被称为新能源汽车呢？新能源汽车有哪些关键技术？与燃油汽车有什么不同？学生可以带着以上问题开始本项目的学习。

课题一　新能源汽车的定义与分类

一、汽车可用能源概述

除汽油和柴油外，汽车可用其他能源主要包括电能、氢能、天然气（液化石油气 LPG，Liquefied Petroleum Gas；压缩天然气 CNG，Compressed Natural Gas）、醇类燃料、二甲醚（DME，Dimethyl Ether）、太阳能等。表 1-1 为汽车可用其他能源的优缺点比较。新能源汽车主要采用电能和氢能，如图 1-1 所示。

a)

b)

图 1-1　新能源汽车主要采用的新能源——电能与氢能

表 1-1　汽车可用其他能源的优缺点比较

种类	优点	缺点	备注
电能	1. 来源丰富 2. 直接污染及噪声小 3. 结构简单，维修方便	1. 蓄电池能量密度较小，汽车续驶里程较短 2. 蓄电池重量大，寿命短，成本较高 3. 蓄电池充电时间较长	公认的未来汽车的主流
氢能源	1. 来源丰富 2. 污染很小 3. 氢能源的辛烷值高，热值高	1. 氢生产和运输成本高 2. 气态氢能量密度小，储运不便，液态氢技术难度大，成本高 3. 需开发专用发动机	1. 制氢及储运等技术仍不成熟 2. 应用范围较少
天然气	1. 资源丰富 2. 污染小 3. 辛烷值高	1. 需要建设配套保障设施（加气站等），投资大 2. 能量密度较小，续驶里程受限 3. 动力性较差 4. 储带不便	可用于替代燃料
醇类燃料	1. 来源较丰富 2. 辛烷值高 3. 污染较小	1. 毒性较大 2. 对金属及橡胶件具有腐蚀性 3. 冷起动性能较差	可用于替代燃料

(续)

种类	优点	缺点	备注
二甲醚	1. 来源较丰富 2. 污染小 3. 十六烷值高	1. 毒性较大 2. 动力性较低 3. 储带不便 4. 生产成本较高	可用于替代燃料
太阳能	1. 来源丰富，可再生 2. 污染小	1. 效率低 2. 成本高	应用尚需较长时间

二、新能源汽车的定义与分类

根据 2012 年国务院《节能与新能源汽车产业发展规划（2012—2020 年）》，新能源汽车是指：采用新型动力系统，完全或主要依靠新型能源驱动的汽车，主要包括：纯电动汽车、插电式混合动力汽车及燃料电池汽车。

2020 年 7 月 24 日修订的《新能源汽车生产企业及产品准入管理规定》中所称新能源汽车包括插电式混合动力（含增程式）汽车、纯电动汽车和燃料电池汽车三种类型。2020 年 11 月，国务院发布的《新能源汽车产业发展规划（2021—2035 年）》中，也延续了该定义和分类。

1. 纯电动汽车

纯电动汽车是驱动能量完全由电能提供的、由电机驱动的汽车，电机的驱动电能来源于车载可充电储能系统或其他能量储存装置。图 1-2 所示为奇瑞小蚂蚁 EQ 纯电动汽车及纯电动汽车工作简图，该车搭载容量为 40.6kW·h 的动力蓄电池，NEDC 综合续驶里程可达 408km。图 1-3 所示为蔚来 ES6 纯电动 SUV，其搭载容量为 100kW·h 的动力蓄电池，NEDC 综合续驶里程可达 610km。

a)　　　　　　　　　　　　　b)

图 1-2　奇瑞小蚂蚁 EQ 纯电动汽车及纯电动汽车工作简图

2. 插电式混合动力（含增程式）汽车

混合动力电动汽车是能够至少从下述两类车载储存的能量中获得动力的汽车：①可消耗的燃料；②可再充电能/能量储存装置。插电式混合动力汽车（Plug-in Hybrid Electric Vehicle，PHEV）是指可使用电力网（包括家用电源插座）对车载可充电动力蓄电池进行充电的混合动力汽车。图 1-4 所示为比亚迪一款插电式混合动力汽车，其综合工况油耗为 1.4L/100km。

图 1-3　蔚来 ES6 纯电动 SUV　　　　　图 1-4　比亚迪汉 DM 插电式混合动力汽车

增程式汽车是以电能为主要驱动能源、发动机为辅助动力源，兼有外接电源充电和车载自供电功能的一种特殊混合动力汽车。图 1-5 所示为一款增程式汽车——新势力车企品牌理想 ONE（理想汽车首款产品），其 NEDC 综合工况续驶里程达 1080km，纯电模式下的 NEDC 续驶里程为 188km，目前产品也在不断更新迭代中。

3. 燃料电池汽车

燃料电池汽车是指动力系统主要由燃料电池发动机、燃料箱（氢瓶）、电机和动力蓄电池等组成，采用燃料电池发电作为主要能量源，通过电机驱动的汽车。燃料电池汽车具有效率高、节能环保（以氢气为能源、排放物为水、运行平稳噪声小）等优点。

图 1-6 所示为丰田全新 Mirai 氢燃料电池汽车，搭载 3 个储氢罐，续驶里程达 850km。

图 1-5　理想 ONE 增程式汽车　　　　　图 1-6　丰田全新 Mirai 氢燃料电池汽车

4. 其他清洁能源汽车

（1）气体燃料汽车　气体燃料汽车是利用可燃气体作为能源驱动的汽车。汽车的气体代用燃料种类很多，常见的有天然气和液化石油气。根据汽车使用可燃气体的形态不同，燃料可分为三种：压缩天然气 CNG（Compressed Natural Gas），主要成分为甲烷；液化天然气 LNG（Liquefied Natural Gas），甲烷经深度冷冻液化；液化石油气 LPG（Liquefied Petroleum Gas），主要成分是丙烷和丁烷的混合物。图 1-7 所示为新奥迪 A3 g-tron，它采用的是"天然气+汽油"组成的双燃料系统。

(2) 生物质燃料汽车　燃用生物质燃料或燃用掺有生物质燃料的燃油的汽车称为生物质燃料汽车，与传统汽车相比，结构上无重大改动，排放总体上较低，包括乙醇燃料汽车和生物柴油汽车等。

(3) 氢燃料汽车　氢燃料汽车是以氢为主要能量驱动的汽车。一般汽车是使用汽油或柴油作为内燃机的燃料，而氢燃料汽车则是使用气体氢作为内燃机的燃料（图1-8）。氢燃料汽车与氢燃料电池汽车是截然不同的两个概念。氢燃料汽车仍是内燃机汽车，而燃料电池汽车是通过电池直接将化学能转化为电能，利用驱动电机驱动。

图1-7　新奥迪A3 g-tron

图1-8　氢燃料内燃机

氢内燃机在汽车上的应用方式又有纯氢内燃机、氢/汽油双燃料内燃机、氢-汽油混合燃料内燃机三种。

(4) 其他能源汽车　利用太阳能、原子能、压缩空气等其他能量形式驱动的汽车。

三、新能源汽车与燃油汽车结构的主要差异

新能源汽车与燃油汽车结构上的差异主要体现在动力和传动路线，以及能量供给方式上，如图1-9所示。

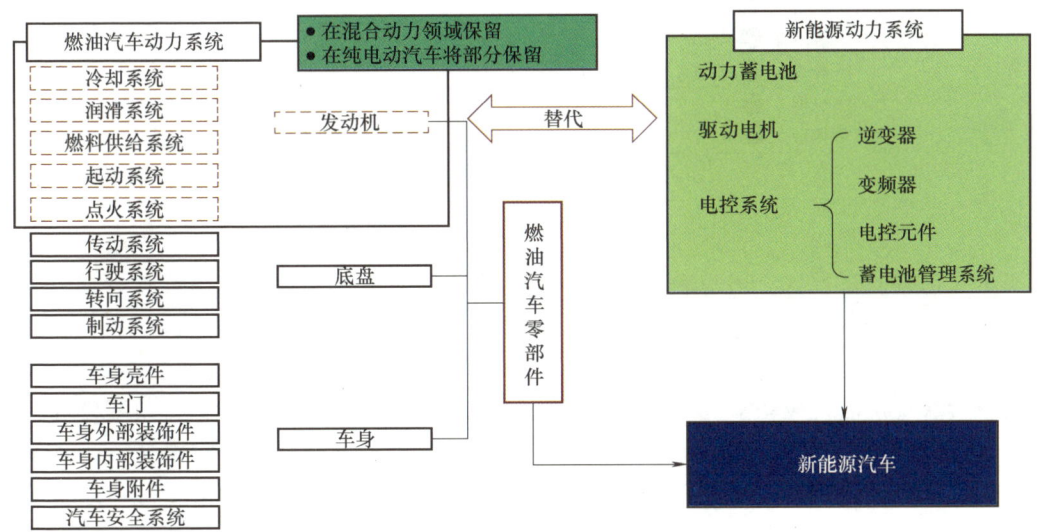

图1-9　新能源汽车与燃油汽车的结构差异

课题二　新能源汽车的发展背景

在汽车百余年的发展历程中，作为新能源汽车的纯电动汽车几经坎坷，由于社会、经济及技术等诸多因素使得纯电动汽车无法与以石油能源为燃料的内燃机汽车相匹敌。不过，在新的历史时期，由于特定的社会与环境背景，新能源汽车又迎来新的发展机遇。

一、温室效应与碳排放控制

汽车尾气中含量最高的气体是CO_2。尽管CO_2对环境没有直接毒害作用，但它是主要的温室气体之一。当大气中CO_2含量升高时，会增强大气对太阳光中红外线辐射的吸收，阻止地球表面的热量向外散发，使地球表面的平均气温上升，产生温室效应，引起全球变暖，威胁人类生存环境。温室气体排放对环境的改变不容忽视。

IPCC第六次评估报告显示：2011—2020年间全球表面温度要比1850—1900年间上升1.09℃。按目前的情况，全球气温可能会在未来20年内比工业化前水平上升1.5℃，这会导致海平面上升0.5m，同时不能排除海平面在21世纪末上升2m的可能性。

随着汽车工业的发展，世界碳排放问题日益突出，《bp世界能源统计年鉴》2021年版显示：2020年全球CO_2排放总量达322.8亿t。图1-10和图1-11为2020年CO_2排放全球前十家排名和排放占比。以汽车为主体的道路交通碳排放，占全球碳排放总量的20%左右，推动汽车产业碳减排，是实现碳达峰、碳中和目标的至关重要的一环。

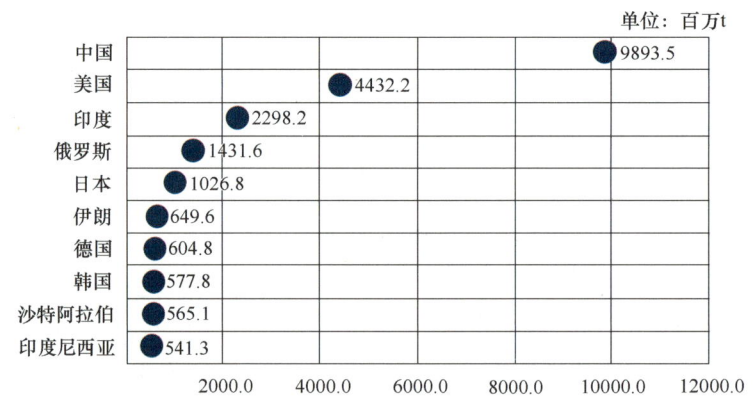

图1-10　2020年CO_2排放全球前十国家排名

为了实现碳减排目标，世界各地对汽车碳排放控制要求越来越高。如欧盟出台汽车排放最新规定：到2021年汽车制造商必须将CO_2排放从118.5g/km降至95g/km，不达标部分将面临每辆车每克95欧元的罚款，并计划到2030年将该标准进一步收紧到75g/km。从排放标准来看，汽车厂商仅仅依靠燃油汽车的技术进步无法满足排放标准，必须积极投资研发纯电动汽车等新能源汽车。欧盟规定，允许生产纯电动汽车等排放极低车型来获取更多的积分并将其用于生产其他排放较高的车型。美国加利福尼亚州规定在该州销量超过一定数量的汽车企业必须使环保车的比例达到ZEV（Zero Emission Vehicle）法案的规定。未达到ZEV法案规定标准的企业必须支付每辆车5000美元罚款，或者向其他公司购买积分。

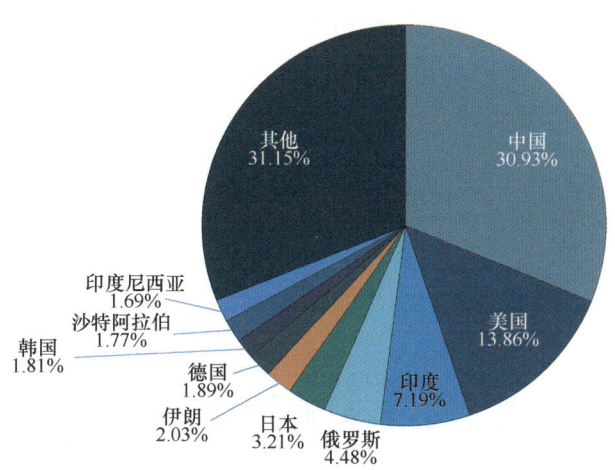

图 1-11 2020 年 CO_2 排放全球前十国家排放占比

我国也采取切实行动应对气候变化，积极参与国际气候治理，并向国际社会承诺"二氧化碳排放力争于 2030 年前达到峰值，努力争取 2060 年前实现碳中和"。为了履行我国温室气体减排承诺，有效管理汽车行业的碳排放，我国积极开展基于汽车全生命周期的碳排放核算标准和政策的研究，2020 年，发布了《节能与新能源汽车技术路线图（2.0 版）》，并广泛推广使用新能源汽车，减少 CO_2 排放量，切实承担大国责任，展现大国担当。

二、环境污染

汽车尾气中的一氧化碳、碳氢化合物、氮氧化物、颗粒物对人类健康会产生直接危害。一氧化碳与血液中的血红蛋白结合的速度比氧气快 250 倍，从而削弱血液向各组织输送氧的功能，危害中枢神经系统，造成人的感觉、反应、理解、记忆力等机能障碍，重者危害血液循环系统，导致生命危险。

氮氧化物和碳氢化合物在紫外线作用下，产生一种具有刺激性的化学烟雾，其对人体最突出的危害是刺激眼睛和上呼吸道黏膜。尾气中颗粒物成分很复杂，并具有较强的吸附能力，可以吸附各种金属粉尘、强致癌物质和病原微生物等。颗粒物随呼吸进入人体，会引起呼吸系统疾病及恶性肿瘤。

除了汽车尾气给环境带来的不利影响，汽车在生产、使用至报废过程中都会造成环境污染。汽车制造过程中，塑料制件中使用的氟利昂破坏臭氧层，铅基涂料会造成铅污染，油漆溶剂的挥发也会造成污染等。汽车排入大气中的碳氢化合物和氮氧化物等一次污染物，在阳光的作用下发生化学反应，生成臭氧、醛、酮、酸等二次污染物，参与光化学反应过程的一次污染物和二次污染物的混合物形成光化学烟雾，危害人体健康。

汽车尾气已经成为空气污染的重要因素，发展新能源汽车、智能网联汽车，减少环境污染，是汽车技术发展的必然趋势。

三、能源短缺

据《bp 世界能源统计年鉴》2022 年版显示：自 1952 年《年鉴》首次发布以来，当前全球能源系统面临的挑战和不确定性是近 50 年来最大的，日益严重的短缺和不断上涨的价格突显了能源"安全性"和"可负担性"以及"低碳"的持续重要性。

随着经济的快速发展，我国能源对外依存度在迅猛攀升。我国石油对外依存度已由2000年的37.4%上升至2020年的72.5%，已远超50%这一国际公认警戒线，我国原油进口情况如图1-12所示。

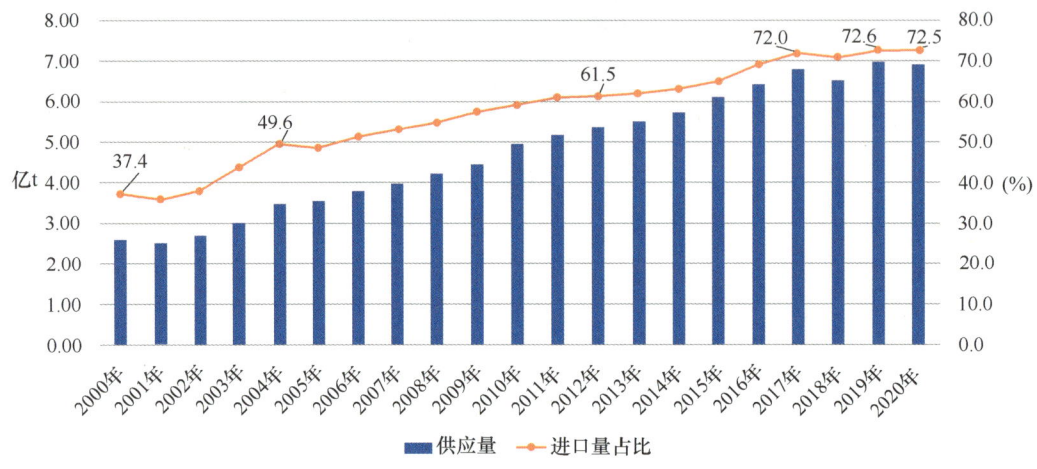

图1-12 我国原油进口情况

传统汽车工业以石油为燃料，对化石能源有巨大的需求和依赖。目前，世界汽车保有量突破10亿辆，预计到2030年全球汽车保有量将突破20亿辆。近年来我国汽车社会化进程加快，截至2021年底，我国汽车保有量3.02亿辆，成为人类历史上第一个汽车保有量突破3亿的国家。但是，汽车产量的急剧增长带来的能源安全问题将更加突出。

从环境保护与能源的角度，新能源汽车是汽车发展的必然趋势。随着新一轮科技革命和产业变革兴起，新能源汽车产业正进入加速发展的新阶段，其不仅为各国经济增长注入强劲新动能，也有助于减少温室气体排放、应对气候变化挑战、改善全球生态环境。

课题三　新能源汽车的发展现状与趋势

面对全球范围日益严峻的能源形势和环保压力，近年来，世界主要汽车生产国都把发展新能源汽车作为提高产业竞争能力、保持经济社会可持续发展的重大战略举措，新能源汽车成为市场新的增长点。目前，新一轮的新能源汽车研发、示范和产业化已经开始，而且得到各国政府和企业的高度重视。

一、国内外新能源汽车的发展现状

1. 美国

通用、福特和克莱斯勒三大品牌曾是美国汽车市场的领导者，近年来，尤其是国际金融危机发生以来，此格局发生了很大变化，日系、欧系，甚至是韩系汽车在美国市场步步为营，再加上石油资源压力和日益严格的环保要求，美国开始在新能源汽车领域发力。

2021年8月，美国发布新能源汽车发展新目标，计划2030年将新能源汽车（包括插电混动、纯电动汽车和燃料电池汽车）的销量占比提升到40%~50%。美国主要的本土以及国际汽车制造商、全美汽车工人联合会、汽车创新联盟、加利福尼亚政府、美国气候联盟等产业和政府机构发布联合声明，支持政府加速新能源汽车产业发展，以强化美国在新能源汽车领域的领先地位。为实现这个目标，政府及产业界将从新能源汽车购置补贴、完善充电网络、研发投入、为新能源整车以及零配件生产提供补贴等方面加大支持力度。

目前市场表现来看，美国的汽车公司中，开发比较成功的车型有雪佛兰 Volt，另外特斯拉公司的特斯拉纯电动汽车更是掀起纯电动汽车的热潮。

2. 日本

日本政府早在 2009 年 6 月启动了"新一代汽车"计划，所谓"新一代汽车"，实际指的就是新能源汽车，包括混合动力汽车、纯电动汽车、燃料电池汽车等。该计划力争在 2050 年使新能源汽车占据汽车市场总量的一半左右。为了实现这一计划，日本政府通过援建电动汽车基础设施、减税和发放补贴等措施促进新能源汽车的发展。由于政府的推动和政策扶持，日本新能源汽车的产业化成果显著。

在混合动力汽车领域，丰田汽车起步时间较早。1997 年，全世界第一款混合动力量产车丰田普锐斯上市，它成了丰田在油电混合领域创造辉煌的一个重要起点。截至 2020 年，丰田系列混合动力车累计销量已超过 1500 万辆。

在纯电动汽车领域，日产汽车是早期发展纯电动汽车的企业之一，首款纯电动车型 LEAF 早在 2010 年就已经推出，目前累计销量已突破 50 万辆。

与此同时，日本还快速发展燃料电池汽车技术，丰田和本田汽车公司已成为当今世界燃料电池汽车市场上的重要企业。

3. 欧洲

欧洲侧重于温室气体减排战略，日趋严格的 CO_2 排放法规是欧洲对新能源汽车发展的主要驱动力。欧洲的新能源汽车发展在早期主要以生物质燃料、天然气以及氢燃料为主，以实现减排的目标。

在能源政策的引导以及排放标准的限定下，欧盟早期制定的新能源汽车发展战略方向为生物燃料汽车和燃料电池汽车，近年来，则对纯电动汽车给予高度关注。在欧盟以及欧洲各国政策和欧洲新能源汽车技术的推动下，欧洲新能源汽车开始飞速发展，目前欧洲已经成了全球前列的新能源汽车销售市场。从各国新能源汽车发展目标来看，欧洲的英国、爱尔兰、丹麦、葡萄牙、西班牙等国家均针对未来新能源汽车的普及程度提出了 100% 的目标，并纷纷制定了燃油汽车禁售时间表。如：挪威和荷兰将从 2025 年开始禁售燃油汽车，英国和法国将从 2040 年开始禁售燃油汽车等。大众、奔驰、宝马、沃尔沃等车企也纷纷制定在新能源汽车领域的战略和产业规划。如大众：计划 2023 年生产 100 万辆纯电动汽车，与此同时，还将计划从 2020 年到 2024 年五年间投入 330 亿欧元布局电动化；奔驰：计划至 2030 年，电动车型（包括纯电动和插电式混合动力车型）将占据乘用车新车销量一半以上的份额，电动出行将是梅赛德斯-奔驰的核心业务；沃尔沃：自 2019 年起，沃尔沃所有新上市车型均将配备驱动电机，这标志着该汽车制造商将终结纯内燃机时代，电气化技术成为其未来发展的核心，并计划在未来 10 年内成为一个纯电动汽车品牌。

4. 中国

自 2001 年我国正式启动"863"计划电动汽车重大专项至今，新能源汽车行业经历了战略规划期（2001—2008 年）、导入期（2009—2015 年）、成长期（2016 年至今）三个发展阶段。目前，以比亚迪、北汽、奇瑞、吉利、蔚来、理想、小鹏等一批自主品牌为代表的新能源汽车企业已开始活跃在汽车市场。我国汽车产业电动化跻身世界前列，网联化、智能化发展势头强劲，产业进入叠加交汇、融合发展新阶段。

2020 年，国务院办公厅印发《新能源汽车产业发展规划（2021—2035 年）》（以下简称《规划》），它成为新阶段引领我国新能源汽车产业发展的重要政策。图 1-13 所示为我国新能源汽车产业发展规划提出的主要目标。

《规划》指出，汽车产品形态、交通出行模式、能源消费结构和社会运行方式正在发生深刻变革，为新能源汽车产业提供了前所未有的发展机遇。经过多年持续努力，我国新能源汽车产业技术水平显著提升、产业体系日趋完善、企业竞争力大幅增强，2015 年以来产销量、保有量连续居世界首位，产业进入叠加交汇、融合发展新阶段。必须抢抓战略机遇，巩固良好势头，充分发挥基础设施、信息通信等领域优势，不断提升产业核心竞争力，推动新能源汽车产业高质量可持续发展。

目前，我国汽车产销规模已居世界前列，未来一段时期仍将保持稳步增长，加快培育和发展节能与新能源汽车产业，促进汽车产业优化升级，是我国实现由汽车大国向汽车强国转变的必由之路。

图 1-13 我国新能源汽车产业发展规划提出的主要目标

二、新能源汽车核心技术及发展趋势

1. 突破电池技术是关键

作为汽车动力源，目前还没有任何一种电池的能量密度能与石油相提并论。另外，动力蓄电池的热失控是机理复杂的新能源汽车热安全问题，它跟蓄电池管理系统、单体蓄电池热失控与材料体系的设计、成组电池热失控的扩展和电池系统设计等技术有关。动力蓄电池及充电技术仍是限制纯电动汽车发展的瓶颈，动力蓄电池技术路线趋势为锂离子蓄电池→固态电池，固态电池可达到更高的能量密度。无线充电和换电技术可打破充电在时间和空间范围内的限制，大大提高了充电效率。

2. 电驱系统呈集成一体化、永磁高效化、数字智能化

从国内外新能源汽车驱动电机系统技术发展趋势看，其正朝着集成一体化、永磁高效化、数字智能化方向发展。高速度、高密度、高效率、低噪声和低成本是新能源汽车驱动电

机的重点发展方向，扁导线绕组成为提升转矩和功率密度以及效率的主要手段。

3. 整车呈现智能化、网联化、平台化

新能源汽车呈现智能化、网联化发展趋势。ADAS 先进驾驶辅助系统应用日趋广泛。整车开发日趋呈现平台化特点，如比亚迪 E3.0 平台、大众 MEB 平台、丰田的 E-TNGA 平台、长安 EPA1 平台等。比亚迪 E3.0 平台就是集比亚迪多年新能源汽车研发经验之大成，除了刀片电池，还有八合一电动力总成、BYD OS 车用操控系统、CTB 电池车身一体化技术、热泵系统、高压充电技术等。长安 EPA1 平台是以后驱为主、兼顾双电机四驱的平台架构、兼容纯电动、增程式以及氢燃料电池汽车。

4. 800V 高压平台架构

800V 高压平台架构下，可以解决纯电动汽车的两大痛点：充电性能大幅提升、整车运行效率也大幅提高，可以实现"充电 5min，续驶 200km"的消费者补电需求，是目前纯电动汽车的发展趋势之一，如图 1-14 所示。比亚迪、吉利、现代、广汽、小鹏等都陆续发布了搭载 800V 平台的车型。800V 电压升级需要整车架构升级与零部件升级，同时将带来整车成本上升。同时还存在着各

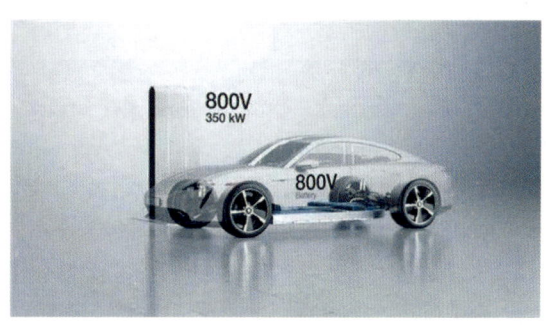

图 1-14　纯电动汽车 800V 高压平台架构

种各样的挑战——诸如充电桩的配套，动力蓄电池的 BMS 控制，高压快充引发的安全问题，电机、电控的高压耐性等，都需要解决。除了 800V 技术，与其兼容的 SiC 逆变器也是下一代纯电动汽车应用的关键技术。

三、我国新能源汽车发展路线

电动化、网络化、智能化、共享化成为汽车产业发展的潮流和趋势。新能源汽车融汇新能源、新材料和互联网、大数据、人工智能等多种变革性技术，推动汽车从单纯交通工具向移动终端网络、储能单元和数据空间转变。未来一段时间，我国新能源汽车核心技术研发与突破主要围绕"三纵三横"展开，如图 1-15 所示。

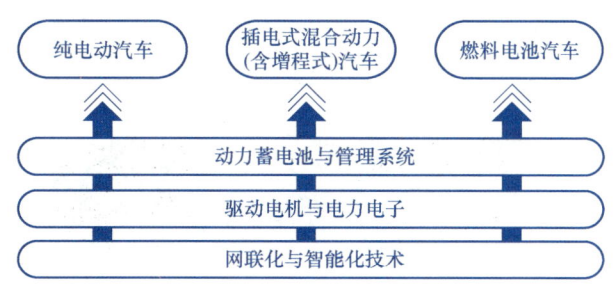

图 1-15　我国新能源汽车"三纵三横"技术体系

1. 整车集成

以纯电动汽车、插电式混合动力（含增程式）汽车、燃料电池汽车为"三纵"，布局整车技术创新链。研发新一代模块化高性能整车平台，攻关纯电动汽车底盘一体化设计、多能

源动力系统集成技术,突破整车智能能量管理控制、轻量化、低摩阻等共性节能技术,提升电池管理、充电连接、结构设计等安全技术水平,提高新能源汽车整车综合性能。

2. 关键零部件

以动力蓄电池与管理系统、驱动电机与电力电子、网联化与智能化技术为"三横",构建关键零部件技术供给体系。开展先进模块化动力蓄电池与燃料电池系统技术攻关,探索新一代车用电机驱动系统解决方案,加强智能网联汽车关键零部件及系统开发,突破计算和控制基础平台技术、氢燃料电池汽车应用支撑技术等瓶颈,提升基础关键技术、先进基础工艺、基础核心零部件、关键基础材料等研发能力。

阅读小资料　　我国新能源汽车产业链分析

传统燃油汽车产业链包括四个方面:第一是产品的技术,主要是指产品的工程开发;第二是零部件的采购;第三是汽车制造厂商;第四是销售和服务。有资料表明,汽车产业带动100多个相关产业的发展。传统燃油汽车产业链上游涉及钢铁、机械、橡胶、石化、电子、纺织等行业;下游涉及保险、金融、销售、维修、加油站、餐饮、旅馆等行业;中游为整车及其零部件生产。

如图1-16所示,新能源汽车在传统燃油汽车产业链基础上进行延伸,增加了"三大电"——电池、电机、电控系统以及与传统燃油车有变化的"三小电"——电空调、电制动、电助力。电池、电机和电控系统是新能源汽车产业链中最关键、最核心的环节。在新能源汽车新增部件中,电池系统所占比例最高,占新增成本的绝大部分。在纯电动汽车的成本构成中,如图1-17所示,动力蓄电池及管理系统占比高达40%,电驱动系统占比15%,底盘及车身占比20%。

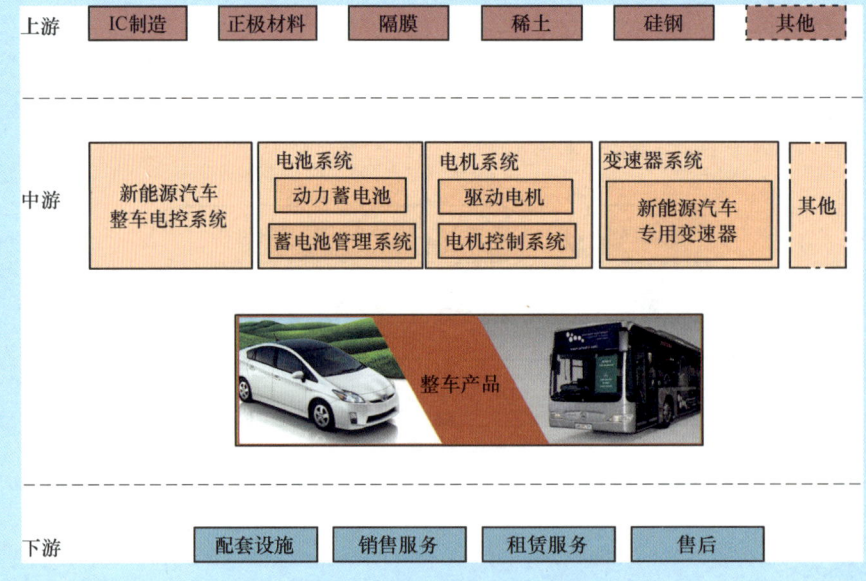

图1-16　新能源汽车产业链

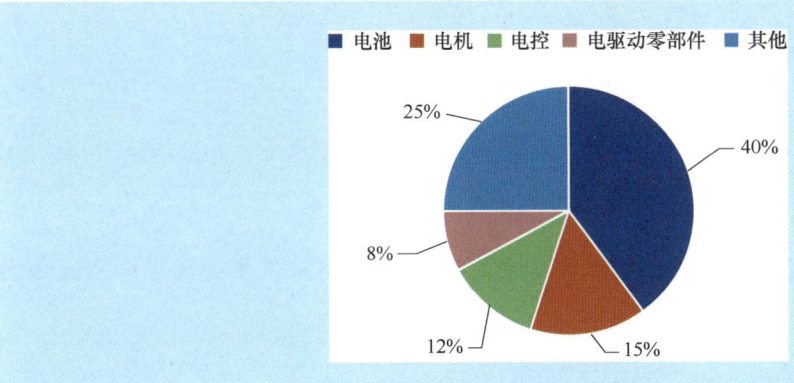

图 1-17　纯电动汽车产业链成本分布

 **课中实践**

查阅资料、结合实车，在老师现场安全指导下，完成本项任务。

任务名称	新能源汽车与燃油汽车的比较					
姓名		班级			学号	
填写任务记录							
	纯电动汽车		插电式混合动力汽车		燃油汽车	
品牌、型号							
VIN 码							
动力蓄电池	有□　无□ 类型： 电量：		有□　无□ 类型： 电量：		有□　无□ 类型： 电量：	
驱动电机	有□　无□ 类型： 额定功率：		有□　无□ 类型： 额定功率：		有□　无□ 类型： 额定功率：	
发动机	有□　无□ 类型： 额定功率：		有□　无□ 类型： 额定功率：		有□　无□ 类型： 额定功率：	
结构与性能比较							
指导教师			成绩				

课后思考

1. 什么是新能源汽车？新能源汽车包括哪些类型？
2. 简要分析为什么要发展新能源汽车。
3. 简述新能源汽车技术发展趋势。
4. 你如何理解习近平总书记指出的"发展新能源汽车是我国从汽车大国迈向汽车强国的必由之路"这句话的含义？

项目二

02 新能源汽车关键技术的认知

学习目标

通过本项目的学习,学生能够了解新能源汽车的关键技术——电池、电机、电控及智能网联技术。具体需要了解的是:新能源汽车各种动力蓄电池的主要种类、构造、原理以及充电方法;熟悉新能源汽车驱动电机系统的组成、类型以及常用驱动电机的基本结构和原理;了解逆变器和变频控制器的基本功能和原理;掌握新能源汽车的整车控制、电机控制、蓄电池管理系统、制动能量回馈系统等控制技术;了解新能源汽车智能网联技术的应用。关注并了解新能源汽车关键技术发展,培养创新意识,增强科技自信。

学习要求

知识要点	能力要求	相关知识
电池的分类、性能指标及动力蓄电池的种类、结构和原理	熟悉电池容量、能量、功率、SOC 等主要性能指标 了解新能源汽车对动力蓄电池的基本要求 了解常用动力蓄电池的基本结构、原理和特点	电池的类型、性能指标、电池与新能源汽车的关系;铅酸蓄电池、镍氢蓄电池、镍镉蓄电池、锂离子蓄电池等基本结构和原理;超级电容器、飞轮电池的结构和原理
新能源汽车驱动电机系统的组成、类型以及常用电机的基本结构和原理	熟悉新能源汽车驱动电机系统的组成和类型及其主要性能指标 掌握新能源汽车常用驱动电机的基本结构和原理	驱动电机的类型、性能指标,新能源汽车对驱动电机的基本要求 直流电机、永磁同步电机、感应电机、开关磁阻电机、轮毂电机的基本结构和原理
新能源汽车控制技术	了解逆变器和变频器的基本功能和原理 了解整车控制器(VCU)、电机控制器(MCU)、蓄电池管理系统(BMS)等控制技术的基本功能和框架结构 了解制动能量回馈系统的基本功能和原理	整车控制器(VCU)、电机控制器(MCU)、蓄电池管理系统(BMS)、制动能量回馈系统、逆变器、变频器

知识要点	能力要求	相关知识
新能源汽车智能网联技术	了解智能网联的基本内涵和关键技术 了解目前新能源汽车中应用的典型智能网联技术	GB/T 40429—2021《汽车驾驶自动化分级》

课前引入

提到传统燃油汽车的核心技术离不开俗称的"三大件":发动机、底盘以及变速器。那么新能源汽车有哪些核心技术呢?

在我国《新能源汽车产业发展规划(2021—2035 年)》中,提出了新能源汽车产业发展的总体思路:以习近平新时代中国特色社会主义思想为指引,坚持创新、协调、绿色、开放、共享的发展理念,以深化供给侧结构性改革为主线,坚持电动化、网联化、智能化发展方向,深入实施发展新能源汽车国家战略,以融合创新为重点,突破关键核心技术,提升产业基础能力,构建新型产业生态,完善基础设施体系,优化产业发展环境,推动我国新能源汽车产业高质量可持续发展,加快建设汽车强国。

围绕电动化、网联化、智能化发展方向,新能源汽车核心技术聚焦于"三大电"和智能网联技术,这也是全球汽车行业共识。这些核心技术涉及的具体内容有哪些?技术的现状和发展趋势如何?同学们可以带着以上问题开始本项目的学习。

课题一 新能源汽车动力蓄电池系统

在国家标准 GB/T 19596—2017《电动汽车术语》中动力蓄电池的定义为:为电动汽车动力系统提供能量的蓄电池。动力蓄电池是以纯电动汽车为代表的新能源汽车的三大核心技术之一。

纯电动汽车要获得非常好的动力性,必须具有比能量高、比功率大、使用寿命长的动力蓄电池作为动力源。目前,低速电动汽车采用铅酸蓄电池较多,纯电动汽车主要采用锂离子蓄电池,混合动力汽车一般采用镍-氢蓄电池,但也逐步都被锂离子蓄电池取代。此外钠离子蓄电池、燃料电池、飞轮电池、超级电容器等新型电源的应用,为新能源汽车的发展开辟了广阔的前景。

一、动力蓄电池系统及成组方式

动力蓄电池系统主要由电芯及模块、蓄电池管理系统、冷却系统、线束、箱体等构成,如图 2-1 所示。

由于单体蓄电池的电压和容量较低,不能满足纯电动汽车高电压、大电流放电的实际需要。在实际应用中,需要把单体蓄电池进行串并联。动力蓄电池从单体到并联串联成组、成包的过程称为 PACK。每个车型具有不同的技术要求,因此需要根据具体车型适配不同容量的电池组,进而确定串并联形式和电芯规格等。

（1）**串联** n 个单体蓄电池通过串联构成蓄电池模块（简称 nS）时，如图 2-2a 所示，蓄电池模块的电压为单体蓄电池电压的 n 倍，而蓄电池模块的容量为单体蓄电池的容量。

（2）**并联** m 个单体蓄电池通过并联构成蓄电池模块（简称 mP）时，如图 2-2b 所示，蓄电池模块的容量为单体蓄电池容量的 m 倍，蓄电池模块的标称电压为单体蓄电池的标称电压。电池并联方式通常用于满足大电流的工作需要。

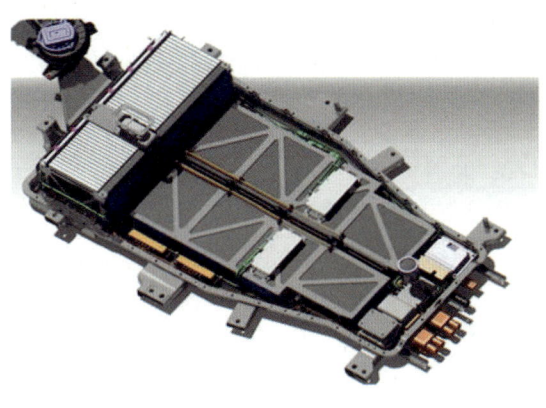

图 2-1　某纯电动汽车动力蓄电池系统

（3）**串并结合**　串并结合能够满足蓄电池模块既提供高电压又要有大电流放电的工作条件。"先串后并"还是"先并后串"取决于电池的实际需求，通常情况下电池并联的工作可靠性高于串联，如图 2-2c 所示。

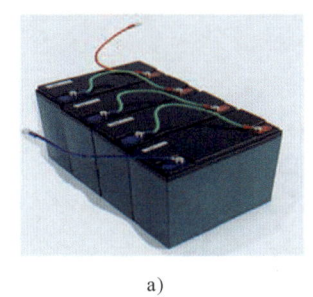
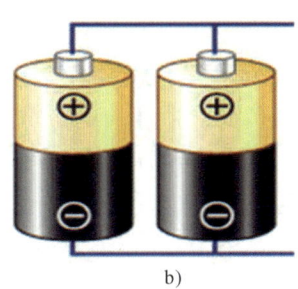

a)　　　　　　　　　　b)　　　　　　　　　　c)

图 2-2　单体蓄电池串联、并联、串并结合示意图
a）串联　b）并联　c）串并结合

二、动力蓄电池的性能指标

1. 电压

（1）**标称电压**　由厂家指定的用以标识电池的适宜的电压近似值。

（2）**开路电压**　蓄电池在开路条件下的端电压。

（3）**平均电压**　在规定的充放电过程中，用瓦时数除以安时数所得到的值，它不是某一段时间内的平均电压（除了在定电流情况下）。

（4）**负载电压**　蓄电池接上负载后处于放电状态下的端电压。

（5）**充电截止（终止）电压**　蓄电池正常充电时允许达到的最高电压。

（6）**放电截止（终止）电压**　蓄电池正常放电时允许达到的最低电压。

2. 容量与比容量

（1）**容量**　完全充电的蓄电池在规定条件下所释放出的总容量，其单位为 A·h，容量与放电电流大小有关，与充放电截止电压有关。

（2）**比容量**　是指单位质量或单位体积的蓄电池所能提供的电量，一般用质量容量

(A·h)/kg 或体积容量（A·h)/L 来表示。

(3) **额定容量** 在规定条件下测得的并由制造商标明的电池容量值。

(4) **可用容量** 在规定条件下，从完全充电的蓄电池中释放的容量值。

值得注意的是，实际动力蓄电池中正负极容量不等，多为负极容量过剩。

3. 能量

动力蓄电池的能量决定纯电动汽车的行驶距离。

(1) **标称能量** 在一定标准所规定的放电条件下，动力蓄电池所输出的能量是动力蓄电池的额定容量与额定电压的乘积。

(2) **能量密度** 从蓄电池的单位质量或单位体积所获取的电能，用 W·h/kg、W·h/L 来表示，也称作比能量。

4. 功率

在一定的放电条件下，动力蓄电池在单位时间内所输出的能量称为动力蓄电池的功率，单位为 W 或 kW。

功率密度是从蓄电池的单位质量或单位体积所获取的输出功率，用 W/kg、W/L 表示，也称为比功率或质量比功率。

5. 放电

放电是将蓄电池里储存的化学能以电能的方式释放出来的过程。

(1) **工况放电** 模拟实际运行时的负荷，用相应的负载进行放电的过程。

(2) **恒流放电** 蓄电池以某个设定的恒定电流进行放电。

(3) **恒压放电** 蓄电池以某个设定的恒定电压进行放电。

(4) **恒功率放电** 蓄电池以某个设定的恒功率进行放电。

(5) **倍率放电** 蓄电池以 1h 放电率电流值的倍数进行放电。

(6) **过放电** 当电芯或电池完全放电后继续进行放电。

(7) **放电深度** 表示蓄电池放电状态的参数，等于实际放电容量与可用容量的百分比。

6. 荷电状态

荷电状态（State of Charge，SOC），是指当前动力蓄电池中在规定放电条件下可以释放的容量占可用容量的百分比。这一参数是在新能源汽车使用中十分关键却不易获取的数据，对 SOC 精确地实时辨识，是蓄电池管理系统的一个关键技术。

7. 自放电与存储性能

自放电是蓄电池内部自发的或不期望的化学反应造成可用容量自动减少的现象。电池自放电的大小用自放电率衡量，通常以单位时间内容量减少的百分比表示：

$$自放电率 = \frac{储存前电池容量 - 储存后电池容量}{储存前电池容量} \times 100\%$$

8. 使用寿命

描述动力蓄电池可使用时间的通用术语，可以表示为工作循环数或时间。

充放电循环寿命是衡量充电电池性能的重要参数，它是在指定的充放电终止条件下，以特定的充放电制度进行充放电，动力蓄电池在不能满足寿命终止标准前所能进行的循环数。充放电循环寿命越长，动力蓄电池性能越好。目前，镍镉蓄电池的充放电循环寿命为 500~800 次，铅酸蓄电池为 200~500 次，磷酸铁锂离子蓄电池可达 2000 次。充电电池的充放电循环寿命与放电深度、温度、充放电制度等条件有关。

9. 内阻

内阻是指蓄电池中电解质、正负极群、隔膜等电阻的总和。动力蓄电池内阻越大，其自身消耗掉的能量越多，它的使用效率越低。内阻很大的动力蓄电池在充电时发热很严重，使动力蓄电池的温度急剧上升，对动力蓄电池和充电器的影响都很大。随着动力蓄电池使用次数的增多，由于电解液的消耗及动力蓄电池内部化学物质活性的降低，动力蓄电池的内阻会有不同程度的升高。

10. 成本

动力蓄电池的成本与动力蓄电池的技术含量、材料、制作方法和生产规模有关，目前新开发的高比能量的动力蓄电池成本较高，使得新能源汽车的造价也较高，开发和研制高效、低成本的动力蓄电池是新能源汽车发展的关键。

除上述主要性能指标外，还要求动力蓄电池无毒性、对周围环境不会造成污染或腐蚀，使用安全，良好的充电性能和充电操作方便，耐振动，无记忆性，对环境温度变化不敏感，易于调整和维护等。目前，动力蓄电池技术还需在高续驶、低成本以及快速安全充电等性能指标中进一步突破。

三、新能源汽车对动力蓄电池的要求

新能源汽车对动力蓄电池的要求主要有以下几点：

1）比能量高。为保证新能源汽车的续驶里程，新能源汽车的动力蓄电池应尽可能储存多的能量，同时新能源汽车的质量不能过大，动力蓄电池的安装空间也受整车分布限制，因此动力蓄电池必须有足够的比能量。

2）比功率大。为满足新能源汽车在加速、上坡、负载等行驶条件下的动力要求，动力蓄电池必须具备大的比功率。

3）连续放电率高，动力蓄电池能够适应快速放电的要求。自放电率低，以保证电池能够长期存放。

4）充电技术成熟，时间短，充电技术通用性强，能够实现快速充电。

5）适应车辆运行环境。动力蓄电池除能在常温条件下正常稳定的工作外，不受环境温度影响，不需要特殊的加热、保温系统，能够适应新能源汽车行驶过程中的振动。

6）安全可靠。动力蓄电池应干燥、洁净，电解质不会渗漏腐蚀接线柱和外壳。不会引起自燃或燃烧，在发生碰撞等事故时，不会对乘员造成伤害。废电池能够回收处理及再生利用，动力蓄电池中的有害重金属能够集中回收处理。动力蓄电池组可采用机械装置进行整体拆解或更换，线路连接方便。

7）长寿命、免维护。动力蓄电池的循环寿命不低于1000次，在使用寿命限定期间内，不需要进行维护与修理。

四、动力蓄电池的种类、结构与原理

1. 铅酸蓄电池

正极活性物质使用二氧化铅，负极活性物质使用铅，并以硫酸溶液电解质的蓄电池称为铅酸蓄电池，其广泛用于燃油汽车的起动系统。铅酸蓄电池于1859年由法国科学家普兰特

（G·Planté）发明。1881年法国人发明的电动汽车就是以铅酸蓄电池作为动力的，它的出现让电动汽车商业化成为可能，为电动汽车的第一次兴起奠定了基础。

铅酸蓄电池的特点是开路电压高，放电电压平稳，充电效率高，能够在常温下正常工作，生产技术成熟，价格便宜，规格齐全。但由于其较低的比能量、比功率和充放电循环寿命，已不再作为新能源汽车动力蓄电池使用。低速电动车辆动力蓄电池一般仍应用铅酸蓄电池。

2. 镍-氢（Ni-MH）蓄电池

镍-氢蓄电池是碱性电池，多用于混合动力汽车，如本田Insight及丰田普锐斯均采用过镍-氢蓄电池，如图2-3所示。

镍-氢蓄电池的标称电压为1.2V，比能量可达到70~80（W·h）/kg，有利于延长混合动力汽车的续驶里程，比功率可达到200W/kg，是铅酸蓄电池的2倍，能够提高车辆的起动性能和加速性能。有高倍率的放电特性，短时间可以以3C（为按额定电流放电时的实际放电容量）放电，瞬时脉冲放电率很大。镍-氢蓄电池的过充电和过放电

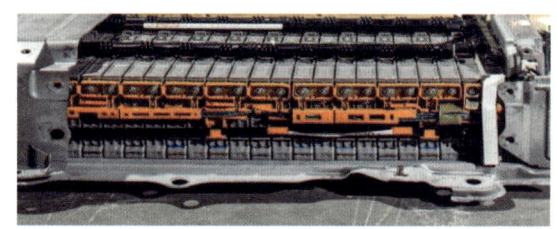

图2-3 丰田普锐斯采用的镍-氢蓄电池

性能好，能够带电充电，并可以快速充电，在15min内可充60%的容量，1h内可以完全充满，应急补充充电的时间短。在80%的放电深度下，循环寿命可达到1000次以上，是铅酸蓄电池的3倍。采用全封闭外壳，可以在真空环境中正常工作。低温性能较好，能够长时间存放。镍-氢蓄电池中没有Pb和Cd等重金属元素，不会对环境造成污染，镍-氢蓄电池以随充随放，不会出现镍-镉在没有放完电后即充电而产生的"记忆效应"。镍-氢蓄电池的比功率和放电能力不及镍-镉蓄电池。镍-氢蓄电池在使用时还应充分注意各个单体蓄电池之间的一致性（均匀性），特别是在高速率、深放电情况下，各个单体蓄电池之间的容量和电压差较明显。

如图2-4所示，镍-氢蓄电池的正极，是球状氢氧化镍粉末与添加剂等金属、塑料和黏合剂制成的涂膏，用自动涂膏机涂在正极板上，然后经过干燥处理成发泡的氢氧化镍正极板。

在正极材料（NiOOH）中添加Ca、Co、Zn或稀土元素，对稳定电极的性能有明显的改进。采用高分子材料作为黏合剂或用挤压和轧制成的泡沫镍电极，并采用镍粉、石墨等作为导电剂时，可以提高大电流时的放电性能。

镍-氢蓄电池负极的关键技术是储氢合金，要求储氢合金能够稳定地经受反复的储气循环和放气循环。储氢合金是一种允许氢原子进入或分离的多金属合金的晶格基块，用钛、钒、锆、镍、铬五种基本元素，并与钴、锰等金属元素烧结而成的合金，经过加氢、粉碎、成型和烧结成负极板。储氢合金的种类和性能，对镍-氢蓄电池的性能有直接的影响。负极在充电或放电过程中既不溶解，也不再结晶，电极不会有结构性的变化，在保持自身化学功能的同时，还保证本身的机械坚固性。储氢合金一般需要进行热处理和表面处理，以增加储氢合金的防腐性能，这有利于提高镍-氢蓄电池的比能量、比功率和使用寿命。不同的储氢合金具有不同的储存氢的能力，价格也不相同。我国自行研制了稀土系的储氢合金，已达到

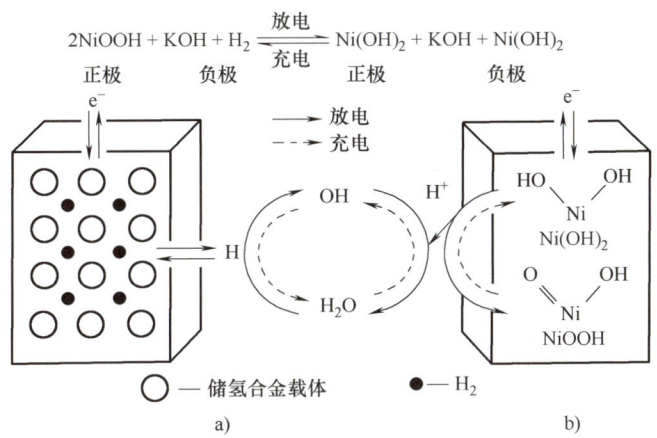

图2-4 镍-氢蓄电池在碱性电解液中进行反应的模型
a) 储氢合金载体负极　b) 镍正电极

世界水平,为我国推广生产镍-氢蓄电池提供了有利条件。

镍-氢蓄电池电解质是水溶性氢氧化钾和氢氧化锂的混合物。当电池充电过程中,水在电解质溶液中分解为氢离子和氢氧离子,氢离子被负极吸收,负极从金属转化为金属氢化物。在放电过程中,氢离子离开了负极,氢氧离子离开了正极,氢离子和氢氧离子在电解质氢氧化钾中结合成水并释放电能。

镍-氢蓄电池在充电过程中容易发热,发热产生的高温,会对镍-氢蓄电池产生负面影响。高温状态下,正极板的充电效率变差,并加速正极板的氧化,使电池的寿命缩短。镍-氢蓄电池在充电后期,会产生大量的氧气,在高温的环境条件下,将加速负极储氢合金氧化,并使储氢合金平衡压力增加,使储氢合金的储氢量减少而降低镍-氢蓄电池的性能。尼龙无纺布隔膜在高温的作用下,会发生降解和氧化。尼龙无纺布隔膜发生降解时,产生铵离子和硝酸根离子,加速了镍-氢蓄电池的自放电。尼龙无纺布隔膜发生氧化时,氧化成碳酸根,使镍-氢蓄电池的内阻增加。在镍-氢蓄电池充电的过程中,电池温度迅速升高,会使充电效率降低,并产生大量氧气,如果安全阀不能及时开启,会有发生爆炸的危险。

在镍-氢蓄电池的制造技术上进行一些改进,例如:正极板采用多极板技术,负极板采用端面焊接技术,在电解液中适当加入LiOH和NaOH,采用抗氧化能力强的聚丙烯毡做隔膜等,可以有效地提高镍-氢蓄电池耐高温能力。在镍-氢动力蓄电池的单体镍-氢蓄电池之间,加大散热间隙,采取有效的散热措施和建立自动热管理系统,以保证镍-氢蓄电池正常工作并延长使用寿命。

镍-氢蓄电池用于新能源汽车上主要优点是:起动加速性能好,一次充电后的续驶里程较长,不会对周围环境造成污染,易维护,充电时间短。

3. 锂离子蓄电池

锂离子蓄电池具有极高的性能优势,是目前国内外纯电动汽车采用的主要动力源。

(1) 锂离子蓄电池的特点　单体蓄电池工作电压高达3.7V,是镍-镉蓄电池、镍-氢蓄电池的3倍、铅酸蓄电池的近2倍;质量轻,比能量大,可达150(W·h)/kg以上,是镍-

氢蓄电池的2倍、铅酸蓄电池的4倍,因此重量是相同能量的铅酸蓄电池的1/3~1/4;体积小,比能量大,高达到400(W·h)/L,体积是铅酸蓄电池的1/2~1/3。提供了更合理的结构和更美观的外形设计条件、设计空间和可能性;循环寿命长,循环次数一般达1000次以上,以容量保持60%计,电池组100%充放电循环次数可以达到600次以上,使用年限可达3~5年,寿命约为铅酸蓄电池的2~3倍;自放电率低,每月不到5%;允许工作温度范围宽,低温性能好,锂离子蓄电池可在-20~55℃之间工作;无记忆效应,所以每次充电前不必像镍-镉蓄电池、镍-氢蓄电池一样需要放电,可以随时随地进行充电,电池充放电深度对电池的寿命影响不大,可以全充全放;无污染,锂离子蓄电池中不存在有毒物质,因此被称为"绿色电池"。我国在动力蓄电池领域技术创新步伐加快,大规模量产锂离子蓄电池的单体能量已达到270(W·h)/kg,居全球领先地位。

(2)锂离子蓄电池的组成及类型 锂离子蓄电池是利用锂离子作为导电离子,在阳极和阴极之间移动,通过化学能和电能相互转化实现充放电的电池。

1)锂离子蓄电池主要由正极、负极、隔膜和电解液等组成,如图2-5所示。锂离子蓄电池一般使用锂合金金属氧化物为正极材料,石墨为负极材料,使用非水电解质。正负极及电解质材料上不同工艺上的差异使锂离子蓄电池有不同的性能,尤其是正极材料对锂离子蓄电池的性能影响最大。

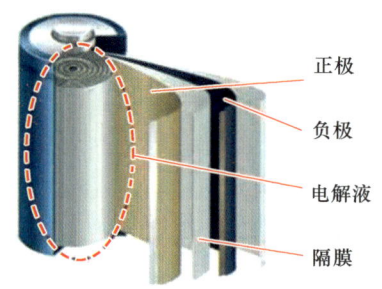

图2-5 锂离子蓄电池的组成

2)锂离子蓄电池的类型。根据锂离子蓄电池的形状,一般分为方形锂离子蓄电池(见图2-6a)和圆柱形锂离子蓄电池(见图2-6b)。近年来,在电池的结构或工艺上,也不断有新的突破,比如比亚迪的刀片电池(见图2-6c)等。

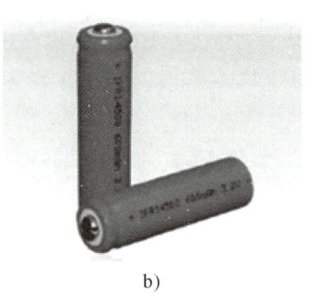
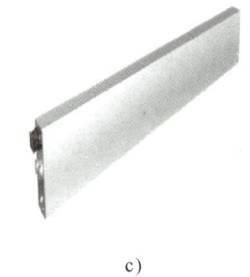

a)   b)   c)

图2-6 锂离子蓄电池的主要形状
a)方形 b)圆柱形 c)刀片电池

按照锂离子蓄电池正极材料的不同,锂离子蓄电池主要分为磷酸铁锂电池、锰酸锂电池、钴酸锂电池、镍酸锂电池以及各种三元锂电池。

目前,新能源汽车采用的动力蓄电池主要为采用磷酸铁锂($LiFePO_4$)为正极材料的磷酸铁锂电池和主要采用镍钴锰酸锂($LiNiCoMnO_2$ 或称NCM)为正极材料的三元锂电池。

磷酸铁锂电池和三元锂电池有各自特点。三元锂电池虽然能量密度较高,动力特性好,但安全性差些。而磷酸铁锂电池性能稳定,安全性较好,不受制于稀有金属,成本更低,但能量密度较低，对低温的耐受度相对较差。

（3）锂离子蓄电池的工作原理　以下以磷酸铁锂电池为例说明锂离子蓄电池的工作原理：

LiFePO$_4$ 电池的工作原理如图 2-7 所示：LiFePO$_4$ 作为电池的正极，由铝箔与电池正极连接，炭（石墨）组成电池负极，由铜箔与电池的负极连接。中间是聚合物的隔膜，它把正极与负极隔开，锂离子 Li$^+$ 可以通过而电子 e$^-$ 不能通过，电池的上下端之间是电池的电解质，电池由金属外壳密闭封装。LiFePO$_4$ 电池在充电时，正极中的锂离子 Li$^+$ 通过聚合物隔膜向负极迁移；在放电过程中，负极中的锂离子 Li$^+$ 通过隔膜向正极迁移。锂离子蓄电池就是因锂离子在充放电时来回迁移而命名的。

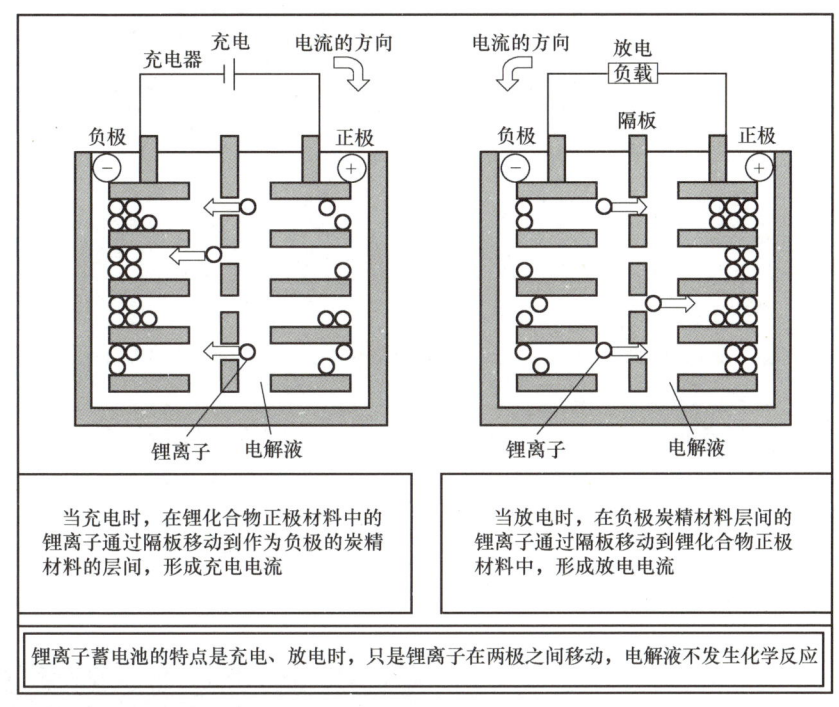

图 2-7　LiFePO$_4$ 电池的工作原理

4. 钠离子蓄电池

钠离子蓄电池主要依靠钠离子在正极和负极之间移动来产生电能，实现电池的工作，与锂离子蓄电池工作原理相似。钠硫电池是一种特殊的钠离子蓄电池，是美国福特（Ford）公司于 1967 年首先发明公布的，其比能量高、可大电流、高功率放电。日本东京电力公司（TEPCO）和 NGK 公司合作开发钠硫电池作为储能电池，其应用目标瞄准电站负荷调平、UPS 应急电源及瞬间补偿电源等，并于 2002 年开始进入商品化实施阶段。以下以钠硫电池来介绍钠离子蓄电池工作原理。

钠硫电池的工作原理如图 2-8 所示，钠硫电池是以 Na-β-氧化铝（Al$_2$O$_3$）为电解质和隔膜，并分别以金属钠和多硫化钠为负极和正极的二次电池。钠硫电池是靠电子转移而再生能量，所以它充电时间相当短暂，一次充电可运行 10～11h，它经热反应后所产生的理论能量密度为786（W·h）/kg，实际能量密度为300（W·h）/kg，这约是铅酸蓄电池的10倍、镍氢蓄电池的4倍、锂离子蓄电池的3倍。

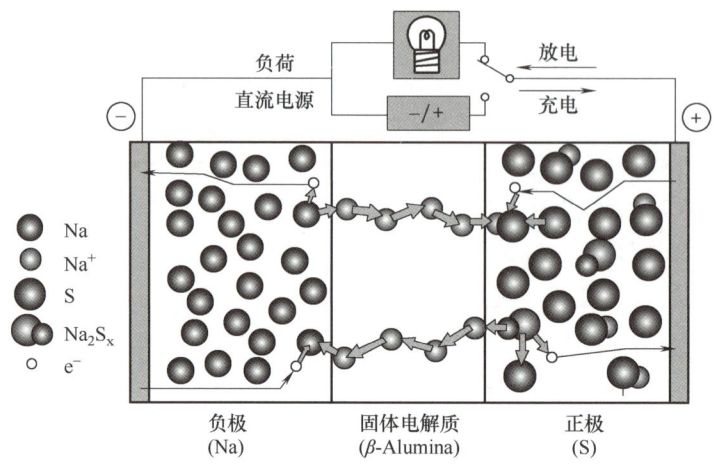

图2-8 钠硫电池的工作原理

钠硫电池正负极的活性物质材料都需要通过复杂的工序来制取，其正常工作温度为300~350℃，不适宜用于车载动力蓄电池。

目前，车用钠离子蓄电池（无硫）的电极材料以钠盐为主，广泛存在于自然界，其价格要更低，生产成本也更低。

我国电池企业宁德时代是全球动力蓄电池行业龙头，也在不断探索各种新型车用动力蓄电池，钠离子蓄电池就是其重点研发方向之一。目前，研发的第一代钠离子蓄电池单体电芯能量密度达到了160（W·h）/kg，略低于磷酸铁锂电池。但在低温性能和快速充电方面却有明显优势。常温下充电15min，电量可达80%以上，在零下20℃的低温环境中，能达到90%以上的放电保持率。

钠离子蓄电池和锂离子蓄电池还可以集成混合使用，两种电池按照一定比例进行混搭，创造出更优性能的电池包，图2-9所示为宁德时代将钠离子蓄电池和锂离子蓄电池按一定比例和排列进行混搭的AB电池。

5. 飞轮电池与超级电容器

在正常行驶时，纯电动汽车所需的平均功率相当低，而加速和爬坡时的峰值功率相当。高性能的纯电动汽车的峰值功率与平均功率的比值可达到16∶1，但目前蓄电池很难在一套能源系统上同时追求高比能量、高比功率和长寿命，这使得纯电动汽车续驶里程与加速爬坡性能之间存在矛盾。为解决这一矛盾，可以采用两套能源系统，其中主能源提供最佳的续驶里程，而由辅助能源在加速和爬坡

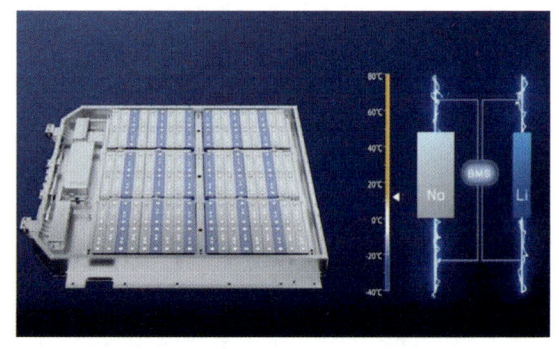

图2-9 宁德时代AB电池（钠离子蓄电池+锂离子蓄电池）

时提供短时的辅助动力。一般主能源采用锂离子蓄电池等化学电池（利用物质的化学反应发电的电池），辅助能源采用超级电容器或飞轮电池等物理电池（利用光、热、物理吸附等物理能量发电的电池）。

(1) 飞轮电池　当飞轮以一定角速度旋转时，它就具有一定的动能，飞轮电池正是以其动能转换成电能的。实际上，为储能采用机械方式的飞轮并非是一个新概念，20 世纪 80 年代初，Oerlikon 工程公司早已在瑞士制造了第一辆单独配置巨大飞轮的载客公共汽车。这个巨大的飞轮重达 1500kg，以 3000r/min 速度运转，在每个公共汽车停车站由电力予以补充能量。传统的飞轮是一个巨大的重达数百千克的钢制转子，以每分钟数千转的转速旋转。而现代改进的飞轮是一个质量为数十千克的轻型复合转子，其转速约为 10000r/min，被称为超高速飞轮。

飞轮电池实际上是一种机电能量转换和储存装置，根据飞轮能够储存和释放能量的特性研制的一种机械式蓄电池。在飞轮的内部镶有永久性磁铁，外壳上装有感应线圈，这样飞轮就具有电动机和发电机的双重功能。充电时飞轮中的电机以电动机的形式运行，在外接电源的驱动下带动飞轮旋转，达到极高的转速，从而完成电能—机械能转换的储能过程；放电时，飞轮中的电机以发电机的状态运行，在飞轮的带动下对外输出电能，完成机械能-电能转换的释放过程。如图 2-10 所示，将外界输送过来的电能通过电动机转化为飞轮转动的动能储存起来，当外界需要电能的时候，又通过发电机将飞轮的动能转化为电能，输出到外部负载，而空闲运转的时候要求损耗非常小。事实上，为了减少空闲运转时的损耗，提高飞轮的转速和飞轮储能装置的效率，飞轮储能装置轴承的设计一般都使用非接触式的磁悬浮轴承技术，而且将电机和飞轮都密封在一个真空容器内以减少风阻。

图 2-10　飞轮电池工作原理

如图 2-11a 所示，电机通常通过轴承和飞轮连接在一起，这样，在实际的飞轮储存装置中，主要包括飞轮、轴及轴承、电机、真空容器和电力电子装置等。图 2-11b 所示为保时捷 911 混合动力跑车中两前轮处安装的飞轮电池，用于制动能量回收再利用。

当外设通过电力电子装置给电机供电时，电机便起到给飞轮加速和储存能量的作用；当负载需要电能时，飞轮给电机施加转矩，电机又作为发电机使用，通过电力电子装置给外设供电；在整个飞轮储能装置中，飞轮无疑是其中的核心部件，它直接决定了整个装置储能的多少。

(2) 超级电容器　超级电容器是建立在德国物理学家亥姆霍兹提出的界面双电层理论基础上的一种全新电容器。超级电容器是一种具有超级储电能力、可提供强大脉冲功率的物理二次电源。超级电容器又叫黄金电容、法拉电容，它通过极化电解质来储能，属于双层电容的一种。由于其储能的过程并不发生化学反应，因此这种储能过程是可逆的，故超级电容器可以反复充放电数十万次。

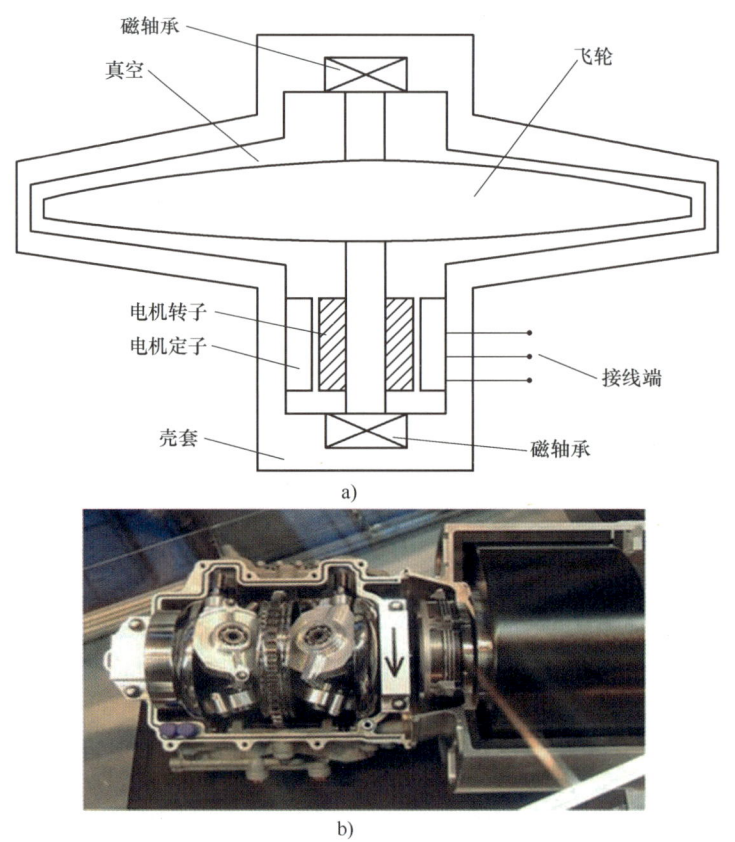

图 2-11 典型飞轮系统基本结构和实物
a) 飞轮系统基本结构 b) 飞轮电池实物

超级电容器一般使用活性炭电极材料，具有吸附面积大、静电储存多的特点，在新能源汽车中有广泛应用。图 2-12 所示为某新能源汽车采用的 48V165F 碳电极超级电容器。

图 2-12 某新能源汽车采用的 48V165F 碳电极超级电容器

如图 2-13 所示，超级电容器中多孔化电极采用的是活性炭粉或活性炭或活性炭纤维，电解液采用有机电解质，如丙烯碳酸脂或高氯酸四乙氨等。工作时，在可极化电极和电解质溶液之间界面上形成的双电层中聚集电容量，其多孔化电极在电解液中吸附电荷，因而可以存储很大的静电能量，超级电容器的这一储电特性介于传统的电容器与电池之间。尽管其能量密度比电池低，但是这种能量的储存方式，有快充快放的特点，可以应用在传统电池难以解决的短时高峰值电流应用之中。

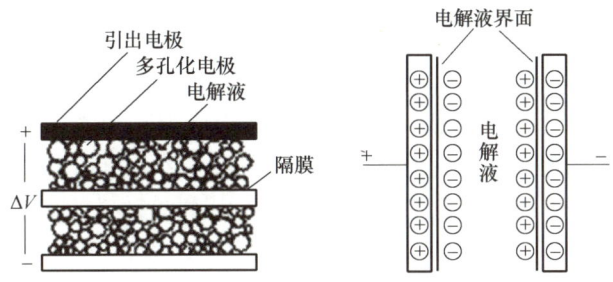

图 2-13　超级电容器工作原理

双电层电容本质上是一种静电型能量储存方式，目前已经研制出活性炭材料表面积可以达到 $2000m^2/g$，单位质量的电容量可达 $100F/g$，并且电容的内阻还能保持在很低的水平；而且碳材料还具有成本低、技术成熟等优点，使得该类超级电容器在汽车上应用最为广泛。

由于超级电容器能够进行高功率充放电，根据这一特点超级电容器可以应用在一些交通工具上，将列车或大型客车的制动能量储存起来，在加速时提供峰值功率的输出。由于充放电速度很快，在车辆进站上下客的短暂时间，即可瞬间将超级电容器充满电，并且足够跑到下一个站点。如 2010 年在上海世博园运行的超级电容客车，如图 2-14 所示，其在运营中无须连接电缆，只需在候客时间充电 30s~1min，就能行驶 5km 左右。

图 2-14　上海世博园运行的超级电容客车

但由于一次充电行驶里程有限，目前超级电容器在新能源汽车上的应用，主要配合蓄电池工作。

超级电容器和蓄电池一般采用并联的连接方式，汽车在正常行驶的时候，电容器不参与工作，但当车辆进行加速或上坡时，电容器通过 DC/DC 变换器的控制提供短期的大电流，不足的部分由蓄电池供给，两者再经过电机控制器的调控，输入给驱动电机驱动车辆。

五、新能源汽车动力蓄电池充电方式

1. 常规充电方式

该充电方式采用恒压、恒流的传统充电方式对新能源汽车进行充电,俗称"慢充",即以相当低的充电电流为动力蓄电池充电,充电时间要持续8h,甚至长达10~12h。相应的充电器的工作和安装成本相对比较低。新能源汽车家用充电设施(车载充电机)和小型充电站多采用这种充电方式,如图2-15所示。车载充电机是纯电动汽车的一种最基本的充电设备,充电机作为标准配置固定在车上或放在行李箱里。由于只需将车载充电器的插头插到停车场或家中的电源插座上即可进行充电,因此充电过程一般由客户自己独立完成。直接从低压照明电路取电,电功率较小,由220V/16A规格的标准电网电源供电,典型的充电时间为8~10h(SOC达到95%以上)。这种充电方式对电网没有特殊要求,只要能够满足照明要求的供电质量就能够使用。由于在家中充电通常是晚上或者是在用电低谷期,有利于电能的有效利用,因此电力部门一般会给予新能源汽车用户一些优惠,例如用电低谷期充电打折。

图2-15　常规充电方式

小型充电站是新能源汽车的一种最重要的充电方式,充电机设置在街边、超市、办公楼和停车场等处。采用常规充电电流充电,新能源汽车驾驶人只需将车停靠在充电站指定的位置上,接上电线即可开始充电。计费方式是投币或刷卡,充电功率一般在5~10kW,一般采用单相220V供电。其典型的充电时间是:补电1~2h,充满5~8h(SOC达到95%以上)。

2. 快速充电方式

快速充电方式是指在短时间内使动力蓄电池达到或接近充满状态的一种方法,该充电方式以1~3C的大充电电流在短时间内为动力蓄电池充电。充电功率很大,能达到上百或上千瓦。该充电方式以150~400A的高充电电流在短时间内为动力蓄电池充电,与前者相比安装成本相对较高。快速充电的目的是在短时间内给新能源汽车充电。大型充电站(机)多采用这种充电方式。此种方式多为直流供电方式,地面的充电机功率大,输出电流和电压变化范围宽,如特斯拉超级充电站,在国内开放使用的超级充电站已突破1000座。

新能源汽车充电设备主要包括充电站及其附属设施,如充电机、充电站监护系统、充电桩、配电室以及安全防护设施等,如图2-16所示。

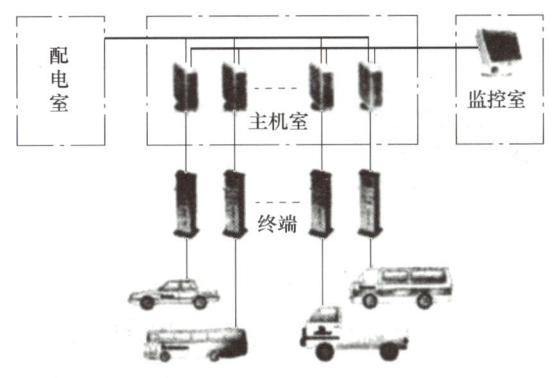

图 2-16　充电站设备

大型充电站（机）的快速充电方式主要针对长距离旅行或需要进行快速补充电能的情况进行充电，充电机功率一般大于 30kW，采用三相四线制 380V 供电。其典型的充电时间是：10～30min。这种充电方式对电池寿命有一定的影响，特别是普通蓄电池不能进行快速充电，因为在短时间内接受大量的电量会导致蓄电池过热。快速充电站的关键是非车载快速充电组件，它能够输出 35kW 甚至更高的功率。由于功率和电流的额定值都很高，因此这种充电方式对电网有较高的要求，一般应靠近 10kW 变电站附近或在监测站和服务中心内使用。此外，该充电方式对站附近或服务中心内，还需采取较为复杂的谐波抑制措施，与前者相比安装成本相对较高，只适合大型充电站使用。

3. 更换电池充电方式

目前，除了以上两种充电方式外，还可以采用更换动力蓄电池的方式，即在动力蓄电池电量耗尽时，用充满电的动力蓄电池更换已经耗尽的动力蓄电池，俗称"换电"。动力蓄电池归服务站或电池厂商所有，新能源汽车用户只需租用电池。新能源汽车用户把车停在一个特定的区域，然后用更换电池组的机器将耗尽的蓄电池取下，换上已充满电的电池组。对于更换下来的未充电蓄电池，可以在服务站充电，也可以集中收集起来以后再充电。由于电池更换过程包括机械更换和蓄电池充电，因此有时也称它为机械"加油"或机械充电。电池更换站同时具备正常充电站和快速充电站的优点，也就是说可以用低谷电给蓄电池充电，同时又能在很短的时间内完成"加油"过程。通过使用机械设备，整个电池更换过程可以在短时间内完成，与现有的燃油汽车加油时间大致相当。图 2-17 所示为北汽新能源汽车的换电方案，图 2-18 所示为蔚来新能源汽车的换电站。

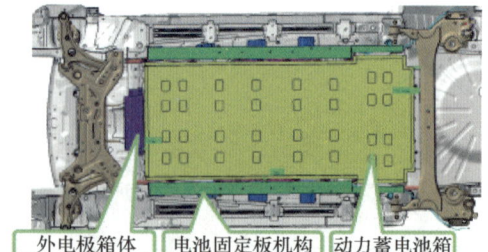

动力蓄电池快换工作过程：
1. 车辆停靠在固定导轨上，启动快换设备。
2. 托板进入汽车底部，设备通过传感器与车辆定位。
3. 设备与动力蓄电池定位后，车体与动力蓄电池解锁，设备锁止动力蓄电池进行动力蓄电池的拆卸（设备带动动力蓄电池后退，下移），动力蓄电池移出。
4. 拆下的动力蓄电池由设备运到充电舱充电。
5. 电池更换设备将满电动力蓄电池运出，移到汽车底部并与车辆定位。
6. 设备锁止动力蓄电池上升，前移，靠传感器进行定位，到位后车上锁止机构固定动力蓄电池箱。
7. 设备下移、复位，车辆开出完成动力蓄电池更换过程。

图 2-17　北汽新能源汽车的换电方案

图 2-18　蔚来新能源汽车的换电站

由于不同车型采用的动力蓄电池、蓄电池模块不同，导致换电模式大范围推广较难。GB/T 40032—2021《电动汽车换电安全要求》于 2021 年 11 月 1 日起开始实施。该标准作为汽车行业在换电模式领域制定的首个基础通用类国家标准，解决了换电模式无标准可依的紧迫问题，支撑了新能源汽车产业高质量发展。工业和信息化部也于 2021 年正式启动新能源汽车换电模式应用试点工作，首批试点城市共 11 个，有力促进了新能源汽车换电模式的创新发展。

4. 无线充电方式

无线充电方式包括电磁感应式（见图 2-19）、磁场共振式（见图 2-20）、无线电波式三种，三种无线充电方式对比见表 2-1。新能源汽车非接触充电方式的研究目前主要集中在感应式充电方式，不需要接触即可实现充电。目前，宝马和日产都有相关产品推出，其原理是采用了可在供电线圈和受电线圈之间提供电力的电磁感应方式，即将一个受电线圈装置安装在汽车的底盘上，将另一个供电线圈装置安装在地面，当新能源汽车驶到供电线圈装置上，受电线圈即可接收到供电线圈的电流，从而对电池进行充电。

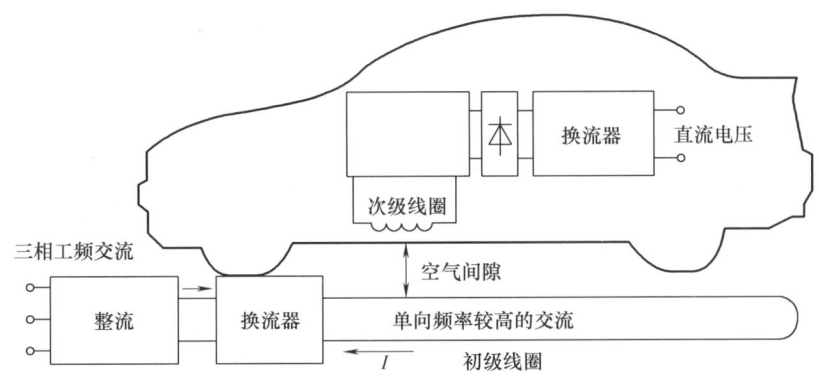

图 2-19 电磁感应式充电示意图

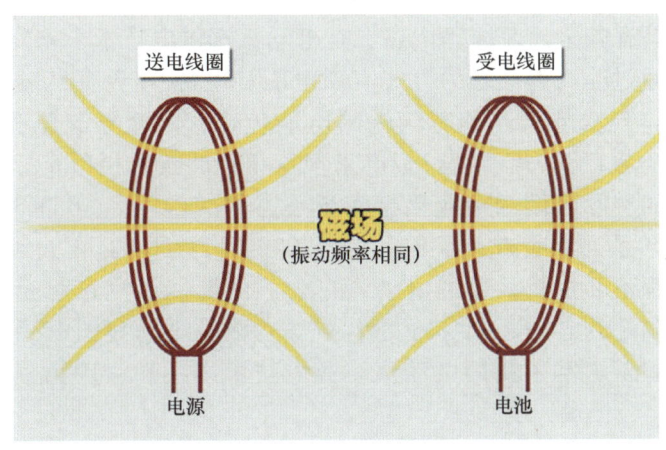

图 2-20 磁场共振式充电示意图

表 2-1 三种无线充电方式比较

方　式	电磁感应式	磁场共振式	无线电波式
充电原理	向地面下的初级线圈提供交流电流，线圈产生交变磁场，感应在车底部的次级线圈，次级线圈产生交流电流	基本原理与电磁感应相同，只是初级线圈和次级线圈使用同一共振周波，可将阻抗控制在最低，增大发送距离	充电部分和接收部分均采用 24 亿 5 千万 Hz 的微波
使用频率范围	22kHz	13.56MHz	2.45GHz
输出功率	30kW	1kW	1kW
传送距离	100mm	400mm	1000mm
充电效率	92%	95%	38%
日本研制企业	昭和飞行机工业	长野日本无线	三菱重工业

如沃尔沃（Volvo）C30 电动汽车可进行感应式充电，其充电不再需要电源插座或充电电缆，利用感应充电法，电能通过埋在路面内的充电板无线传送给汽车的动力蓄电池，实现从路面直接给汽车充电。这一技术将极大地降低充电时间，以沃尔沃 C30 电动汽车

为例，在动力蓄电池完全放电的情况下，给24kW·h大小的动力蓄电池完全充电，预计仅用1h 20min。

电磁感应式非接触充电系统存在以下三方面的问题：送电距离比较短，如果两个线圈的横向偏差较大，传输效率就会明显下降。目前来看只能实现传输距离为10cm左右，而底盘的高度明显与这个传输距离有着非常大的差距，因此这是一个很大的问题。还需要考虑散热问题，比如线圈之间的发热。还有一个问题就是耦合的辐射问题，电磁波的耦合会不会存在大的磁场泄漏。电磁感应在线圈之间传输电力，如同磁铁一样，在外圈有一定的泄漏，人如何避免受影响是个很大问题。线圈之间也可能有杂物进入，还有某些动物（猫、狗等）进入，一旦产生电涡流，就如同电磁炉一样，安全性问题非常明显。一般来说，利用电磁感应原理的无线供电技术最具现实性，并且现在在电动汽车上有实际应用。

无线充电技术具有安全、便捷等优点，是电动汽车供电技术未来发展的趋势之一。由于无线充电系统是通过非物理接触的方式实现电能从电源/电网侧传输至用电设备，电动汽车无线充电系统体现为地面端到车辆端的电能传输，因此电源侧和用电侧存在电气、通信、磁路等无形"接口"，需要通过标准来规范相关的技术指标，标准的制定对于电动汽车无线充电技术的实际应用和商业化具有至关重要的作用。GB/T 38775—2020《电动汽车无线充电系统》系列4项国家标准标准于2020年11月1日正式实施，这是在我国新能源汽车产业化进程不断加快，以纯电动汽车为主的新能源汽车对充电基础设施的需求日益迫切的背景下制定的。该系列标准的发布与实施是推动我国电动汽车无线充电产业化发展进程的里程碑，丰富了我国电动汽车充电技术体系和应用场景，真正发挥标准的技术引领作用。

5. 未来其他前沿技术

Altair纳米技术公司为新能源汽车开发的锂离子蓄电池有极快的充电速度，容量为35kW·h的电池可以在10min之内充电完毕，需要250kW的充电功率。

麻省理工学院研究人员发明了一项充电材料表面处理技术，利用这种新技术制造的手机电池可以在10s内完成充电，汽车电池可在5min内充好电。一块锂离子蓄电池完成充电一般需要6min或更长的时间。但传统的磷酸铁锂材料在经过表面处理生成纳米级沟槽后，可将电池的充电速度提升36倍（仅为10s）。由于这项技术不需要新材料，只是改变制造电池的方法，所以用两年到三年时间就可以将这项技术市场化。

据索尼公司官方新闻稿表示，索尼公司已经开发出了一种快速充电锂离子蓄电池，仅需半个小时就能让电池充电99%。功率可达1800W/kg，并可延长2000次循环充放电寿命。这种电池采用磷酸铁锂作为阴极材料，以增强阴极的晶体结构并能保证其高温状态下的稳定性。通过与索尼公司新设计的粒子技术阳极材料组合，该电池可以有效降低电阻，并提高输出功率。

V2G是Vehicle-to-grid的简称，即车辆输送电量到电网技术，它描述了这样的一个系统：当插电式混合动力汽车或是纯电动汽车没有运行的时候，可以将其电池的能量传送到电网；反之，当其需要充电时，电池可以从电网获取电能。

【中国力量】 推进充电基础设施建设是发展新能源汽车的有力保障。2020年，中共中央政治局委员会明确提出"加快5G网络、数据中心等新型基础设施建设进度"，即"新基建"，主要包含5G基站建设、特高压、城际高速铁路和城市轨道交通、新能源汽车充电桩、大数据中心、人工智能、工业互联网7大领域，如图2-21所示。截至2024年11月，我国累计建成1235万个充电桩，4193座换电站，形成全球最大规模充换电网络。

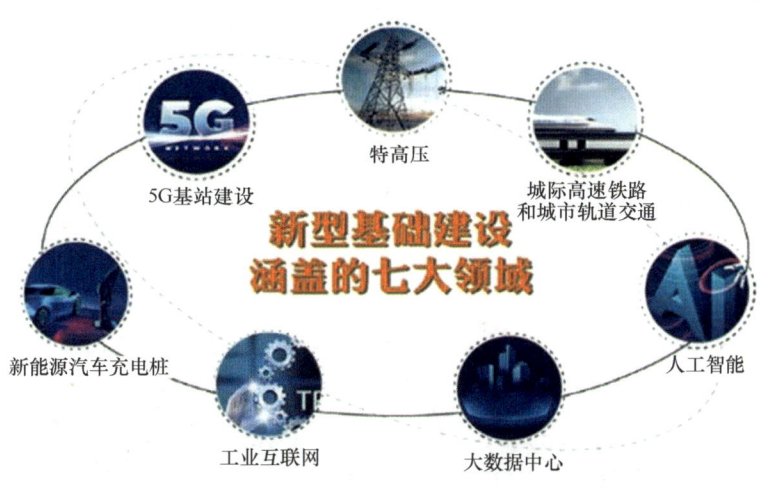

图 2-21　新基建7大领域

课题二　新能源汽车驱动电机系统

一、新能源汽车驱动电机系统的组成

驱动电机系统是新能源汽车的心脏，它由电机及控制器、控制器部件、相关装置等组成，其任务是在驾驶人的控制下，高效地将动力蓄电池的电量转化为车轮的动能，并能够在汽车减速制动和下坡滑行时，将车轮的动能反馈到动力蓄电池。图2-22所示为典型驱动电机系统的工作原理图。

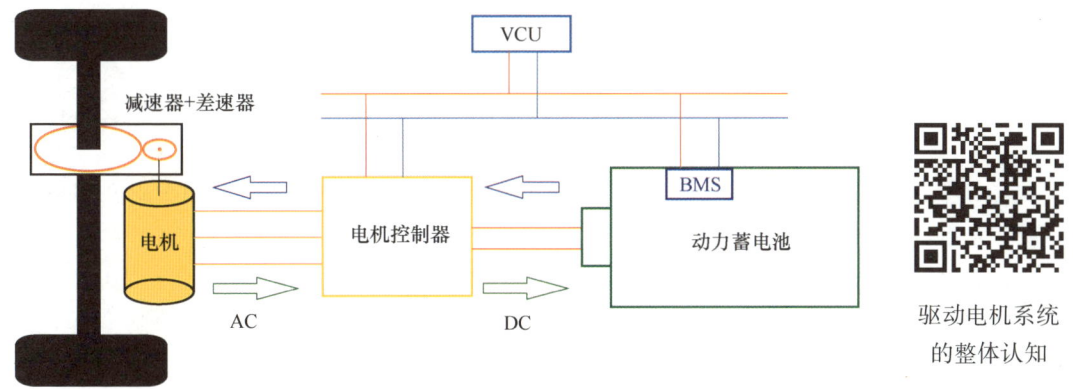

图 2-22　驱动电机系统的工作原理图

电机是将电能转换成机械能或将机械能转换成电能的装置，是一种依靠电磁感应而运行

的电气装置。作为电动机使用时,有驱动电机、辅助电机等类型。当前,新能源汽车驱动电机主要采用永磁同步电机和交流异步电机两种类型,具有电动机和发电机双重功能。

电机控制器主要功能有:控制电机运行电动模式,将直流电转化为三相交流电;控制电机运行发电模式,将交流电转化为直流电;按整车控制器 VCU 的指令,对驱动电机的转速、转矩和旋转方向进行控制。

目前,驱动电机系统主要有三种形式,一是将电机与减速器集成为"二合一",电机控制器单独或与其他部件集成,如图 2-23a 所示;二是将电机、电机控制器与减速器集成为"三合一"形式,如图 2-23b 所示,"三合一"驱动电机系统已成为新能源汽车驱动电机系统的主流;还有采用集成度更高的"多合一"驱动电机系统,如比亚迪的"八合一"、长城的"七合一"等。

图 2-23 驱动电机系统的两种主要形式
a) 二合一 b) 三合一

二、电机的主要性能指标

电机是驱动电机系统的核心部件,其主要性能指标有:

(1) 额定电压 U_e(V) 电机在额定工作状态下运行时,电机定子绕组应输入的线电压值为额定电压,一般小型直流电机为 36~48V,单相交流感应电机为 220V,三相交流感应电机为 380V。目前,800V 高电压系统电机也已开始在新能源汽车中采用。

(2) 额定电流 I_e(A) 电机在额定电压下,电机轴上输出的机械功率为额定功率时,电机定子绕组通过的线电流值。

(3) 频率 f(Hz) 三相电流的频率。我国采用 50Hz 的三相电流,国外多采用 60Hz 的三相电流。

(4) 额定转速 n_e(r/min) 电机在指定的频率和额定电压下,输出轴上输出的机械功率为额定功率时电机的转速。

根据电动车辆速度、动力性能的要求,需要选择不同转速的驱动电机,一般电机的转速有以下几种:低速电机,转速 3000~6000r/min;中速电机,转速 6000~10000r/min;高速电机,转速 10000~15000r/min。

(5) 额定功率 P_e(kW) 电机在额定运行时其轴上输出的机械功率为

$$P_e = U_e I_e \eta_e \tag{2-1}$$

式中 U_e——额定电压(V);

I_e——额定电流（A）；

η_e——机械效率（%）。

当电机在额定运行情况下输出额定功率时，称为满载运行，这时电机的运行性能、经济性及可靠性等均处于优良状态。输出功率超过额定功率时称为过载运行，这时电机的负载电流大于额定电流，将会引起电机过热，从而降低寿命，严重时会烧毁电机。电机的输出功率小于额定功率时称为轻载运行，轻载时电机的效率和功率因数等运行性能均较差，因此要避免电机轻载运行。

(6) 机械效率 η_e 电机在最高值运行时电机轴上输出的机械功率，与电机在额定运行时，电源输入到电机定子绕组上的功率之比值（%），要求电机高效区占电机整个运行区间的50%以上。

(7) 温升（℃） 电机在运行时允许升高的最高温度。

三、新能源汽车对电机的要求

新能源汽车在行驶过程中，经常频繁地起动/停车、加速/减速等，这就要求新能源汽车中的电机比一般工业应用的电机性能更高，基本要求如下：

1) 电机的运行特性要满足新能源汽车的要求，在恒转矩区，要求低速运行时具有大转矩，以满足新能源汽车起动和爬坡的要求；在恒功率区，要求低转矩时具有高的速度，以满足新能源汽车在平坦的路面能够高速行驶的要求。

2) 电机应具有瞬时功率大、带负载起动性能好、过载能力强、加速性能好、使用寿命长的特点。

3) 电机应在整个运行范围内，具有很高的效率，以提高一次充电的续驶里程。

4) 电机应能够在汽车减速时实现再生制动，将能量回收并反馈给动力蓄电池，使得新能源汽车具有最佳的能量利用率。

5) 电机应可靠性好，能够在较恶劣的环境下长期工作。

6) 电机应体积小，重量轻，一般为工业用电机的1/3~1/2。

7) 电机的结构要简单坚固，适合批量生产，便于使用和维护。

8) 价格便宜，从而能够减少新能源汽车整车价格，提高性价比。

9) 运行时噪声低，减少污染。

四、新能源汽车驱动电机系统的类型、结构与原理

新能源汽车驱动电机系统按所选电机的类型可分为直流电机、永磁同步电机、永磁无刷直流电机、异步电机和开关磁阻电机等。

常用驱动电机的认识

（一）直流电机

直流电机具有起动加速时驱动力大、调速控制简单、技术成熟等优点。但是直流电机的电枢电流由电刷和换向器引入，换向时产生电火花，换向器容易烧坏，电刷容易磨损，需经常更换，维护工作量大。因此，直流电机目前在新能源汽车中较少采用。

（二）永磁同步电机

1. 永磁同步电机的结构与特点

(1) 永磁同步电机的结构 永磁同步电机分为正弦波驱动电流的永磁同步电机和方波

驱动电流的永磁同步电机。这里介绍的主要是三相正弦波驱动电流的永磁同步电机。

永磁同步电机的结构示意图如图2-24所示,和传统电机一样,主要由定子和转子两大部分构成。

1)定子。定子与普通感应电机基本相同,由电枢铁心和电枢绕组构成。电枢铁心一般采用0.5mm硅钢冲片叠压而成,对于具有高效率指标或频率较高的电机,为了减少铁耗,可以考虑使用0.35mm的低损耗冷轧硅钢片。定子绕组一般有圆线和扁线两种形式,目前部分新能源汽车中采用的"扁线电机"就是指电机定子采用扁线绕组替代原先的圆线绕组,同时根据扁线绕组的特殊结构配备独特的定转子结构优化、冷却方案优化与控制优化等技术的总称。

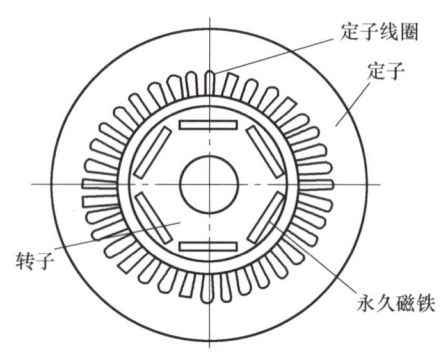

图2-24 永磁同步电机的结构示意图

2)转子。转子主要由永磁体、转子铁心和转轴等构成。其中永磁体主要采用铁氧体永磁和钕铁硼永磁材料;转子铁心可根据磁极结构的不同,选用实心钢,或采用钢板或硅钢片冲制后叠压而成。

与普通电机相比,永磁同步电机还必须装有转子永磁体位置检测器,用来检测磁极位置,并以此对电枢电流进行控制,达到对永磁同步电机驱动控制的目的。

(2)永磁同步电机的特点　永磁同步电机转子采用永磁体,转子上无绕组,无铜耗,磁通量小,在低负荷时铁损很小,因此具有以下优点:

1)高效、节能。永磁同步电机不用励磁,节约了励磁消耗的功率。具有高效率(达到97%)、高比功率(超过1kW/kg)和"输出转矩/转动惯量"比值高的特点。比其他类型的电机有更高的效率,更大的输出转矩且更加节能。

2)可靠性好。永磁同步电机与电源频率同步,不受电源电压和负载变化的影响,在额定的负载范围内,保持以同步转速旋转。运转平稳,工作时电流损耗小,在高速转动时有良好的可靠性。

3)调速性能好。永磁同步电机具有调速范围宽、调速精度高、效率高、噪声低的优点,性能可靠。

4)结构简单,寿命长,便于维修,体积小。

同时,永磁同步电机与其他电机相比也存在以下缺点:

1)由于永磁同步电机转子为永磁体,无法调节,必须通过加定子直轴去磁电流分量来削弱磁场,这会增大定子的电流,增加电机的铜耗。

2)起动慢。由于转速与频率成比例关系,因此,只有在频率升高时才能逐渐起动,而不能快速起动。另外,永磁同步电机会出现"失步现象",因此较适合在重载下运行。

3)永磁电机的磁钢价格较高。

因此,永磁电机体积小,重量轻,转动惯量小,功率密度高,适合新能源汽车空间有限的特点;另外,转矩惯量比大,过载能力强,尤其低转速时输出转矩大,适合新能源汽车的起动加速。由此,永磁电机得到国内外新能源汽车界的广泛重视。

2. 永磁同步电机的工作原理与运行特性

永磁同步电机实际上是一种凸极式电机,一般其在定子结构上采用与三相交流电机相似的三相对称绕组，交流电源通过交-直-交电压型逆变器或直-交电压型逆变器，调制为电压可变化的三相正弦波电压，输入永磁同步电机三相对称绕组后，产生三相对称的三相电流，在正弦波定子电流和正弦波反电动势的作用下，气隙中产生旋转磁场，带动转子跟随旋转磁场同步旋转。转子的转速为 n，旋转磁场的转速为 n_s（见图2-25）可得关系式

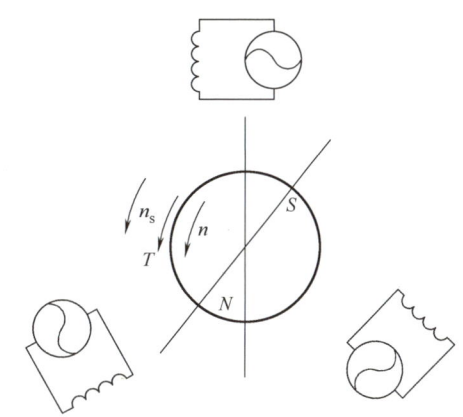

$$n = n_s = \frac{60 f_s}{p_n} \qquad (2-2)$$

式中　n——转子的转速（r/min）；

　　　n_s——旋转磁场的转速（r/min）；

图2-25　三相永磁同步电机工作原理示意图

　　　f_s——三相正弦波电压的频率（Hz）；

　　　p_n——电机的磁极对数。

当永磁同步电机的磁极对数 p_n 一定时，旋转磁场的转速变化取决于三相正弦波电压频率 f_s 的变化。

（三）永磁无刷直流电机

永磁无刷直流电机是具有直流电机特性的无刷直流电机，其反电动势波形和供电电流波形都是矩形波，所以又称为矩形波同步电机。这类电机由直流电源供电，借助位置传感器来检测主转子的位置，由所检测出的信号去触发相应的电子换相线路以实现无接触式换相。这种无刷直流电机具有有刷直流电机的各种运行特性。

1. 永磁无刷直流电机的结构与特点

（1）永磁无刷直流电机的结构　永磁无刷直流电机主要由电机本体、电子换向器和转子位置传感器三部分组成。

1）电机本体。无刷直流电机的电机本体由定子和转子两部分组成。

2）电子换向器。电子换向器是由功率开关和位置信号处理电路构成，主要用来控制定子各绕组通电的顺序和时间。

3）位置传感器。位置传感器在无刷直流电机中起着检测转子磁极位置的作用，为功率开关电路提供正确的换相信息，即将转子磁极的位置信号转换成电信号，经过位置信号处理电路处理后控制定子绕组换相。

（2）永磁无刷直流电机的特点　永磁无刷直流电机作为新能源汽车用电机，具有以下特点：

1）优点：外特性好，非常符合新能源汽车的负载特性，尤其是具有低速大转矩特性，能够提供大的起动转矩，满足新能源汽车的加速要求；可以在低、中、高宽速度范围内运行，而有刷电机由于受机械换向的影响，只能在中低速下运行；效率高，尤其是在轻载车况下，仍能保持较高的效率，这对珍贵的电池能量是很重要的；过载能力强，比交流电机可提高过载能力2倍以上，满足新能源汽车的堵转工况需要；再生制动效果好，因无刷直流电机转子具有很高的永久磁场，在汽车下坡或制动时电机可完全进入发电机状态，给电池充电，同时起到电制动作用，减轻机械制动负担；体积小、重量轻、比功率大，可有效地减轻重

量、节省空间；无机械换向器，采用全封闭式结构，防止尘土进入电机内部，可靠性高；控制系统比感应电机简单。

2）缺点：永磁无刷直流电机的控制系统比较复杂，励磁不能控制，机械特性较"硬"；输出波形若不理想，会发生较大的脉动转矩波动和冲击力，影响电机的低速性能，电流损耗大，噪声较大；永磁体性能在遇到高温时，会发生退磁现象等。

2. 永磁无刷直流电机的工作原理

如图 2-26 所示，永磁无刷直流电机的工作原理是利用电机转子位置传感器输出信号控制电子换向线路去驱动逆变器的功率开关器件，使电枢绕组依次馈电，从而在定子上产生跳跃式的旋转磁场，拖动电机转子旋转。同时，随着电机转子的转动，转子位置传感器又不断送出位置信号，以不断地改变电枢绕组的通电状态，使得在某一磁极下导体中的电流方向保持不变，这样电机就旋转起来了。

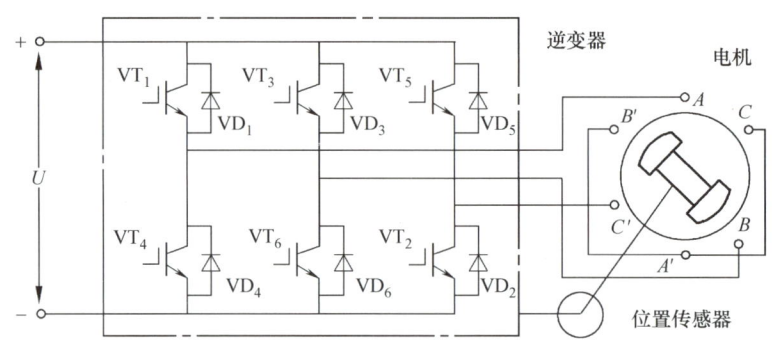

图 2-26 永磁无刷直流电机的工作原理示意图

（四）异步电机

异步电机由于气隙旋转磁场与转子绕组感应电流相互作用产生电磁转矩，从而实现机电能量的转换，所以又被称为感应电机。

三相笼型异步电机的结构如图 2-27 所示，它主要由定子和转子两大部分组成。转子装在定子腔内，定子和转子之间有一缝隙，称为气隙。

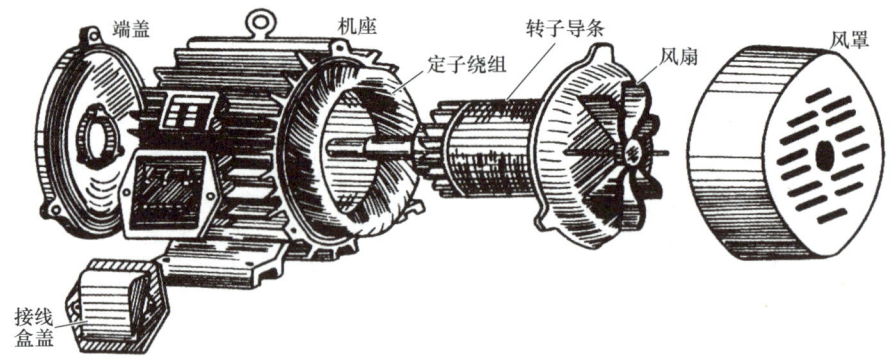

图 2-27 三相笼型异步电机的结构

图 2-28 所示为一台三相笼型异步电机的工作原理图。定子铁心中嵌放着对称的三相绕

组U1-U2、V1-V2、W1-W2，三相绕组可接成星形或三角形，并引出三根线，电机工作时将引出的三根线接到三相交流电源上。转子槽内放有导条，导条两端用短路环短接起来，形成一个笼形的闭合绕组。

（1）**定子产生旋转磁场** 由旋转磁场理论分析可知，当定子三相对称绕组通入三相对称电流时，就会在电机的气隙中产生一个旋转的磁场。该磁场的转速称为同步转速，用 n_1 表示，其关系为

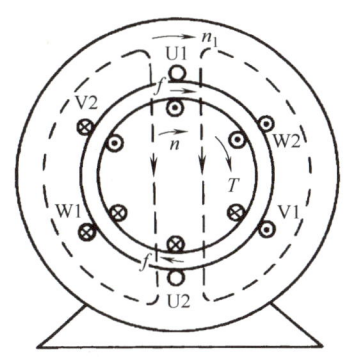

$$n_1 = \frac{60f_1}{p} \quad (2\text{-}3)$$

图2-28 异步电机工作原理图

式中　　n_1——同步转速（r/min）；
　　　　f_1——电网的频率（Hz）；
　　　　p——电机磁极对数。

旋转磁场的转向由三相电流相序决定，即由电流超前那一相往电流滞后那一相旋转。当定子绕组中通入 U→V→W 相序的三相电流时，定子旋转磁场就沿 U1→V1→W1 的方向旋转，如图2-28沿顺时针方向旋转。磁通和电流方向符合右手螺旋定则，在图所示瞬间，定子旋转磁场的方向指向下。

（2）**转子导体产生感应电流** 定子旋转磁场顺时针切割静止的转子导体，可以看成转子导体逆时针切割定子磁场，根据电磁感应定律，转子导体中将产生感应电动势，并在闭合的转子绕组内产生感应电流，其方向可由"右手定则"确定。在图所示瞬间，转子上半周导体中的电流流出纸面，下半周导体中的电流流入纸面。

（3）**转子导体受到电磁转矩作用而使转子旋转** 载有感应电流的转子导体处在定子磁场中，根据电磁力定律，转子导体将受到电磁力作用，受力方向由"左手定则"确定。如图2-28所示，上半周的导体受到向右方向的电磁力，下半周的导体受到向左方向的电磁力。它们对转轴形成一个转矩，称为电磁转矩，其作用方向与定子旋转磁场方向一致，为顺时针方向。在电磁转矩的作用下，转子便顺着旋转磁场的方向旋转起来。

综上所述，三相异步电机的基本工作原理可归纳以下三个关键点：
1）定子三相对称绕组通入三相对称电流产生旋转磁场。
2）转子导体切割定子旋转磁场产生感应电动势，并产生感应电流。
3）载有感应电流的转子导体在定子磁场中受到电磁力并形成电磁转矩，从而驱使电机转子顺着定子磁场方向旋转起来。

（五）**开关磁阻电机**

开关磁阻电机 SRM（Switched Reluctance Motor）也可以称为磁阻电机 VRM（Variable Reluctance Motor），它的结构比其他任何一种电机都要简单，开关磁阻电机功率密度高，转矩—转速特性好，有高起动转矩和低起动功率，效率也可以达到85%~93%。转矩、转速在较宽的转速范围内，可以灵活地控制，调速控制简单。开关磁阻电机结构坚固，可靠性好，是一种具有发展潜力的新型电机。

1. 开关磁阻电机的结构与特点

开关磁阻电机是由双凸极的定子和转子组成，其定子、转子的凸极均由普通的硅钢片叠

压而成。定子极上绕有集中绕组,把沿径向相对的两个绕组串联成一个两级磁极,称为"一相";转子既无绕组又无永磁体,仅由硅钢片叠成。

开关磁阻电机有多种不同的相数结构,如单相、二相、四相及多相等,且定子和转子的极数有多种不同的搭配。低于三相的开关磁阻电机一般没有自起动能力。相数多,有利于减小转矩脉动,但结构复杂、主开关器件多、成本增高。目前,应用较多的是四相8/6极结构和三相6/4极结构。下面主要针对开关磁阻电机结构为四相8/6极结构进行介绍。

开关磁阻电机与其他电机相比,具有以下优点:

(1) 可控参数多,调速性能好 可控参数有主开关开通角、主开关关断角、相电流幅值和直流电源电压,控制方便,可四象限运行,容易实现正转、反转和电动、制动等特定的调节控制。

(2) 结构简单,成本低 开关磁阻电机转子无绕组,也不加永久磁铁,定子为集中绕组,永磁电机及感应电机都简单,制造和维护方便;它的功率变换器比较简单,主开关元件数较少,电子器件少。

(3) 损耗小,运转效率高 开关磁阻电机的转子不存在励磁及转差损耗,功率变换器元器件少,相应的损耗也小;控制灵活,易于在很宽转速范围内实现高效节能控制。

(4) 起动转矩大,起动电流小 在15%额定电流的情况下就能达到100%的起动转矩。

由于开关磁阻电机的特殊结构和工作方式,也存在一些缺点:

转矩脉动现象较大;振动和噪声相对较大,特别是在负载运行的时候;电机的出线头相对较多,还有位置检测器出线端;电机的数学模型比较复杂,其准确的数学模型较难建立;控制复杂,依赖于电机的结构。

2. 开关磁阻电机的工作原理

以8/6极结构的开关磁阻电机为例,其工作原理示意图如图2-29所示,图中S_1、S_2为电子开关,VD_1、VD_2为二极管,U为直流电源。电机的定子和转子呈凸极形状,极数互不相等,转子由叠片构成,转子带有位置传感器以提供转子位置信号,使定子绕组按一定的顺序通断,保持电机的连续运行。

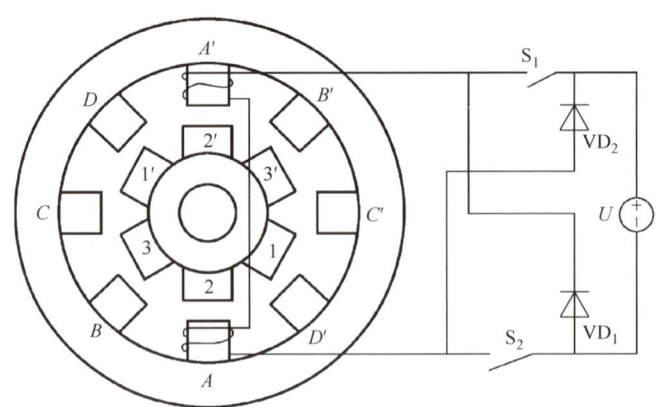

图2-29 开关磁阻电机的工作原理示意图

开关磁阻电机的磁阻随转子磁极和定子磁极的中心线对准错开一定角度而变化。由于电感与磁阻成反比,所以当转子磁极在定子磁极中心线位置时,相绕组电感最大;当转子磁极中心线对准定子磁极中心线时,相绕组电感最小。

由于开关磁阻电机的运行原理遵循磁阻最小原理,即磁通总要沿着磁阻最小的路径闭合,所以具有一定形状的铁心在移动到最小磁阻位置时,必须使自己的主轴线与磁场的轴线重合。从图中可以看出,当定子 D—D′ 极励磁时,产生的磁力会促使转子旋转到转子极轴线 1—1′ 与定子极轴线 D—D′ 重合的位置,并使得 D 相励磁绕组的电感最大。如果以图中定、转子所处的相对位置作为起始位置,则依次给 D—A—B—C 相绕组通电,转子即会逆着励磁顺序以逆时针方向连续旋转;反之,若依次给 B—A—D—C 相通电,则电机会沿着顺时针方向转动。综上分析,开关磁阻电机的转向与相绕组的电流方向无关,而仅仅取决于相绕组通电的顺序。

课题三　逆变器与变频器

一、逆变器及其控制技术

1. 逆变器的概念及工作原理

逆变器(Inverter)的作用是把直流电转变成交流电,它由逆变桥、控制逻辑和滤波电路组成。

逆变器是一种将直流电变成交流电的变压器,用得比较多的是脉宽调制(PWM)技术。其核心部分都是一个 PWM 集成控制器,其工作原理框图如图 2-30 所示。

2. 逆变器的分类

(1) 按波弦性质分类　按波弦性质主要分两类,一类是正弦波逆变器,另一类是方波逆变器。

正弦波逆变器输出的是正弦波交流电,因为它不存在电网中的电磁污染,故电能质量较好。方波逆变器输出的则

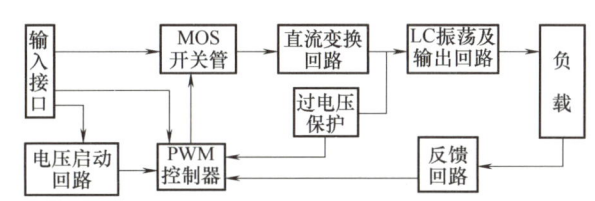

图 2-30　逆变器工作原理框图

是质量较差的方波交流电,其正向最大值到负向最大值几乎同时产生,这样,对负载和逆变器本身造成剧烈的不稳定影响。同时,其负载能力差,仅为额定负载的 40%~60%,不能带感性负载。如所带的负载过大,方波电流中包含的三次谐波成分将使流入负载中的容性电流增大,严重时会损坏负载的电源滤波电容。针对上述缺点,出现了准正弦波(或称改良正弦波、修正正弦波、模拟正弦波等)逆变器,其输出波形从正向最大值到负向最大值之间有一个时间间隔,使用效果有所改善,但准正弦波的波形仍然是由折线组成,属于方波范畴,连续性不好。总结来说,正弦波逆变器提供高质量的交流电,能够带动任何种类的负载,但技术要求和成本均高。准正弦波逆变器可以满足大部分的用电需求,效率高,噪声小,售价适中,因而成为市场中的主流产品。方波逆变器的制作采用简易的多谐振荡器,其技术比较落后,将逐渐退出市场。

(2) 按源流性质分类　逆变器根据发电源的不同,分为煤电逆变器、太阳能逆变器、风能逆变器和核能逆变器。根据用途不同,分为独立控制逆变器和并网逆变器。欧美生产的

太阳能逆变器效率较高,但价格较为昂贵,国内其他的逆变器效率都在90%以下,但价格比进口得要便宜很多。除了功率、波形以外,选择逆变器的效率也非常重要,效率越高则在逆变器身上浪费的电能就少,用于电器的电能就更多,特别是使用小功率系统时这一点的重要性更明显。

因此按照源流性质可以分成以下两类:

1) 有源逆变器:是使电路中的电流,在交流侧与电网连接而不直接接入负载的逆变器。

2) 无源逆变器:使电路中的电流,在交流侧不与电网连接而直接接入负载(即把直流电逆变为某一频率或可调频率的交流电供给负载)的逆变器。

3. 逆变器控制技术

(1) 开环和单电压环控制技术　逆变器发展的早期出现了方波逆变器、阶梯波合成逆变器,前者电路比较简洁,功率器件数目少,但谐波含量大,因而谐波电路复杂,体积和质量大;后者相对于前者电路比较复杂,元器件数目多,而且逆变电路本身没有调压的功能,其调压是通过调节输入直流电压来实现的,但输出电压谐波含量小,输出滤波器体积和质量小。接着出现了正弦脉冲宽度调制方案(SPWM),使逆变器的输出性能有了很大的提高,其输出电压的调节是通过改变调制比 m(正弦参考波峰值与调制三角波峰的比值)来实现的。早期的 SPWM 逆变器的闭环反馈控制是单电压有效值反馈环,这种控制电路其结构相对简单,对输出电压的赋值可连续调节并保证一定的静差,但也存在以下缺点:

1) 系统动态响应速度缓慢。由于包含 LC 输出滤波器,单环电压反馈系统是一个二阶系统,只有在 PI 电压调节器中加入大的补偿电容才能保证系统稳定工作,加上有效值检测电路的滞后,当直流侧电压或负载突变时,系统的动态响应速度很慢,常经历几个输出周期。

2) 负载适应性差。对诸如 UPS 一类电源,经常面对一些非线性负载,电流冲击度很高。在脉冲电流的冲击下,输出电压波形产生畸变,总失真度升高,甚至超越容许值。

逆变器的设计目标是在任何负载条件或动态过程中保持希望的输出电压波形。随着新型功率开关器件的出现,调制频率不断提高,各种现代反馈控制技术可用于电压波形的连续控制,而非基于有效值反馈。这为"瞬时"控制器提供了很多性能优点,包括更快的瞬态响应速度(一个周期内),更低的总谐波失真度,输出阻抗减小而提高了抗干扰性等。

(2) 电压电流双环反馈控制技术　电压电流双环反馈控制是目前先进的控制技术之一,其组成是输出滤波电感电流和输出电压(即输出滤波电容电压)反馈构成的"电流型控制逆变器"。其外环为输出电压反馈,电压调节器一般采用 PI 形式,其输出作为内环给定;电感电流反馈构成内环,电流环设计为电流跟随器性质。但电流跟随的实现方法有很多种,其中常用的有 SPWM 控制和滞环控制两种。

1) 电流滞环跟踪控制。图 2-31 给出了采用滞环比较方式的 PWM 电流跟踪控制单相半桥式逆变电路原理图。采用滞环比较方式的电流跟踪型 PWM 变流电路的特点:硬件电路简单,属于闭环控制;系统具有较高的稳定性;具有快速的瞬态响应;电流型半桥电路容易产生失控。电流脉宽不等固然可以维持电感端压的伏秒值平衡,但却会导致电容电荷的安秒值不平衡,导致直流侧分压电容端压不等、电源中点漂移,恶性循环的结果将使电路失控;开关频率不固定。由于器件的开关点完全取决于电流到达上下限值的时间，因此滞环控制的开关频率并不固定，使电路工作可靠性下降，输出电压的频谱变差。

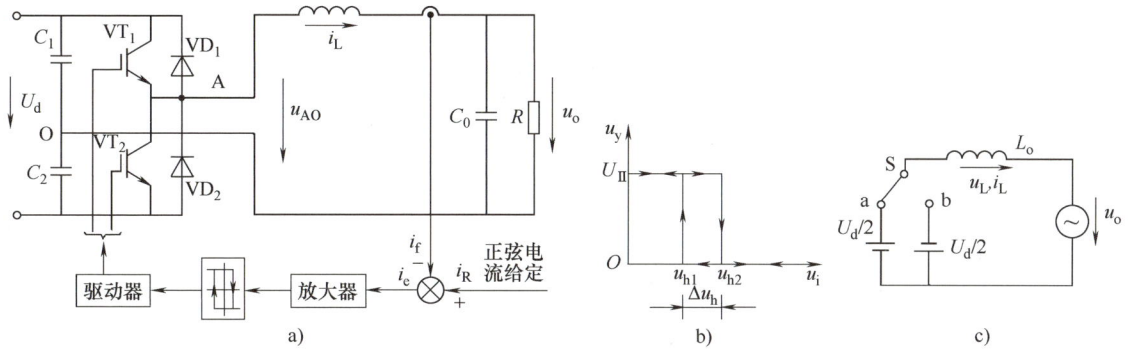

图 2-31　电流滞环跟踪控制的逆变电路

2）电压滞环跟踪控制。图 2-32 给出了采用滞环比较方式的 PWM 电压跟踪控制单相半桥式逆变电路原理图，其控制的特点和电流滞环跟踪控制的逆变电路类似。

图 2-33 所示为具有电压外环和电流内环的双环反馈控制逆变电路。电压外环采用瞬时值反馈，与给定电压进行比较得到输出电压的瞬时误差，将该信号经 PI 调节器调节运算后作为电流内环的给定 i_R；电流内环由负载电流瞬时值与电流给定 i_R 比较产生误差信号，再与三角形载波比较后产生 SPWM 信号。但其电流内采用的是滞环的控制方式，采用滞环控制方式其电压外环与采用 SPWM 控制方式是一样的，所不同的是其电流内环中调制信号是由电流给定与电感电流瞬时值的差值在环宽误差范围内的比较直接产生的，因而其动态响应速度快。

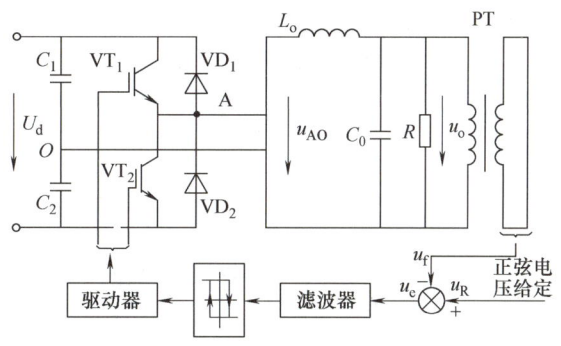

图 2-32　电压滞环跟踪控制逆变电路

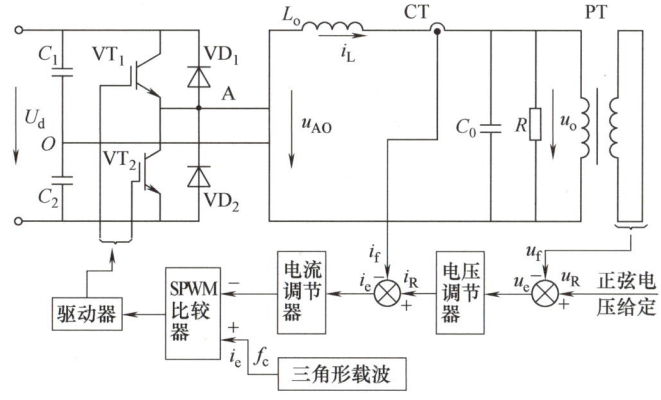

图 2-33　电压电流双环反馈控制逆变电路

二、变频器及其控制方式

1. 变频器的概念及工作原理

变频器（Varizble-frequency Drive，VFD）是应用变频技术与微电子技术，通过改变电机工作电源频率方式来控制交流电机的电力控制设备。变频器主要由整流（交流变直流）、滤波、逆变（直流变交流）、制动单元、驱动单元和检测单元、微处理单元等组成。

变频器内部用 IGBT 的开断来调整输出电源的电压和频率，根据电机的实际需要来提供所需的电源电压，进而达到节能、调速的目的。

以普锐斯第二代油电混合动力系统为例，系统中安装有由变频器、可变电压系统、DC/DC 变换器组成的动力控制单元，如图 2-34 所示。

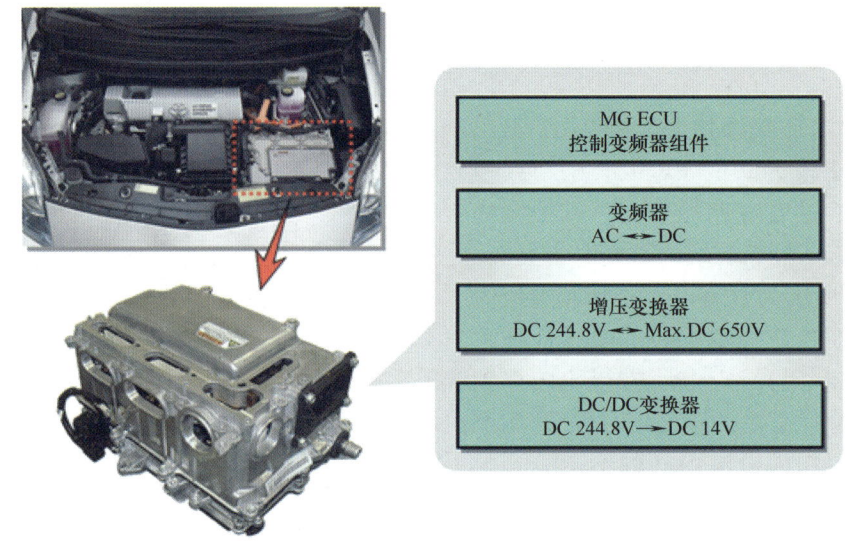

图 2-34　动力控制单元的组成结构示意图

变频器将 HV 蓄电池的直流电流转换成电机和发电机使用的交流电流。另外，也将发电机和电机发出的交流电流转换成可供 HV 蓄电池充电的直流电流，其具体结构如图 2-35 所示。

2. 变频器的分类

目前，变频器主要分为交-直-交变频器和交-交变频器两大类。

（1）交-直-交变频器　按照电压、频率的控制方式，交-直-交变频器有三种结构形式。

1）可控整流器调压、逆变器调频方式。如图 2-36a 所示，其调压与调频功能分别在两个环节上实现，由控制电路协调配合，因此其结构简单、控制方便。

2）不控整流器整流、斩波器调压、逆变器调频方式。如图 2-36b 所示，由于采用二极管整流，使输入功率提高。由于输出逆变环节功率器件采用晶闸管，仍有输出谐波成分大的弊病。

3）不控整流器整流、脉宽调制型逆变器同时实现调压调频方式。如图 2-36c 所示，此时，除装置输入功率因数高，又因采用高开关频率的逆变器，输出谐波很小，性能优良。

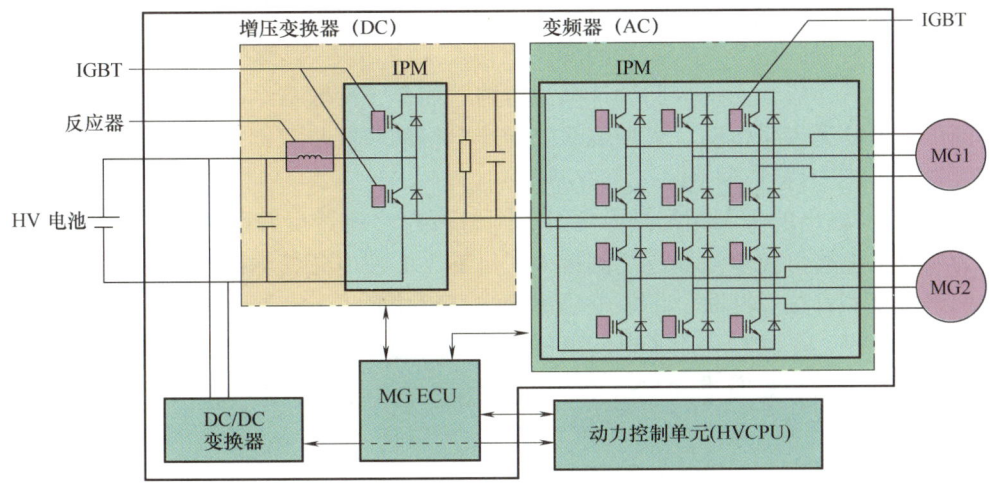

图 2-35 普锐斯混合动力汽车带变换器的变频器总成示意图

图 2-36 所示交-直-交变频器的三种结构形式中的前两种变频器有两级可控功率级，即第一级完成调压任务，第二级完成调频任务，调压、调频分别进行；后一种则只有一级可控功率级，调压、调频均由逆变器完成。与前两种相比，后一种有以下主要优点：工频交流电经二极管或晶闸管等器件整流和中间电容滤波后供 PWM 逆变器逆变，电网波形畸变小，功率因数较高；PWM 逆变器是通过改变脉冲宽度来改变电压的，而且变频、变压同时进行，故这种逆变器动态响应特性好；PWM 逆变器输出电压脉宽按正弦规律变化，交流电机电流波形接近正弦波，输出的谐波分量小，电机脉动转矩小，运行平稳。因此图 2-36c 这种交-直-交变频器已成为当前最有发展前途的一种。

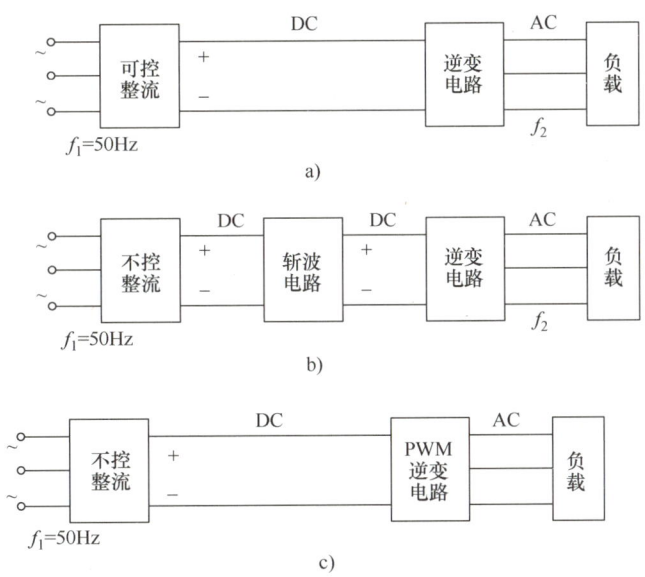

图 2-36 交-直-交变频器的结构形式
a) 可控整流器调压、逆变器调频方式　b) 不控整流器整流、斩波器调压、逆变器调频方式
c) 不控整流器整流、脉宽调制型逆变器同时实现调压调频方式

(2) 交-交变频器　交-交变频器可直接将电网频率交流变成频率可调直流，无须中间直流环节，从而可提高整个变频装置的变换效率。又由于交-交变频器中晶闸管可利用交流电网实现电源自然换流，无须专门设计换流电路，简化了变频器结构，使这种变频器在大容量低速同步电机的无齿系传动、大型绕线式异步电机的超同步双馈调速，以及新型交流励磁变速恒频发电系统中得到了相当广泛的应用。

交-交变频器输出的每一相都是由两组晶闸管可控整流器反并联的可逆线路构成。因此可以分为两类：电路可控整流器进线侧接入了足够大滤波电感使输出电流近似方波，称电流源型；两组整流器直接反并联，构成电压源型电路。由于交-交变频器输出的交流电压是经晶闸管整流后获得，晶闸管利用了电网电压换流，其输出频率不能高于电网频率，通常最高输出频率被限制为电网频率的 1/3～1/2。

3. 变频器控制方式

(1) 正弦脉宽调制（SPWM）控制方式　正弦脉宽调制（SPWM）控制方式的特点是控制电路结构简单、成本较低，机械特性硬度也较好。但是，这种控制方式在低频时，由于输出电压较低，转矩受定子电阻压降的影响比较显著，使输出最大转矩减小。另外，其机械特性终究没有直流电机硬，动态转矩能力和静态调速性能都还不尽如人意，且具有系统性能不高、稳定性变差等缺点。

(2) 电压空间矢量（SVPWM）控制方式　电压空间矢量（SVPWM）控制方式是以三相波形整体生成效果为前提，以逼近电机气隙的理想圆形旋转磁场轨迹为目的，一次生成三相调制波形，以内切多边形逼近圆的方式进行控制的。经实践使用后又有所改进，即引入频率补偿，能消除速度控制的误差。但控制电路环节较多，且没有引入转矩的调节，所以系统性能没有得到根本改善。

(3) 矢量控制（VC）方式　通过测量和控制异步电机定子电流矢量，根据磁场定向原理分别对异步电机的励磁电流和转矩电流进行控制，从而达到控制异步电机转矩的目的。具体是将异步电机的定子电流矢量分解为产生磁场的电流分量（励磁电流）和产生转矩的电流分量（转矩电流）分别加以控制，并同时控制两分量间的幅值和相位，即控制定子电流矢量。

(4) 直接转矩控制（DTC）方式　直接转矩控制也称之为"直接自控制"，这种"直接自控制"的思想是以转矩为中心来进行磁链、转矩的综合控制。和矢量控制不同，直接转矩控制不采用解耦的方式，从而在算法上不存在旋转坐标变换，简单地通过检测电机定子电压和电流，借助瞬时空间矢量理论计算电机的磁链和转矩，并根据与给定值比较所得差值，实现磁链和转矩的直接控制。直接转矩控制技术，是利用空间矢量、定子磁场定向的分析方法，直接在定子坐标系下分析异步电机的数学模型，计算与控制异步电机的磁链和转矩，采用离散的两点式调节器（Band-Band 控制），把转矩检测值与转矩给定值做比较，使转矩波动限制在一定的容差范围内，容差的大小由频率调节器来控制，并产生 PWM 脉宽调制信号，直接对逆变器的开关状态进行控制，以获得高动态性能的转矩输出。

课题四　新能源汽车控制系统

新能源汽车控制系统主要包括整车控制器、电机控制器、蓄电池管理系统、制动能量回馈系统等。各控制器通过 CAN 总线实现实时通信。控制系统实时监测车辆的绝缘状态，在出现绝缘故障或蓄电池等严重故障时,依据动力总成的控制策略,断开动力蓄电池组内的接触器,保护人员和车辆的安全。电机控制器实现对电机的转速和转矩的控制。蓄电池管理系统集电池组的数据采集、状态估计、充放电保护及均衡控制于一体,也是新能源汽车的核心单元之一。

一、整车控制器

整车控制器,简称 VCU,VCU 是实现整车控制决策的核心电子控制单元。VCU 通过采集加速踏板、档位、制动踏板等信号来判断驾驶人的驾驶意图;通过监测车辆状态(车速、温度等)信息,由 VCU 判断处理后,向动力系统、动力蓄电池系统发送车辆的运行状态控制指令,同时控制车载附加电力系统的工作模式;VCU 具有整车系统故障诊断保护与存储功能。

图 2-37 所示为 VCU 的结构组成,其包括外壳、硬件电路、底层软件和应用层软件。硬件电路、底层软件和应用层软件是 VCU 的关键核心技术。

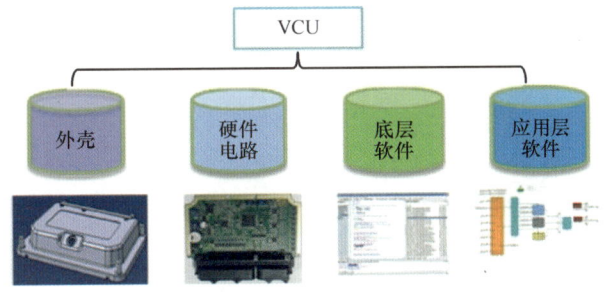

图 2-37　VCU 的结构组成

VCU 具有的典型功能有:

(1) **整车状态的获取功能**　通过车速传感器、档位信号传感器等采用不同的采样周期时检测整车的运行状态;通过 CAN 总线获得原车功能模块、动力蓄电池系统、驱动电机系统等状态信息。

(2) **驾驶人的意愿识别和控制模式的判断**

1)通过各种状态信息(加速/制动踏板位置、当前车速和整车是否有故障信息等)来判断出当前需要的整车工作模式(如起步、加速、减速、匀速行驶)。

2)根据判断得出的整车工作模式、动力蓄电池系统和驱动电机系统状态计算出当前车辆需要的转矩。

3)根据当前的参数和状态及前一段时间的参数及状态,算出当前车辆的转矩能力,根据当前车辆需要的转矩,最终计算出合理的需要实现的转矩。

(3) **整车故障的判别及处理**　判断整车的各个传感器、执行机构的状态;指出相应的错误标志,协调在错误情况下各个模块的计算、执行;将错误状态记录、输出、消除。

(4) **外围相连驱动模块的管理**　根据各个功能模块的最终计算结果,通过总线控制各个外围功能模块,如空调模块等。

(5) **新能源汽车辅助系统的控制**　如驾驶安全辅助设备,水泵、空调、暖风等电器附件以及休闲娱乐辅助设备等的控制。

二、电机控制器

电机控制器，简称 MCU，是新能源汽车特有的核心功率电子单元，通过接收 VCU 的车辆行驶控制指令，控制电机输出指定的转矩和转速，驱动车辆行驶。实现把动力蓄电池的直流电能转换为所需的高压交流电后驱动电机本体输出机械能。同时，MCU 具有电机系统故障诊断保护和存储功能，当诊断出异常时，它将会激活一个错误代码，发送给整车控制器。MCU 将会把电机控制系统运行状态的信息发送给整车控制器。

MCU 由外壳及冷却系统、功率电子单元、控制电路、底层软件和控制算法软件组成，具体结构如图 2-38 所示。

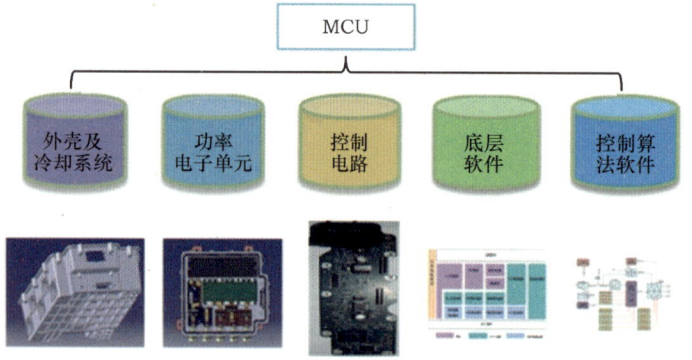

图 2-38 MCU 的结构组成

新能源汽车电控系统认识

三、蓄电池管理系统

动力蓄电池是新能源汽车核心能量源，为整车提供驱动电能，它主要通过金属材质的壳体包络构成电池包主体。模块化的结构设计实现了电芯的集成，通过热管理设计与仿真优化电池包热管理性能，电器部件及线束实现了控制系统对电池的安全保护及连接路径；通过 BMS 实现对电芯的管理，以及与整车的通信及信息交换。

如图 2-39 所示，电池包包括电芯、模块、电气系统、热管理系统、箱体和 BMS。BMS 是电池包最关键的零部件，与 VCU 类似，核心部分由硬件电路、底层软件和应用层软件组成。但 BMS 硬件由主板（BCU）和从板（BMU）两部分组成，从板安装于模组内部，用于检测单体电压、电流和均衡控制；主板安装位置比较灵活，用于继电器控制、荷电状态值（SOC）估计和电气伤害保护等。

蓄电池管理系统是电池保护和管理的核心部件，又称电源管理系统，在动力蓄电池系统中，它的作用就相当于人的大脑。它不仅要保证动力蓄电池安全可靠的使用，而且要充分发挥动力蓄电池的能力和延长使用寿命，作为动力蓄电池和整车控制器以及驾驶人沟通的桥梁，通过控制接触器控制动力蓄电池的充放电，并向 VCU 上报动力蓄电池系统的基本参数及故障信息。实验证明，配备完善蓄电池管理系统的电池组，其循环寿命是不配管理系统电池组的 3 倍以上。因此，根据电池特性，对动力蓄电池进行有效管理，对于维护电池安全、保持电池性能、延长电池使用寿命具有重要的意义。根据 IEEE 标准给出的定义："电源管理系统包括工

新能源汽车关键技术的认知 | 项目二

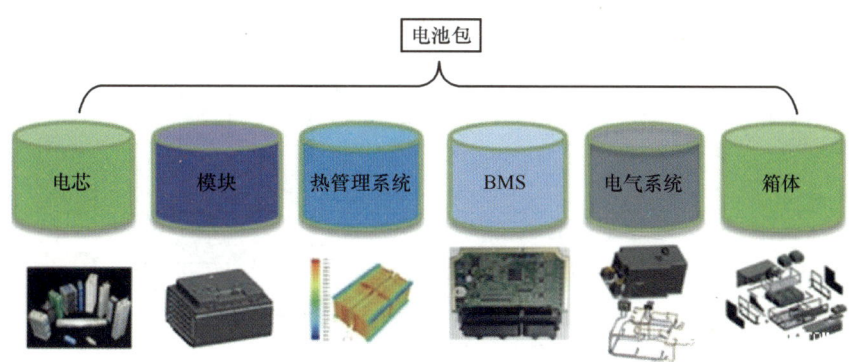

图 2-39 电池包的结构组成

程、设计、应用以及扩展的对电源系统的维修等,来为以电能作为能源的系统达到最佳性能。"

典型的蓄电池管理系统应具备如下功能:

1)实时采集动力蓄电池系统运行状态参数。实时采集新能源汽车动力蓄电池的每块单体蓄电池的端电压和温度、充放电电流以及电池组总电压等。由于动力蓄电池的每块单体蓄电池在使用中的性能和状态不一致,因而对每块单体蓄电池的电压、电流和温度数据都要进行监测。

2)确定电池的 SOC。准确估测动力蓄电池的 SOC,从而随时预报新能源汽车储能电池还剩余多少能量,使电池的 SOC 值控制在 30%~70% 的合理工作范围,这对保证电池寿命和整体的能量效率至关重要。

3)故障诊断与报警。当动力蓄电池电量或能量过低需要充电时,及时报警,以防止电池过放电而损害电池的使用寿命;当电池组的温度过高,非正常工作时,及时报警,以保证动力蓄电池正常工作。

4)动力蓄电池的热平衡管理。电池热管理系统是蓄电池管理系统的有机组成部分,其功能是通过风扇等冷却系统和热电阻加热装置使电池温度处于正常工作温度范围内。

5)一致性补偿。当单体蓄电池之间有差异时,有一定措施进行补偿,保证动力蓄电池表现能力更强,并有一定的手段来显示性能不良的单体蓄电池位置,以便修理替换。一般采用充电补偿功能。设计有旁路分流电路,以保证每个单体蓄电池都可以充满电,这样可以减缓动力蓄电池老化的进度,延长动力蓄电池的使用寿命。

6)通过总线实现各检测模块和中央处理单元的通信。在新能源汽车上实现电池管理的难点和关键在于如何根据采集的每块单体蓄电池的电压、温度和充放电电流的历史数据,建立确定每块单体蓄电池剩余能量的较精确的数学模型,即准确估计动力蓄电池的 SOC 状态。

四、制动能量回馈系统

制动能量回馈,又称回馈制动或再生制动,在纯电动汽车一般采取电能式再生制动能量回收方法,是指在减速或制动过程中,驱动电机在发电状态下工作,将车辆的部分动能转化为电能储存于储能装置中(如各种蓄电池、超级电容和超高速飞轮),同时施加电机回馈转矩于驱动轴,对车辆进行制动。回馈技术的应用一方面增加了电驱动车辆一次充电的续驶里程,另一方面减少了传统制动器的磨损,同时还改善了整车动力学的控制性能。

再生制动系统的结构与原理如图 2-40 所示，其由驱动轮、主减速器、变速器、电机、AC/DC 变换器、DC/DC 变换器、能量储存系统以及控制器组成。

汽车在制动或滑行过程中，根据驾驶人的制动意图，由制动控制器计算得到汽车所需的总制动力，再根据一定的制动力分配控制策略得到电机应该提供的电机再生制动力，MCU 计算所需的电机电枢中的制动电流，通过一定的控制方法使电机跟踪需要的制动电流，从而较准确地提供再生制动力矩，在电机的电枢中产生的电流经 AC/DC 整流再经 DC/DC 变换器反充到储能装置中保存起来。

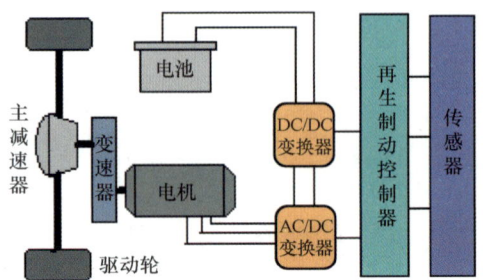

图 2-40　再生制动系统的结构与原理

对于传统内燃机汽车，制动力主要由制动系统产生，产生机制相对简单。而对于电驱动车辆，引入制动能量回馈后，需考虑将总的制动力需求在摩擦制动力和回馈制动力之间进行分配，以实现两者的协调控制。由于受到电池和电机特性的影响，来自电驱动系统的回馈制动力与摩擦制动力的产生机理不同，在相同的机械与动力学条件下两者特性也有很大差别。从整车层面分析，制动能量回馈系统主要包括电制动系统和液压制动系统两个子系统，同时涉及 VCU、变速器、差速器和车轮等相关部件。电制动系统包含驱动电机及其控制器、动力蓄电池和蓄电池管理系统。电机控制器用于控制驱动电机工作于发电状态，施加回馈制动力；蓄电池管理系统控制电能回收于电池；液压控制系统包括液压制动执行机构和制动控制器，用于控制摩擦制动力的建立与调节。

图 2-41 所示为某新能源汽车采用的制动系统结构，当驾驶人踩下制动踏板后，电动泵使制动液增压产生所需的制动力，制动控制与电机控制协同工作，确定新能源汽车上的再生制动力矩和前后轮上的液压制动力。再生制动时，再生制动控制回收再生制动能量，并且反充到动力蓄电池中。

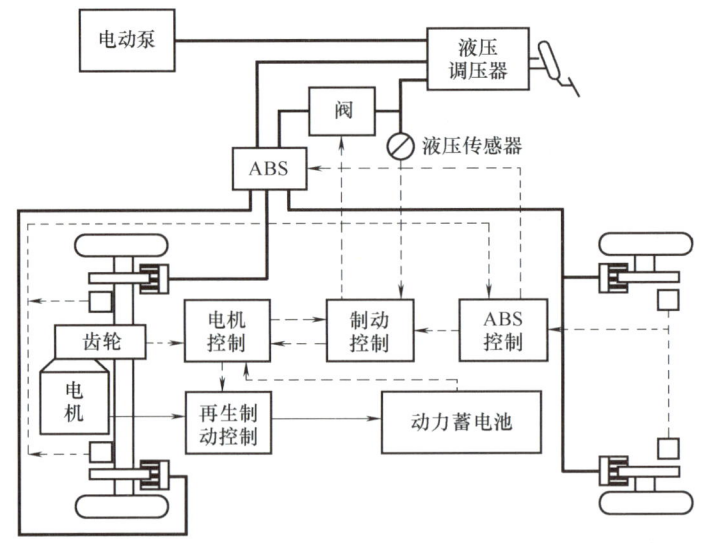

图 2-41　新能源汽车的再生—液压制动系统的基本结构

课题五　智能网联技术的应用

近年来，全球新能源汽车市场处于高速增长态势，在此背景下，我国新能源汽车产业已进入市场化的高质量发展阶段。以动力蓄电池与管理系统、驱动电机与电力电子、网联化与智能化技术构成的"三横"，成为我国新能源汽车的核心零部件技术体系，"智能网联"成为新能源汽车重要考量因素。

新能源汽车智能网联技术指基于传感器、控制器、执行器等装置，融合通信与网络技术，具备环境感知、智能决策、协同控制等功能，实现新能源汽车安全、高效、舒适、节能的智能驾驶，包含智能化与网联化两个方面。智能化指能够不依靠网联信息实现自主式智能驾驶；网联化指能基于通信设备实现信息交换。通过智能网联化、车路协同实现无人驾驶，是目前技术发展趋势。

（GB/T 40429—2021）《汽车驾驶自动化分级》于2021年正式出台，意味着我国正式拥有官方自动驾驶分级标准，具体见表2-2。在此之前，关于汽车自动驾驶的智能化分级，业内一直沿用由美国制定的SAE分类标准。

表2-2　驾驶自动化分级一览表

分级	名称	持续的车辆横向和纵向运动控制	目标和事件探测与响应	动态驾驶任务后援	设计运行范围
0级	应急辅助	驾驶人	驾驶人及系统	驾驶人	有限制
1级	部分驾驶辅助	驾驶人和系统	驾驶人及系统	驾驶人	有限制
2级	组合驾驶辅助	系统	驾驶人及系统	驾驶人	有限制
3级	有条件自动驾驶	系统	系统	动态驾驶任务后援用户（执行接管后成为驾驶人）	有限制
4级	高度自动驾驶	系统	系统	系统	有限制
5级	完全自动驾驶	系统	系统	系统	无限制*

*排除商业和法规因素等限制。

一、功能技术层面

新能源汽车智能网联技术主要包括感知、决策和控制三方面：

感知技术获取车辆行驶状态与周边环境信息，理解行车环境态势；决策技术基于安全、高效等目标，规划驾驶行为与行驶轨迹；控制技术基于车辆动力学模型，控制车辆执行器实现规划结果的稳态跟踪。网联化技术能进一步为智能汽车赋能，通过车、路、云融合解决自主式技术的难题，并协同提升交通系统性能。

1. 感知技术

感知系统是智能网联汽车获取环境信息的通道，感知技术利用传感器获取外界信息，并对这些信息进行处理以产生进行驾驶决策所需的输入依据。基于感知过程及功能划分，如图2-42所示，感知技术主要包括基于单车的自主感知技术、基于网联通信的协同感知技术以及基于感知信息的环境理解技术。

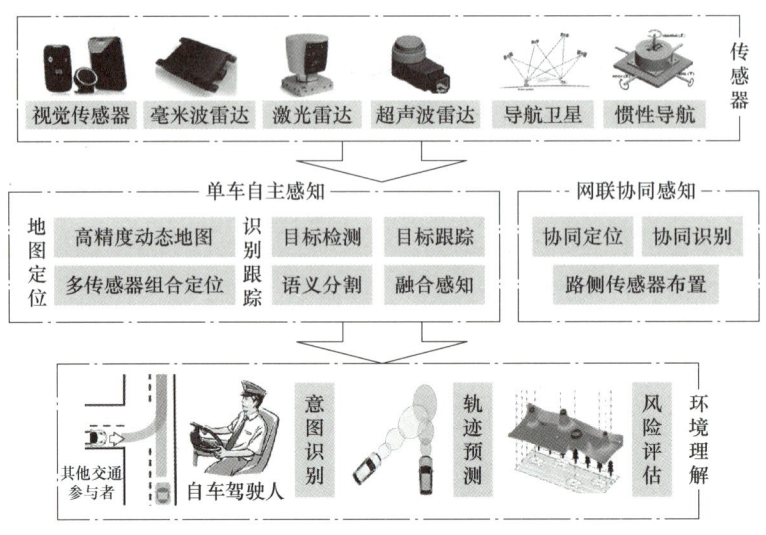

图 2-42 感知技术

2. 决策技术

基于感知系统提供的环境与自车信息,决策系统进一步规划驾驶行为与行驶轨迹,将乘员安全、高效、舒适地送达目的地。基于控制对象的不同,决策技术可分为单车自主式决策与网联协同式决策,如图 2-43 所示。在现有智能网联技术架构中,决策系统以自主式决策为基础,在云控场景下可基于网联通信与云端计算,协调区域内所有车辆的驾驶行为,以提升交通系统的通行效率、安全性与能效。

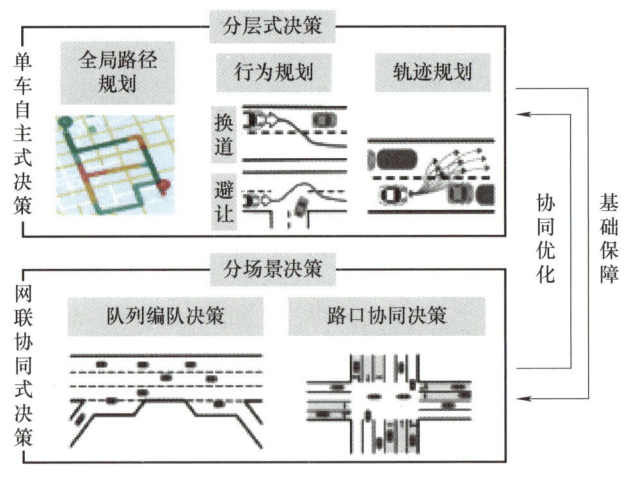

图 2-43 决策技术

3. 控制技术

决策系统产生离散驾驶行为与轨迹规划,控制系统则进一步以车辆动力学模型为基础,通过对转向、制动等执行装置的控制实现规划结果。由控制对象的不同,智能网联汽车控制技术同样分为自主式控制与协同式控制两类,如图 2-44 所示。其中,自主式控制是实现协同式控制的基础，而协同式控制以网联多车、车-路或者车-路-云整体交通系统为控制对象，基于整体系统动力学模型进一步对系统控制性能进行优化。

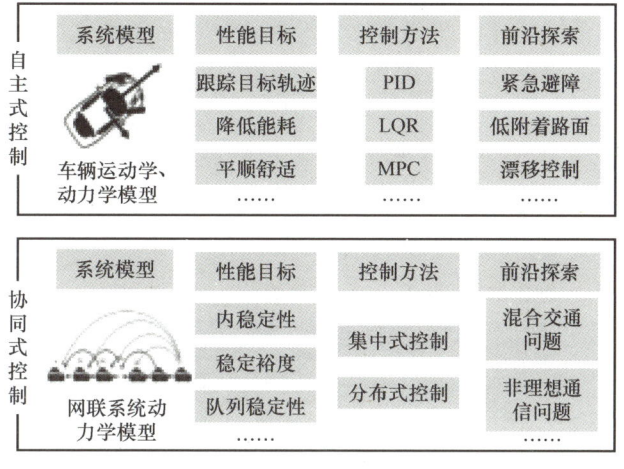

图 2-44　自主式与协同式控制

二、智能能网联技术的应用

近年来智能网联技术的发展催生了一批产业化落地应用。目前，典型的智能化技术的应用是先进驾驶辅助系统（ADAS），如图 2-45 所示。典型系统有碰撞预警系统、车道偏离预警系统、盲区监测系统、驾驶人疲劳预警系统、车道保持辅助系统、自动紧急制动系统、自适应巡航控制系统、自动泊车辅助系统、交通标志智能识别系统等。汽车上的 ADAS 配置越多，其智能化程度越高。

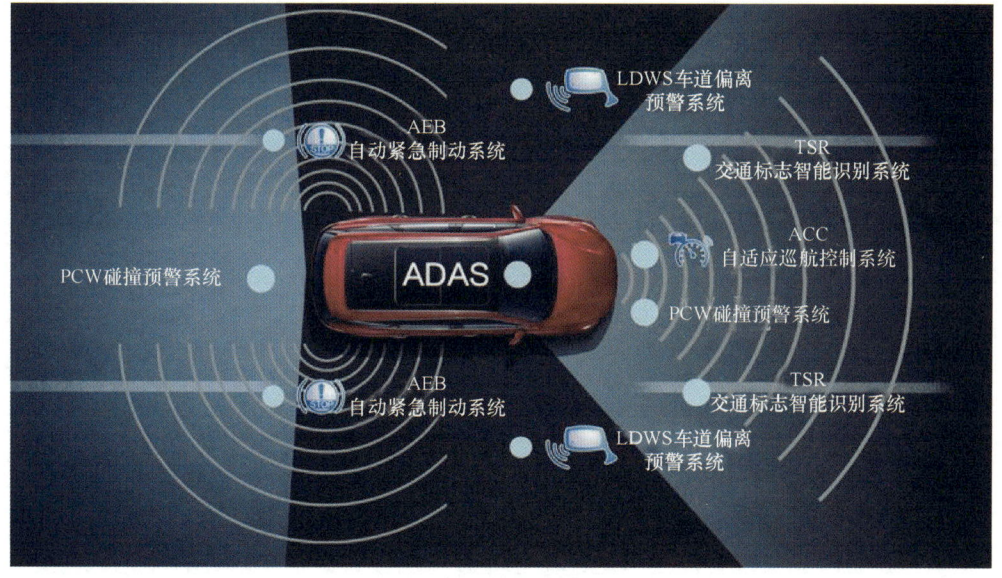

图 2-45　ADAS 典型系统

近几年来,国内涌现了以理想、蔚来、小鹏等为代表的一批新势力新能源车企,在智能电动汽车上发力。如小鹏汽车将"数字化+电动化"组成的"双擎"驱动的互联网基因智能电动车,打造成其产品最大的差异化特色。表2-3为小鹏P7中典型智能化配置的应用。当前,量产的新能源汽车智能化水平尚在L3级别以下,更高级别的无人驾驶技术的应用还仅限于低速与限定场景,比如物流、共享出行、公共交通、环卫、港口码头、矿山开采、零售等领域,图2-46所示为在苏州高铁新城的无人驾驶电动巴士,在高铁新城开放的城市道路上运行。基于中国移动的5G网络和轻舟智航的自研技术,无人巴士在行驶过程中精准且灵活地避让、自动变道、自动转向、自动识别红绿灯,即使面对穿行人车混杂的路口、后车加塞、电动车"鬼探头"等情况,也能沉着应对。

表2-3 小鹏P7中典型智能化系统配置的应用

项目	内容
车型:小鹏P7纯电动汽车	
智能驾驶硬件系统典型配置	XPILOT3.0超级计算平台、5个高精度毫米波雷达、12个超声波雷达、4个环视摄像头、10个高感知摄像头、亚米级高精度定位系统
主要智能网联化系统配置	全速自适应巡航系统、车道居中控制、智能变道辅助、自适应弯道巡航、智能泊车辅助、前后向碰撞预警、自动紧急制动、车道偏离预警、交通标志识别等 手机APP远程操控、整车OTA升级服务、远程诊断、智能寻车、智能充电、智能导航等

图2-46 运行在苏州高铁新城的无人驾驶电动巴士

车辆本身是载体,实现智能是目的,网联是核心手段,智能网联化技术已成为新能源汽车技术发展与应用的新趋势,智能网联是全球汽车行业发展趋势,对实现安全高效出行、节能减排具有重要意义，这也将是新能源汽车发展的新机遇。

阅读小资料　　中国力量

我国新能源车企自强不息，勇于创新，在动力蓄电池这一关键领域，取得了众多突破。2017—2021年，我国三元锂电池能量密度由143.1W·h/kg提升到206W·h/kg，磷酸铁锂电池由117W·h/kg提升到167.4W·h/kg，动力蓄电池系统能量密度日益提高，成本逐步下降，安全性大幅提升，无热扩散技术已成为行业主流。

比亚迪的"刀片电池"如图2-47所示，凝结了比亚迪在动力蓄电池领域近20年的研发和应用经验，集成了比亚迪从电池的原材料制取到动力蓄电池制造的全产业链优势，是全球首创的具有高集成效率、高安全防护的动力蓄电池技术。该技术突破了传统的拉深/挤出工艺制约，并攻克超薄铝壳焊接技术，成功开发长宽比为10∶1、

图2-47　比亚迪的"刀片电池"

厚度为0.3mm的超长超薄铝壳刀片电池，打破传统电池系统的模组概念，利用刀片电池独特长宽比特征，实现超长尺寸电芯的紧密排列，获得超过60%的体积集成效率。2020年获"全球新能源汽车创新技术"大奖，这是我国新能源汽车和动力蓄电池产业的一次重大技术创新。

此外，广汽2021年推出的弹匣电池（见图2-48）也是对现有的动力蓄电池技术进行的优化与革新。相比普通三元锂电池，弹匣电池体积能量密度提升9.4%，质量能量密度提升5.7%，成本下降10%。宁德时代推出的第三代CTP技术"麒麟电池"在能量密度等也引领行业水平。

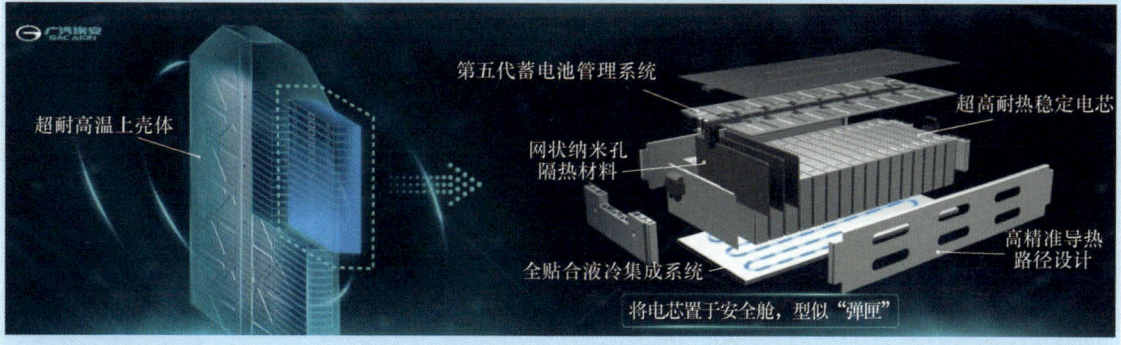

图2-48　弹匣电池系统

 **课中实践**

查阅资料、结合实车，在老师现场安全指导下，完成本项任务。

任务名称		某款纯电动汽车"三大核心部件"的认知		
姓名		班级	学号	
填写任务记录				
车型				
动力蓄电池及蓄电池管理系统	类型			
	数量与成组方式			
	单体蓄电池电压/总电压			
	冷却方式		水冷□ 风冷□	
	维修开关		有□ 无□	
	位置			
驱动电机及电机控制器	类型			
	电压			
	额定功率/转速			
	冷却方式		水冷□ 风冷□	
	位置			
高压电控系统总成	列出各单个部件名称并在车上进行指认			
绘制纯电动汽车高压系统部件连接关系图				
指导教师		成绩		

 课后思考

1. 纯电动汽车储能装置有哪些？
2. 纯电动汽车对动力蓄电池有哪些要求？
3. 简述锂离子蓄电池的工作原理。
4. 简述超级电容器及飞轮电池的工作原理。

5. 简述新能源汽车常规充电方法，并构想下未来充电技术的发展。
6. 简述永磁同步电机的工作原理。
7. 简述异步电机的工作原理。
8. 以普锐斯第二代油电混合动力系统为例，说明变频器在新能源汽车中的作用。
9. 简述蓄电池管理系统的基本功能。
10. 简述制动能量回馈系统的含义及作用。

项目三 03 纯电动汽车的认知

学习目标

通过本项目的学习,学生能够了解纯电动汽车的历史和现状,掌握纯电动汽车的类型、结构原理和特点等,并通过对典型不同类型纯电动汽车的认知,理解其工作模式。

学习要求

知识要点	能力要求	相关知识
纯电动汽车的历史与现状	了解纯电动汽车的发展史,认识其发展趋势	纯电动汽车的发展史;国内外纯电动汽车发展现状
纯电动汽车的概念与种类	掌握纯电动汽车的定义及其类型	纯电动汽车的概念和分类
纯电动汽车的基本结构与原理	掌握纯电动汽车的结构、原理和特点;了解纯电动汽车驱动系统的布置形式	纯电动汽车的组成、结构及驱动系统布置形式
典型纯电动汽车的认识	通过了解主要车型的特点,理解其工作模式	北汽E系列、日产聆风(LEAF)、比亚迪(BYD)纯电动系列、特斯拉(Tesla)

课前引入

纯电动汽车(EV)采用电机为牵引装置,并应用化学蓄电池组、超级电容器或飞轮电池为其相应的能源。纯电动汽车具有胜过传统内燃机车辆(ICEV)的许多优点,例如零排放、高效率、与石油无关以及安静、平稳地运行。纯电动汽车和内燃机车辆的运行和基本原理是类似的。两者的差异在于,汽油箱对应于动力蓄电池、内燃机对应于驱动电机的应用以及传动装置的要求有所不同。

课题一　纯电动汽车概述

一、纯电动汽车历史与现状

电动汽车的历史并不比内燃机汽车短，它也是最古老的汽车之一，甚至比奥托循环发动机（柴油机）和奔驰发动机（汽油机）还要早。1839 年，苏格兰的罗伯特·安德森给四轮马车装上了电池和电机，将其成功改造为世界上第一辆靠电力驱动的车辆。世界第一辆铅酸蓄电池电动汽车于 1881 年诞生，发明人为法国工程师古斯塔夫·特鲁夫，这是一辆用铅酸蓄电池为动力的三轮车，也被认为是世界上第一辆电动汽车。

1）1885—1915 年是电动车的第一次黄金时期。该期间，电动车就创造了许多速度和行驶距离的纪录。例如，Camille Jenatzy 在 1899 年 4 月 29 日用自行研发的电动车突破了 100km/h，创造了 105.88km/h 的极速。1891 年，A. L. Ryker 研发出电动三轮车，William Morrison 制造了六座电动厢式客车，电动车开始得到美国人的重视。19 世纪 90 年代到 20 世纪初期，由于车用内燃机技术还相当落后，续驶里程短，故障多，维修困难，远远不及电动车，因此电动车在这一时期被普遍认可，电动车的销量在 1912 年达到了顶峰。

但从 20 世纪 20 年代开始，由于内燃机汽车技术的发展、大批量的生产以及一些大油田的发现，内燃机汽车速度更快，续驶里程更长，价格以及使用成本更低。电动汽车因而逐渐被内燃机汽车替代。

2）1967 年美国通用汽车公司与福特汽车公司分别研发了新型电动汽车，成为 20 世纪后电动车再次迎来黄金时期的开端。此后，美国通用汽车在底特律附近的兰辛市建成 EV-1 电动轿车总装厂；雪铁龙（Citroen）、标致（Peugeot）则将现有车型改装成小型电动汽车。以此为契机，全球掀起了电动车热潮。

3）20 世纪 90 年代以来，国内外电动车的研发有了质的飞跃，而最为关键的是在关键部件——电池上的突破。人们改变了一直使用铅酸蓄电池的习惯，在电动车上应用氢镍电池、铁电池、锂离子和锂聚合物电池，这些新型蓄电池可以有效地增加蓄电池的容量，从而确保汽车拥有足够的动力和续驶能力，而大幅下降的成本也使得现代电动车得以逐渐成形并量产。

目前，由于能源、环境的压力给纯电动汽车带来了新的发展机遇和起点。如日产 LEAF、雪佛兰 VOLT、特斯拉等车型以及国内的北汽新能源 E 系列、比亚迪纯电动汽车、江淮纯电动汽车等发展势头迅猛，迎来了全球纯电动汽车新的黄金时期。

二、纯电动汽车的概念与种类

纯电动汽车是指以车载电源为动力，用电机驱动车轮行驶，符合道路交通、安全法规各项要求的车辆。一般采用动力蓄电池为动力源。纯电动汽车不需要再用内燃机，因此，纯电动汽车的电机相当于传统汽车的发动机，动力蓄电池相当于原来的燃油箱，电能是二次能源，可以来源于风能、水能、热能、太阳能等多种方式。

纯电动汽车可分为两种类型，即用单一动力蓄电池作为动力源的纯电动汽车和装有辅助动力源的纯电动汽车。

1. 用动力蓄电池作为动力源的纯电动汽车

用单一动力蓄电池作为动力源的纯电动汽车,它的电力和动力传输系统如图3-1所示。

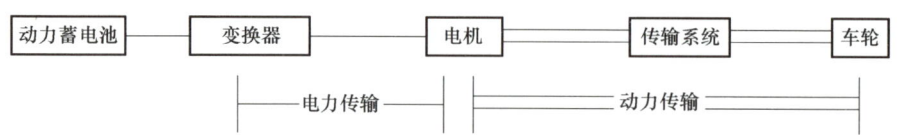

图3-1 单一动力蓄电池作为动力源的纯电动汽车电力与动力传输系统

2. 装有辅助动力源的纯电动汽车

在某些纯电动汽车上增加辅助动力源,如超级电容器、飞轮电池、太阳能等,由此改善纯电动汽车的起动性能和加速性能等。装有辅助动力源的纯电动汽车的电力和动力传输系统如图3-2所示。

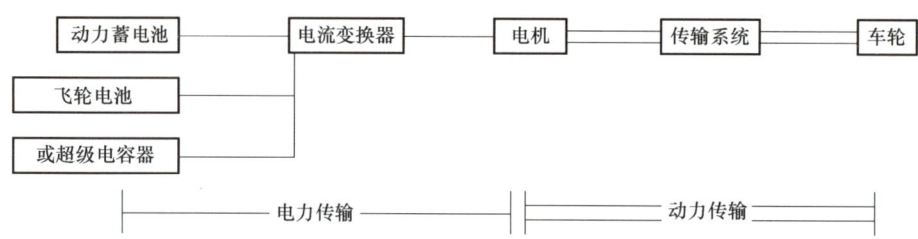

图3-2 装有辅助动力源的纯电动汽车电力与动力传输系统

三、纯电动汽车的特点

(1) 无污染,噪声低 纯电动汽车不产生排气污染,对环境保护和空气的洁净是十分有益的,有"零污染"的美称;纯电动汽车无内燃机产生的噪声,电机噪声小。

(2) 能源效率高,多样化 纯电动汽车的能源效率已超过汽油机汽车,特别是在城市运行。纯电动汽车停止时不消耗电量,在制动过程中,电机可自动转化为发电机,实现制动减速时能量的再利用。

另一方面,纯电动汽车的应用可有效地减少对石油资源的依赖,可将有限的石油用于更重要的方面。向动力蓄电池充电的电力可以由煤炭、天然气、水力、核能、太阳能、风力和潮汐等能源转化。除此之外,如果夜间向动力蓄电池充电,还可以避开用电高峰,有利于电网均衡负荷,减少费用。

(3) 结构简单,使用维修方便 纯电动汽车较内燃机汽车结构简单,运转、传动部件少,维修保养工作量小,当采用交流感应电机时,电机无须保养,更重要的是纯电动汽车易操纵。

(4) 动力蓄电池成本较高,续驶里程较短 纯电动汽车技术仍在不断完善阶段,尤其是动力蓄电池成本较高,关键指标还有待提高。但随着纯电动汽车技术的发展,其劣势会逐步解决。

课题二 纯电动汽车的基本结构与原理

一、纯电动汽车基本结构

燃油汽车主要由发动机、底盘、车身和电气四大部分组成,纯电动汽车的结构与燃油汽车相比,主要增加了电力驱动控制系统,取消了发动机。纯电动汽车的组成与工作原理如图 3-3 所示,它由电力驱动主模块、车载电源模块和辅助模块三大部分组成。

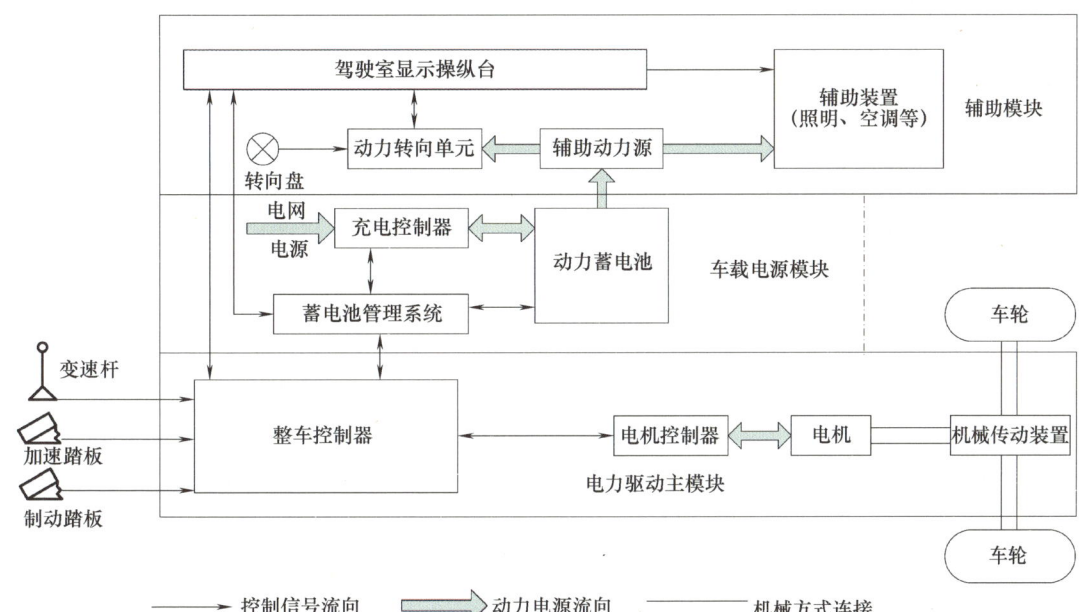

图 3-3 纯电动汽车基本组成与原理

纯电动汽车基本构成及工作原理

当汽车行驶时,由动力蓄电池输出电能(电流)通过控制器驱动电机运转,电机输出的转矩经传动系统带动车轮前进或后退。

1. 电力驱动主模块

电力驱动主模块主要包括整车控制器、电机控制器、电机、机械传动装置和车轮等。它的功用是将存储在动力蓄电池中的电能高效地转化为车轮的动能,并能够在汽车减速制动时,将车轮的动能转化为电能充入动力蓄电池。

整车控制器根据加速踏板和制动踏板的输入信号,向电机控制器发出相应的控制指令,对驱动电机进行起动、加速、减速、制动控制。

电机控制器是按整车控制器的指令和电机的速度、电流反馈信号,对电机的速度、驱动转矩和旋转方向进行控制。电机控制器必须和电机配套使用。

电机在纯电动汽车中被要求承担电动和发电的双重功能,即在正常行驶时发挥其主要的电动机功能,将电能转化为机械能;在减速和下坡滑行时又被要求进行发电,将车轮的惯性动能转化为电能。

机械传动装置是将电机的驱动转矩传输给汽车的驱动轴,从而带动汽车车轮行驶。

61

2. 车载电源模块

车载电源模块主要包括动力蓄电池、蓄电池管理系统和充电控制器等，它的功用是向电机提供驱动电能、监测电源使用情况以及控制充电机向动力蓄电池充电。

纯电动汽车的动力蓄电池主要采用锂离子蓄电池。

纯电动汽车的能量管理主要是指蓄电池管理系统，它的主要功用是对纯电动汽车用单体蓄电池及整组进行实时监控、充放电、巡检、温度监测等。

充电控制器是把交流电转化为相应电压的直流电，并按要求控制其电流。

3. 辅助模块

辅助模块主要包括辅助动力源、动力转向系统、驾驶室显示操纵台和各种辅助装置等。辅助系统除辅助动力源外，依据不同车型而不同。

辅助动力源主要由辅助电源和 DC/DC 变换器组成，其功用是供给纯电动汽车其他各种辅助装置所需要的动力电源，一般为 12V 的直流低压电源，它主要给动力转向、制动力调节控制、照明、空调、电动门窗等各种辅助装置提供所需的能源。

动力转向系统是为实现汽车的转弯而设置的，它由转向盘、转向器、转向机构和转向轮等组成。作用在转向盘上的控制力，通过转向器和转向机构使转向轮偏转一定的角度，实现汽车的转向。

驾驶室显示操纵台类似于传统汽车驾驶室的仪表盘，不过其功能根据纯电动汽车驱动的控制特点有所增减，其信息指示更多地选用数字或液晶屏幕显示。

辅助装置主要有照明、各种声光信号装置、车载音箱设备、空调、刮水器、风窗除霜清洗器、电动门窗、电控玻璃升降器、电控后视镜调节器、电动座椅调节器和车身安全防护装置控制器等。它们主要是为提高汽车的操控性、舒适性、安全性而设置的，根据需要进行选用。

二、纯电动汽车驱动系统布置形式

纯电动汽车驱动系统存在多种形式，主要分为集中式驱动、分布式驱动两大类型。常见的驱动系统布置形式如图 3-4 所示。

（1）**集中式驱动** 如图 3-4a 所示，与传统汽车驱动系统的布置方式一致，带有变速器和离合器，只是将发动机换成电机，是在传统燃油汽车基础上发展而来的，所以其布置形式和传统燃油汽车驱动系统的布置形式基本一样，主要应用于纯电动货车，多采用电机前置后轮驱动布置形式。目前，主要有两种类型：

① 用一个固定速比的减速器代替了多速变速器，同时去掉离合器，实现了无变速器的传动，如图 3-4b 所示。

② 采用多档自动变速器，如"单电机 + AMT（多档变速器）+ 传动轴 + 驱动桥"形式，主要在客车或货车上采用。

图 3-4c 和图 3-4d 所示的布置形式类似，将电机与减速器集成，节省了机械传动结构的质量和体积，同时也减少了由于换档带来的控制困难。图 3-4d 布置形式将电机、固定速比减速器和差速器被进一步融合为一个整体，布置在驱动轴上，使得整个驱动系统更为简化和集成化。这种布置形式可适合于前轮驱动、后轮驱动或四轮驱动，多应用于纯电动乘用车。如比亚迪秦 EV、吉利几何、小鹏 P5 等多数车型采用电机前置前轮驱动布置形式，奇瑞小蚂蚁、宏光 MINI EV、长安深蓝 SL03、小鹏 G9（后驱版）等车型采用电机后置后轮驱动布置

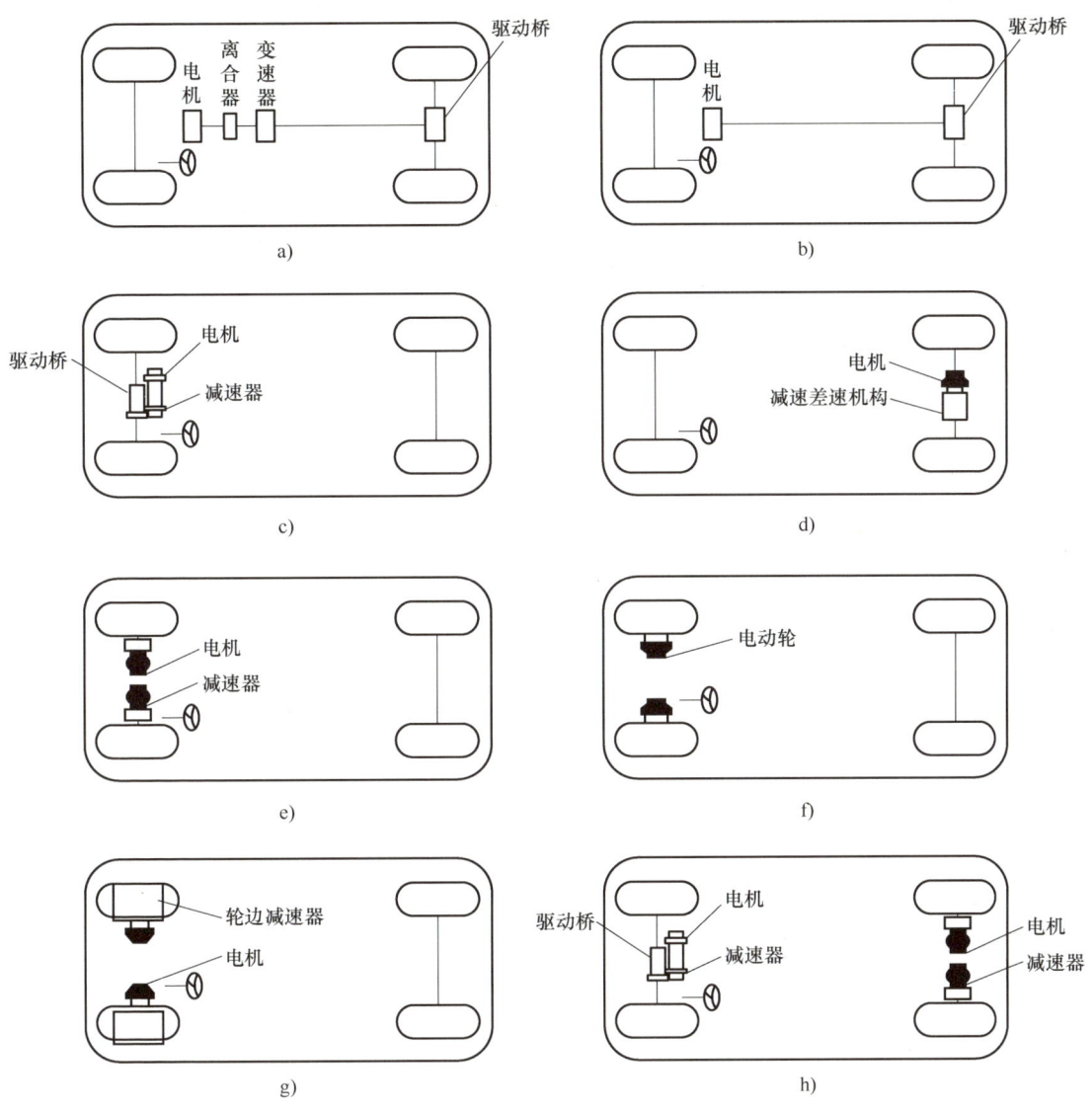

图 3-4 纯电动汽车常见的驱动系统布置形式

形式，小鹏系列四驱版、比亚迪纯电动系列四驱版等大部分车型采用此种前后双电机的四驱布置形式。

（2）**分布式驱动** 主要采用轮边电机驱动或轮毂电机驱动，无须差速器。

图 3-4e 所示的布置形式在图 3-4d 的基础上，差速器被两个独立的牵引电机代替，实现了无差速器传动。为了进一步简化系统，牵引电机与车轮之间取消了传统的传动轴，由电机直接驱动车轮前进，如图 3-4f 所示，同时一个单排的行星齿轮用来减小转速和增强转矩，以满足不同工况要求。在完全舍弃了电机和驱动轮之间机械传动装置后，轮毂电机的外转子直接连接在驱动轮上，电机转速控制与车轮控制融为一体，构成了所谓的双轮毂电机，使得车速控制变得简单，如图 3-4g 所示。

这种布置形式适合于前轮驱动、后轮驱动或四轮驱动，在四轮驱动应用中更有广阔前景。

(3) 集中式驱动 + 分布式驱动　图 3-4h 所示为前轮采用单电机集中驱动，后轮采用双电机分布式驱动的四轮驱动布置形式。如 Audi E-tron S 车型采用这种四驱布置形式。

三、纯电动汽车的关键技术

1. 电池及管理技术

动力蓄电池性能直接影响整车的加速性能、续驶里程以及制动能量回收的效率等。动力蓄电池的成本和循环寿命直接影响车辆的成本和可靠性，所有影响蓄电池性能的参数必须得到优化。为了达到最佳的性能和寿命，需将动力蓄电池的温度控制在一定范围内，减小不均匀的温度分布以避免模块间的不平衡，以此避免动力蓄电池性能下降，且可以消除相关的潜在危险。

蓄电池管理系统是纯电动汽车的智能核心。在纯电动汽车上实现能量管理的难点在于如何根据所采集的每个单体蓄电池的电压、温度和充放电电流的历史数据，来建立能够精确计算单体蓄电池瞬时能量的数学模型。

2. 电机及控制技术

驱动电机是纯电动汽车的关键部件。要使纯电动汽车有良好的使用性能，驱动电机应具有较宽的调速范围及较高的转速，足够大的起动转矩，体积小、质量小、效率高且有动态制动强和能量回馈的性能。纯电动汽车所用的电机正在向大功率、高转速、高效率和小型化方向发展。

随着电机及驱动系统的发展，控制系统趋于智能化和数字化。变结构控制、模糊控制、神经网络、自适应控制、专家系统、遗传算法等非线性智能控制技术，都各自或结合应用于纯电动汽车的驱动电机系统。它们的应用将使系统结构简单、响应迅速快、抗干扰能力强，参数变化具有鲁棒性，可大大提高整个系统的综合性能。

3. 集中式电子电气架构技术

汽车电子电气架构必须支撑汽车的"电动化、智能化、网联化"和车载软件的快速发展，为此必须满足的基本需求包括高计算性能、高通信带宽、高功能安全性、高信息安全性和软件持续更新等。然而，当前采用的分布式汽车电子电气架构存在计算能力不足、通信带宽不足、不便于软件升级等瓶颈。汽车电子电气架构将发生重大革新，基于软件集中化和域控制器的集中式电子电气架构将取代传统的分布式架构，成为未来汽车电子电气架构的发展方向。

目前，部分车企开始逐步采用域控制器，但整体还处于功能域阶段。如特斯拉 Model 3 电气架构分为中央计算模块（CCM）、左车身控制模块（BCM LH）和右车身控制模块（BCM RH）三大域控制器；大众的 MEB 平台电气架构也分为车辆控制域（ICAS1）、智能驾驶域（ICAS2）和智能座舱域（ICAS3）三大域控制器。

4. 整车结构优化与节能措施

纯电动汽车是高科技综合性产品，除电池、电机外，车体本身也包含很多高新技术，有些节能措施比提高电池储能能力还易于实现。

采用轻质材料如镁、铝、优质钢材及复合材料，优化结构，可使汽车自身质量减小 30%~50%；采用高弹滞材料制成的高气压子午线轮胎，可使汽车的滚动阻力减少 50%；汽车车身特别是汽车底部更加流线型化，可使汽车的空气阻力减少 50%。

课题三 典型纯电动汽车车型实例

经过多年的创新发展，我国涌现出比亚迪、奇瑞、吉利、北汽、蔚来、小鹏等众多自主品牌纯电动汽车，在全球新能源汽车市场中展现出中国汽车风采。以下介绍十年来全球具有典型代表性的纯电动汽车及技术迭代发展过程。

一、北汽系列纯电动汽车

北汽系列纯电动汽车 2013—2019 年连续七年国内销量第一，前期主导产品 EV 系列，如图 3-5a 所示，之后推出 EX、EC、EU 等系列。2017 年，北汽新能源在国内新能源汽车市场上成为首家销量超过 10 万辆的车企，在全球新能源汽车市场的销量排名第二位，仅次于特斯拉。目前，北汽新能源汽车产品也在不断迭代升级中，如搭载自动驾驶系统的 ARCFOX 极狐系列，如图 3-5b 所示。北汽系列部分纯电动汽车技术参数见表 3-1。

图 3-5 北汽系列纯电动汽车
a) EV 系列 b) ARCFOX 极狐系列

表 3-1 北汽系列部分纯电动汽车技术参数

车型	EV200	ARCFOX 阿尔法 525S
上市时间	2014 年	2021 年
驱动电机	永磁同步电机： 最大功率 53kW 最大转矩 180N·m	永磁同步电机： 最大功率 160kW 最大转矩 360N·m
动力蓄电池	30.4kW·h 磷酸铁锂电池	67.3kW·h 智能恒温三元锂电池
结构布置	电机前置前轮驱动	电机前置前轮驱动
续驶里程	200km（NEDC）	525km（NEDC）
ADAS	无	a-Pilot 先进辅助驾驶系统

1. 电机系统构成

北汽系列纯电动汽车电机系统中，电机的输出动作主要是靠控制单元给定命令执行，即控制器输出命令。图 3-6 所示为北汽早期 EV 系列电机系统，控制器主要是将输入的直流电逆变成电压、频率可调的三相交流电，供给配套的三相交流永磁同步电机使用。

（1）永磁同步电机（PMSM） PMSM 是系统的重要执行机构，是电能与机械能转化的部件，并将自身的运行状态的信息发送给电机控制器。

电机使用了一些传感器来提供电机的工作信息。这些传感器包括旋转变压器和温度传感器。

 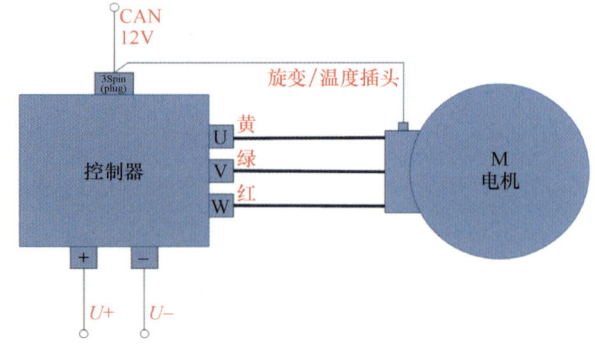

图 3-6　电机系统外形结构及原理

1）旋转变压器。旋转变压器是一种电磁式传感器，用以检测电机转子位置，图 3-7 所示为旋转变压器工作原理示意图。

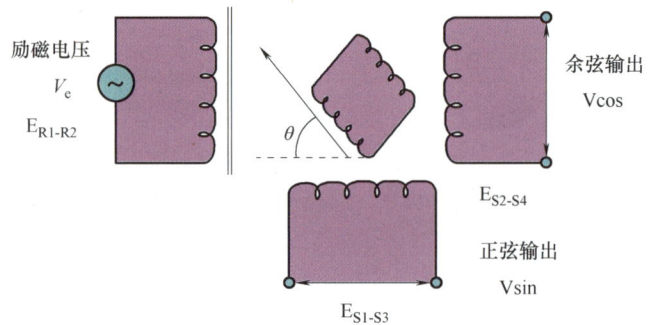

图 3-7　旋转变压器工作原理图

旋转变压器简称旋变，是一种输出电压随转子转角变化的信号元件。当励磁绕组以一定频率的交流电压励磁时，输出绕组的电压幅值与转子转角成正弦、余弦函数关系，或保持某一比例关系，或在一定转角范围内与转角呈线性关系。

2）温度传感器。用以检测电机的绕组温度。

（2）电机控制器　电机控制器是电机系统的控制中心。它对所有的输入信号进行处理，并将电机控制系统运行状态的信息发送给整车控制器。电机控制器内含功能诊断电路，当诊断出异常时，它将会激活一个错误代码，发送给整车控制器。电机控制系统使用了如下传感器来提供电机的工作信息：

1）电流传感器。用以检测电机工作的实际电流（包括母线电流、三相交流电流）。

2）电压传感器。用以检测供给电机控制器工作的实际电压（包括动力蓄电池电压、辅助蓄电池电压）。

3）温度传感器。用以检测电机控制系统的工作温度（包括模块温度、电机控制器温度）。

2. 动力蓄电池系统

动力蓄电池系统的功能为接收和储存由车载充电机、发电机、制动能量回收装置和外置充电装置提供的高压直流电，并且为电机控制器、DC/DC 变换器、电动空调压缩机、PTC 等高压元件提供高压直流电。

动力蓄电池模组放置在一个密封并且屏蔽的动力蓄电池箱里面，动力蓄电池系统使用可靠的高低压插接件与整车进行连接。系统内的 BMS 实时采集各电芯的电压值、各温度传感器的温度值、动力蓄电池系统的总电压值和总电流值，动力蓄电池系统的绝缘电阻值等数据，并根据 BMS 中设定的阀值判定动力蓄电池系统工作是否正常，并对故障实时监控。动力蓄电池系统通过 BMS 使用 CAN 与 VCU 或充电机之间进行通信，对动力蓄电池系统进行充放电等综合管理。图 3-8 为动力蓄电池系统及组成。

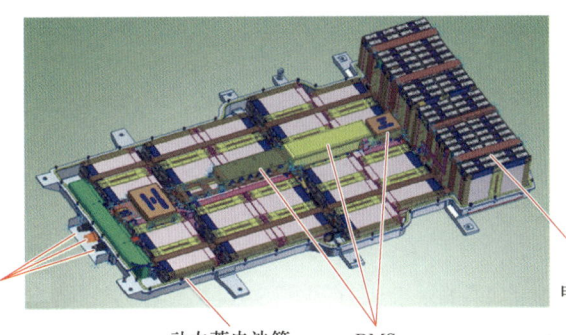

图 3-8　动力蓄电池系统及组成

二、日产聆风（LEAF）纯电动汽车

日产聆风 LEAF 车型自 2010 年底上市以来，即成为一款经典的纯电动车型。它是一款 5 座掀背式两厢纯电动汽车，2019 年前曾是全球累计销量最高的纯电动车型，是世界上首款投入量产的纯电动汽车，其外形如图 3-9 所示。

1. 日产聆风（LEAF）整车结构组成及技术参数

日产聆风（LEAF）整车的核心功能部件是控制单元（含逆变器）、驱动电机和动力蓄电池，如图 3-10 所示。日产聆风（LEAF）汽车在正常行驶时通常由锂离子蓄电池输出电能经由逆变器转化后，输送到驱动电机，驱动电机继而驱动车轮转动，带动整车行驶。当汽车减速时，电机回收能量进行发电，通过逆变器对动力蓄电池进行充电。表 3-2 为日产聆风（LEAF）纯电动汽车技术参数。

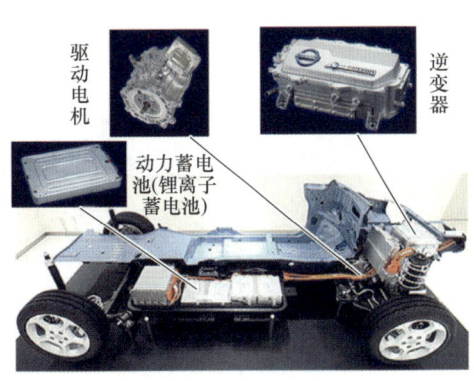

图 3-9　日产聆风（LEAF）纯电动汽车外形　　图 3-10　日产聆风（LEAF）整车结构组成

表 3-2 日产聆风（LEAF）纯电动汽车技术参数

车型	上市时间	驱动电机	动力蓄电池	结构布置	续驶里程	ADAS
第一代 LEAF	2010 年	最大功率：80kW 最大转矩：254N·m	24kW·h 锂离子蓄电池 30kW·h 锂离子蓄电池（2015 年改进款）	电机前置前轮驱动	200km（NEDC） 280km（NEDC）（2015 年改进款）	无
第二代 LEAF	2017 年	最大功率：110kW 最大转矩：320N·m	40kW·h 锂离子蓄电池（动力蓄电池尺寸无明显变化）	电机前置前轮驱动	380km（NEDC）	ProPILOT 自动辅助驾驶系统

2. 驱动总成

日产聆风（LEAF）采用电机前置前轮驱动方案，日产聆风（LEAF）驱动总成由驱动电机和减速器两部分组成（见图 3-11），安装在相当于传统汽车的发动机舱内。

日产聆风（LEAF）动力传递路线为：电机输出轴→减速器→终级齿轮→差速器→车轮驱动轴。与同类型传统内燃机汽车的动力总成相比，虽然省去变速器等传动部件，但是逆变器和蓄电池等部件的增加，却使车辆的整备质量大约增大了 200kg。

（1）电机总成 日产聆风（LEAF）驱动电机为采用嵌入钕系永久磁铁的 3 相交流同步电机，由 9 极磁铁的转子和 12 极磁铁的定子构成。工作电压为 345V；最大输出功率为 80kW；最大转矩为 280N·m。

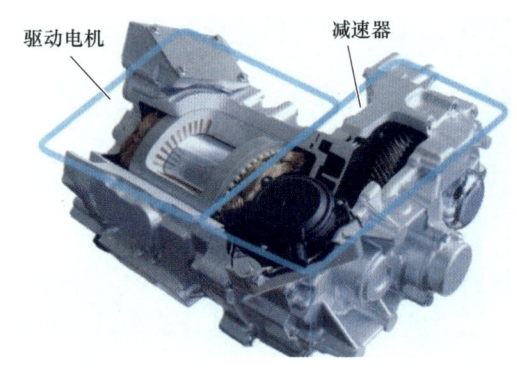

图 3-11 日产聆风（LEAF）驱动总成

其主要特点有：将空气间隙缩小至 0.5mm；为了减少电力损失和发热源部件的电涡流，采用了 0.3mm 厚的超薄型磁钢板；把构成每一个磁极的磁铁分割，通过每个磁极的小型化来抑制电涡流的产生。

通过先进的电机控制技术，实现了任意加速的性能需求（见图 3-12）。其中最为突出的特性为：

1）快速的起动与加速。只有电机才有的特有驱动转矩，通过抵消驱动系统的扭转振动，实现了相当于 3L 排量汽油车的起动与加速性能。

2）任意调整车速。利用只有电机才具有的响应性和控制性，根据加速器角度和车速精确控制转矩，使加速器角度—转矩特性成为线性的同时，赋予加速器根据车速变化的转矩变化，由此实现在驾驶中安全、及时地随意调整车速。

3）持续加速的感觉。驾驶时如果超过设定值，继续踩下加速踏板时，可以进入持续加速度控制状态。

（2）减速器 日产聆风（LEAF）驱动总成没有变速器，只有减速器（采用二级减速），驱动电机的动力输出轴直接与一级减速器主动齿轮连接。日产聆风（LEAF）减速器的作用

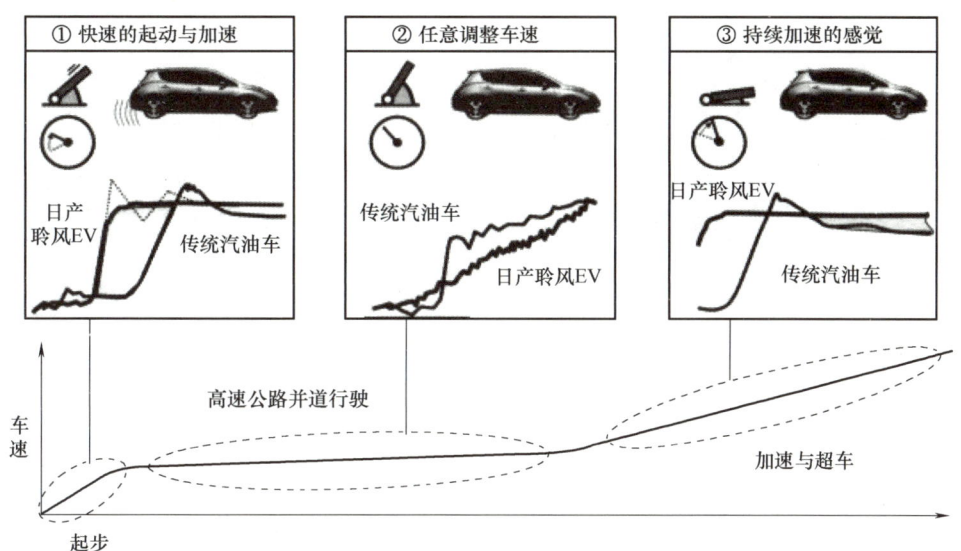

图 3-12 日产聆风（LEAF）驱动电机特性比较示意图

旨在弥补电机转速升高后的转矩下降，并满足汽车使用工况和驱动电机的工作特性，减速器的总减速比为 7.938，第二代日产聆风（LEAF）驱动总成减速器的总减速比为 8.193。

图 3-13 所示为日产聆风（LEAF）驱动总成减速器。减速器的输入轴主动齿轮的齿数为 17，从动齿轮齿数为 31（第二代为 32），故一级减速比为 31/17。一级减速的输出齿轮，即二级减速的主动齿轮齿数为 17，从动（终级）齿轮齿数为 74，所以二级减速比为 74/17。减速器的总减速比为这两个减速比数值的乘积。二级减速器从动（终级）齿轮的保持架内，装有与传统汽车相同的行星齿轮差速器，通过左右传动轴（半轴）驱动前轮转动。

3. 动力蓄电池

第一代日产聆风（LEAF）纯电动汽车采用薄型化锂离子蓄电池模块，动力蓄电池总容量为 24kW·h，如图 3-14 所示，由日产与 NEC 合资的 AESC 汽车能源公司生产供应，其最大输出功率可以达到 90kW，能量密度 140（W·h）/kg，功率密度 2.5kW/kg。

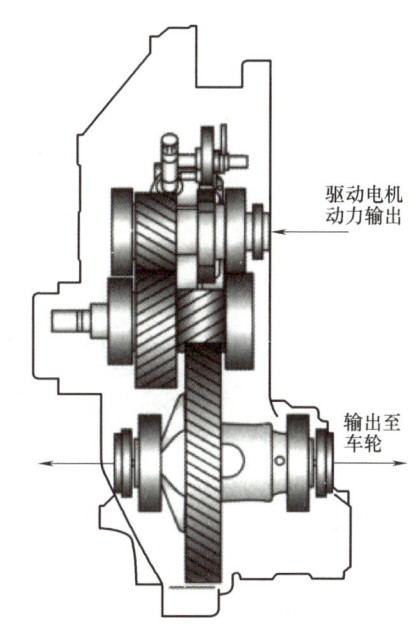

图 3-13 日产聆风（LEAF）驱动总成减速器

动力蓄电池采用层叠式结构，在能量存储密度提高 2 倍的情况下也可以有效控制动力蓄电池温度的上升，同时防止异常耗电。其次，动力蓄电池在负极上使用了结晶结构稳定的锰元素。日产聆风（LEAF）在动力蓄电池管理上，通过分别管理动力蓄电池组内单体蓄电池（见图 3-15）的充电情况，可以确保动力蓄电池的持续稳定性，在发生异常情况时切断单元电路以确保安全。

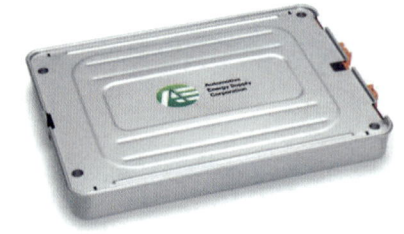

图 3-14 日产聆风（LEAF）动力蓄电池　　　　图 3-15 日产聆风（LEAF）单体蓄电池

第二代日产聆风（LEAF）40kW·h 动力蓄电池正极材料为 $LiNi_xMn_yCo_zO_2$，采用一种新的分层分子尖晶石结构，这种结构比原电池里的锂锰氧化物电池成本更低，其能量密度提高到 224（W·h）/kg。

三、比亚迪纯电动汽车

比亚迪股份有限公司（简称比亚迪）成立于 1995 年 2 月，业务布局涵盖电子、汽车、新能源和轨道交通等领域，并在这些领域发挥着举足轻重的作用。2015 年起，比亚迪新能源汽车连续多年取得全球销量第一，并以电动化、智能网联为核心发展方向，开启了造车新时代。比亚迪自 2022 年 3 月起停止燃油汽车的整车生产，成为全球首个正式宣布停产燃油汽车的车企，在汽车版块专注于纯电动和插电式混合动力汽车业务，如图 3-16 所示。

图 3-16 比亚迪新能源汽车系列

比亚迪 e 平台纯电动系列典型车型技术参数见表 3-3。

表 3-3　比亚迪 e 平台纯电动系列典型车型技术参数

平台	推出时间	平台特点	主要特征	典型车型	主要性能	ADAS
e 平台 1.0	2010	实现了三电关键部件平台化，突破纯电动汽车核心技术	双向逆变充放电式电机控制器 高电压架构、高安全、高能量动力蓄电池 大功率高转速电机	比亚迪 E6	百公里能耗约为 20kW·h；续驶里程达到 300km（NEDC）	无

(续)

平台	推出时间	平台特点	主要特征	典型车型	主要性能	ADAS
e平台2.0	2016	通过集成式融合创新实现了纯电动汽车关键系统的平台化（33111平台），满足多样化电动需求	电驱动三合一模块 高压（充配电）三合一模块 低压控制器多合一 一个高安全、高比动力蓄电池 一块DiLink智能网联中控屏	比亚迪汉EV、唐EV、秦EV	加速性能提升，0~100km/h加速可达到4.4s 电机最高转速均达到14000r/min；续驶里程均达到400km（NEDC）	Dilink智能网联系统
e平台3.0	2021	实现了整车架构的平台化，具有智能、高效、安全、美学四大特点	全新一代SIC电控 八合一电驱动总成 宽温域高效热泵技术 电机升压充电架构技术，实现800V高压快充 永磁同步组合异步电机的全新动力组合架构的四驱方案	比亚迪海豚、海豹	NEDC续航里程最大突破1000km 0~100km/h加速时间可达到2.9s 充电5min可行驶150km	智能座舱、智能驾驶等多角度全面提升 采用自主研发的车用操作系统BYD OS

1. 驱动三合一

比亚迪e平台2.0的第1项集成化体现在驱动系统方面，把驱动电机、电机控制器和减速器三个部件合为一体，如图3-17所示，减少了部件间的复杂连接、线束的数量，从而让整体结构更加紧凑、体积更小、质量更小，成本也得到大幅度降低。

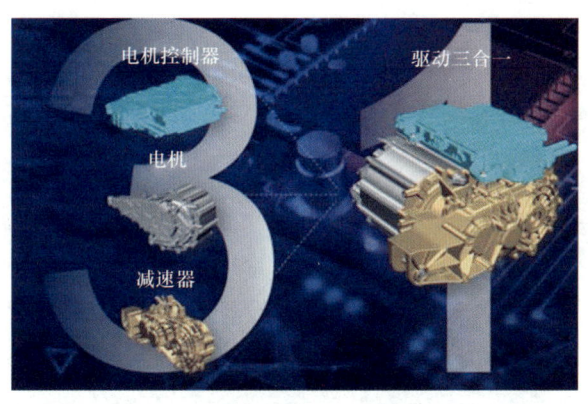

图3-17 比亚迪e平台2.0驱动三合一模块

2. 高压三合一

比亚迪e平台2.0的第2项集成化是将车载充电机（OBC）、高低压直流变换器（DC/DC变换器）、高压配电箱（PDU）三个部件合为一体，即高压（充配电）三合一模块，俗称"小三电"集成，如图3-18所示。从结构、控制和功率布局全方位高度集成，体积缩小40%，功率密度提升40%，整体质量减小25%，成本也得到了降低。在"供电"方面，比亚迪采用新型专利拓扑技术，扩展双向充放电功能，从而实现车车对充（V2V）、户外用电（V2L）和停电时给户内供电（V2G）功能。

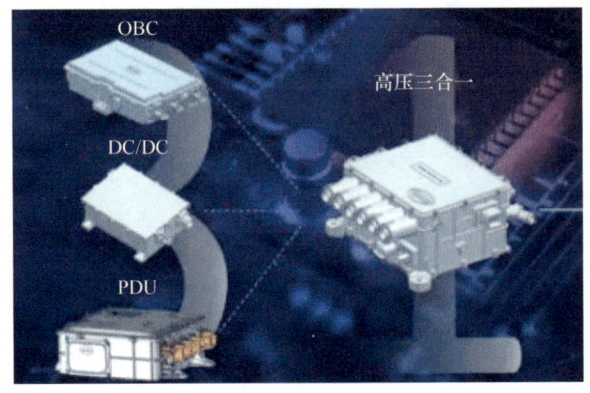

图 3-18　比亚迪 e 平台 2.0 高压（充配电）三合一模块

3. 多合一电驱动总成

比亚迪 e 平台 3.0 深度集成的八合一电驱动系统将驱动电机、电机控制器、减速器、高压配电箱、DC/DC 变换器、车载充电机、整车控制器以及蓄电池管理系统全部整合集成在一起，如图 3-19 所示。通过功能模块的系统高度集成，达到提高空间利用率、减小质量等目的，具备高度集成、高功率密度、高效率的特点。比亚迪海豚是基于该平台打造的首款车型，是基于该平台打造的中型纯电动汽车。2024 年，比亚迪发布了新一代 e 平台 3.0 Evo，并搭载于海狮 07 EV 车型。该平台集合了 CTB 整车安全架构、十二合一智能电驱、智能宽温域高效热泵、全域智能快充、智能运行控制五大全球首创的技术集群，展现了我国自主品牌不断创新，向新而行的企业精神。

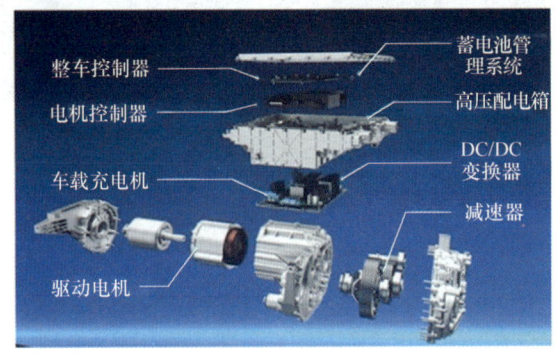

图 3-19　比亚迪海豚、海豹车型及其八合一电驱动总成

四、特斯拉（Tesla）纯电动汽车

自2008年特斯拉首款纯电动跑车Roadster上市以来，先后开发了Model S、Model X、Model 3、Model Y系列车型，如图3-20所示，奠定了在全球高端纯电动汽车领域的领先地位。2018年，特斯拉超级工厂正式入驻我国上海，成为我国首家独资造车外企。

图3-20　特斯拉系列纯电动汽车（从左至右依次为Model S、Model 3、Model X、Model Y）

特斯拉（Tesla）纯电动汽车典型车型主要技术参数见表3-4。

表3-4　特斯拉（Tesla）纯电动汽车典型车型主要技术参数

系列	Model S	Model X	Model 3	Model Y
典型车型	2014款Model S 85后置电机后轮驱动版	2017款Model X 100D长续驶版	2022款Model 3后置电机后轮驱动版	2022款Model Y长续驶全轮驱动版
驱动电机	感应异步电机：最大功率：270kW　最大转矩：440N·m	前后感应异步电机：最大功率（前/后）：193/193kW	永磁同步电机：最大功率：194kW　最大转矩：340N·m	前感应异步/后永磁同步电机：最大功率（前/后）：137/194kW　最大转矩（前/后）：219/340N·m
动力蓄电池	85kW·h三元锂电池（18650）	100kW·h三元锂电池（18650）	60kW·h磷酸铁锂电池	78.4kW·h三元锂电池（21700）
续驶里程	502km（NEDC）	552km（NEDC）	556km（CLTC）	660km（CLTC）
最高车速	225km/h	250km/h	225km/h	217km/h
0～100km/h加速时间	5.6s	4.9s	6.1s	5s

 **小贴士　　续驶里程使用的 NEDC 与 CLTC 工况有什么不同？**

NEDC 与 CLTC 测试条件比较见表 3-5。

表 3-5　NEDC 与 CLTC 测试条件比较

工况	NEDC	CLTC
总时长/s	1180	1800
总里程/km	11.01	14.48
平均车速/(km/h)	33.6	28.96
运行平均车速/(km/h)	43.5	37.18
最高车速/(km/h)	120	114
最大减速度/(m/s^2)	1.39	1.47
最大加速度/(m/s^2)	1.04	1.47
怠速时间占比	0.226	0.2211
加速时间占比	0.232	0.2861

第一代 18650 蓄电池

Tesla 首款产品 Roadster 的动力蓄电池包含 6831 只单体蓄电池，采用分层次管理办法，每 69 个 18650 单体蓄电池（直径 18mm，高度 65mm，圆柱形）被并联封装成一个蓄电池单元；9 个蓄电池单元串联成一个蓄电池组；11 个蓄电池组组成一个动力蓄电池，如图 3-21 所示。每个蓄电池单元、蓄电池组和蓄电池包都有熔丝，每个层级都会有电流、电压和温度的监控，一旦电流过大立刻熔断，因而保证了车辆的安全性。维持整个蓄电池的工作状态以及监控每个蓄电池单元的系统对于 TESLA 纯电动汽车的性能非常关键。通过在每个蓄电池组里的电池监控装置 BSM（Battery System Monitor）来监控蓄电池组内每一个蓄电池单元的状态，其中不仅是电流、电压，它还能识别蓄电池的工作温度、各个蓄电池单元的相对位置以及是否产生烟雾等。在整车层面，设置有 VSM（Vehicle System Monitor），用以监控 BSM。

第二代 21700 蓄电池

2017 年，特斯拉与松下联手开发的 21700 蓄电池面世，并在 Model 3 车型上首次搭载。21700 蓄电池（直径 21mm，高度 70mm，圆柱形）是三元锂离子蓄电池（NCA），是目前能量密度较高的动力蓄电池解决方案，电芯能量密度提升到 300W·h/kg，相对于 18650 的 232W·h/kg，提高了 20% 的能量密度。

第三代 4680 蓄电池

2020 年发布的 4680 蓄电池（直径 46mm，高度 80mm，圆柱形）采用全极耳蓄电池、高镍正极、硅碳负极以及整包封装技术 CTC（Cell to Chassis）等。4680 蓄电池相比 21700 蓄电池电芯，能量提升了 5 倍、续驶里程提升了 16%、功率提升了 6 倍、在蓄电池组层面每千瓦时成本降低了 14%。

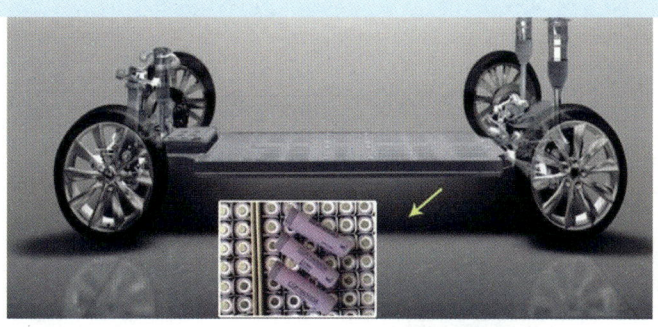

每个电池单元内的18650电池按照一定的正负极关系进行排列。

18650钴酸锂离子蓄电池　　电池单元

每节电池以并联的方式连接并没有保险装置。

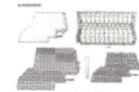 

电池单元　　电池组

电池组　　动力蓄电池

图 3-21　Tesla 动力蓄电池 CTP（Cell to Pack）

阅读小资料　　其他品牌纯电动汽车简介

蔚来 ET7

480kW　850N·m　75/100/150kW·h

厂商	蔚来汽车
级别	中大型轿车
最高车速/(km/h)	200
整备质量/kg	2379
ADAS	L2 级 蔚来超感系统 蔚来超算平台
前/后电机功率/kW	180/300
电机最大转矩/N·m	850
前/后电机类型	永磁同步/感应异步电机
驱动方式	四驱
2022 款超长续驶版 CLTC 续驶里程/km	1000
动力蓄电池类型	三元锂电池
动力蓄电池容量/(kW·h)	150

主要技术特点：
1）采用碳化硅（SiC）功率模块提高电机效率
2）蔚来第二代一体化 EDS 电驱动系统
3）低温下利用电机的废热加热动力蓄电池

AION Y 70

主要技术特点：
1）采用"弹匣电池"技术
2）采用集成式充电单元，整合车辆的直流和交流充电控制管理功能

厂商	广汽埃安
级别	紧凑型 SUV
最高车速/(km/h)	150
整备质量/kg	1725
ADAS	ADiGO 2.0 智能辅助系统
电机最大功率/kW	150
电机最大转矩/N·m	225
电机类型	永磁同步电机
驱动方式	前置前驱
2022 款 NEDC 续驶里程（km）	500
动力蓄电池类型	磷酸铁锂/三元锂电池
动力蓄电池容量/(kW·h)	63.9

宏光 MINI EV

主要特点：
1）2020 年 7 月上市以来，蝉联 16 个月我国新能源汽车销冠，累计销量突破 80 万辆
2）与其同级别车型：奇瑞 QQ 冰淇淋等

厂商	上汽通用五菱	
级别	微型车	
最高车速/(km/h)	100	
ADAS	无	
电机最大功率/kW	20	
电机最大转矩/(N·m)	85	
电机类型	永磁同步电机	
驱动方式	后置后驱	
2021 款 NEDC 续驶里程/km	170	120
电池类型	三元锂电池	磷酸铁锂电池
动力蓄电池容量/(kW·h)	13.8	9.3
整备质量/kg	700	665

零跑 C01

主要技术特点：
1) CTC 电池底盘一体化技术
2) 可变架构油冷三合一电驱总成

厂商	零跑汽车
级别	中大型轿车
最高车速/(km/h)	180
整备质量/kg	2099
ADAS	Leapmotor Pilot 智能驾驶系统
电机最大功率/kW	200
电机最大转矩/(N·m)	360
电机类型	永磁同步电机
驱动方式	后置后驱
2022 款长续驶版 CLTC 续驶里程/km	606
动力蓄电池类型	磷酸铁锂电池
动力蓄电池容量/(kW·h)	78.5

几何 A Pro

主要技术特点：
1) 主动可闭进气格栅技术
2) 三合一集成电驱
3) 液态恒温动力蓄电池热管理技术

厂商	吉利汽车
级别	紧凑型轿车
最高车速/(km/h)	150
整备质量/kg	1635
ADAS	L2 级
电机最大功率/kW	150
电机最大转矩/(N·m)	310
电机类型	永磁同步电机
驱动方式	前置前驱
2022 款 NEDC 续驶里程/km	600
动力蓄电池类型	三元锂电池
动力蓄电池容量/(kW·h)	70

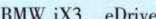

BMW iX3 eDrive

主要技术特点：
1）宝马第五代"三合一"电驱动系统，采用励磁同步电机
2）所采用的集成式充电单元整合了车辆的直流和交流充电控制管理功能

厂商	华晨宝马
级别	中型车
最高车速/(km/h)	180
整备质量/kg	2029
ADAS	自动驾驶辅助系统 Pro
驱动方式	后置后驱
电机最大功率/kW	210
电机最大转矩/(N·m)	400
电机类型	励磁同步电机
驱动方式	前置前驱
2022 款 CLTC 续驶里程/km	526
动力蓄电池类型	三元锂电池
动力蓄电池容量/(kW·h)	70

ID.4 X

主要技术特点：
1）基于 MEB 模块化电驱动平台
2）采用了符合智能化要求的域集中式电子电气架构和软件系统

厂商	上汽大众
级别	紧凑型 SUV
最高车速/(km/h)	160
整备质量/kg	2250
ADAS	IQ Drive L2 级
前/后电机最大功率/kW	80/150
前/后电机最大转矩/(N·m)	162/310
前/后电机类型	交流异步/永磁同步电机
驱动方式	四驱
2022 款四驱版 CLTC 续驶里程/km	555
动力蓄电池类型	三元锂电池
动力蓄电池容量/(kW·h)	83

 **课中实践**

查阅资料、现场认知，在老师现场安全指导下，完成本项任务。

任务名称		纯电动汽车的认知			
姓名		班级		学号	
填写任务记录					
一款自主品牌车型	驱动布置形式		前驱□	后驱□	四驱□
	驱动电机类型及参数				
	动力蓄电池类型及参数				
	整车主要性能参数				
	续驶里程				
一款合资品牌车型	驱动布置形式		前驱□	后驱□	四驱□
	驱动电机类型及参数				
	动力蓄电池类型及参数				
	整车主要性能参数				
	续驶里程				
一款独资品牌车型	驱动布置形式		前驱□	后驱□	四驱□
	驱动电机类型及参数				
	动力蓄电池类型及参数				
	整车主要性能参数				
	续驶里程				
分析三者之间的技术差异					
指导教师			成绩		

 课后思考

1. 简要分析纯电动汽车驱动系统的布置形式。
2. 简述日产聆风（LEAF）纯电动汽车的结构特点和工作模式。
3. 特斯拉纯电动汽车的动力蓄电池有什么特点？
4. 简述比亚迪八合一电驱技术的特点。

项目四 04 混合动力汽车的认知

学习目标

通过本项目的学习,学生能够了解混合动力汽车的历史和现状,掌握混合动力汽车的类型、结构、原理和特点等,并通过对典型不同类型的混合动力汽车的认知,理解其工作模式。

学习要求

知识要点	能力要求	相关知识
混合动力汽车的历史与现状	了解混合动力汽车的发展史,认识其发展趋势	混合动力汽车的发展史;国内外混合动力汽车发展现状
混合动力汽车的定义与分类	掌握混合动力汽车的概念及其分类	混合动力汽车的概念和分类
混合动力汽车的结构与原理	掌握串联式、并联式、混联式三类混合动力汽车的结构、原理和特点	串联式、并联式、混联式三类混合动力汽车的结构与组成
典型混合动力汽车	了解典型混合动力车型及技术特点	丰田 THS、本田 IMA 及 i-MMD、雪佛兰 Volt、48V 混动技术、比亚迪 DM 等

课前引入

传统内燃机车辆提供了良好的运行性能,并利用石油燃料高能量密度的优点可实现远距离的行驶。但是,传统内燃机车辆具有不良的燃油经济性和污染环境的缺点。形成其不良燃油经济性的主要原因在于:

① 发动机燃油效率特性和实际的运行要求不相匹配。
② 制动期间消耗车辆动能,当车辆在市区运行时尤其明显。
③ 在采用液力变矩器的停车-起动运行模式的现代汽车中,其液力传动的低效率。

另一方面,配置动力蓄电池的纯电动汽车具有一些优于传统内燃机车辆的优点,例如高能量效率和零环境污染。但相比于汽油的能量密度，动力蓄电池较低的能量密度使纯电动汽车远不能与内燃机车辆性能相竞争，尤其体现在它的续驶里程上。本项目所讲混合动力汽车以混合动力电动汽车为例进行介绍。混合动力电动汽车（HEV）利用了两个能源——一个基本能源和一个辅助能源，它具有内燃机车辆和纯电动汽车两者的优点，并克服了它们的缺点。

课题一　混合动力汽车概述

一、混合动力汽车的历史与现状

混合动力汽车的基本概念可追溯到 100 多年前汽车发明之初。19 世纪末，道路上的大部分汽车为纯电动汽车，通过蓄电池供电，由电机驱动车辆行驶，但是人们希望能够驾驶汽车行驶更远的距离。

在纯电动汽车成为道路之王的同时，一种新的汽车，即由内燃机驱动的汽车逐渐崭露头角。这些新的内燃机驱动的汽车虽然比纯电动汽车行驶更远的距离，但在当时却不如纯电动汽车应用广泛，因为 1900 年时汽油比电更难获取。

1905 年，一位美国工程师 H. Piper 第一个在美国提交了混合动力汽车设计专利申请。他的设想是通过将强大的电机和小型的汽油机驱动相结合，同时获得汽油机驱动可提供的行驶距离以及电机的优越性能。但是几年后他的专利获批时，内燃机的性能已经大幅提升，且汽油供应量加大。之后纯电动汽车和混合动力汽车虽同步继续使用，但到 20 世纪 20 年代中期，日益强大和实用的内燃机汽车数量已超过纯电动和混合动力汽车数百倍。

1920 年至今，内燃机驱动汽车一直主导着整个运输业，但内燃机驱动汽车的污染与高油价一直困扰着汽车行业的进一步发展。在 20 世纪 80 年代，出现了高动力/高速发动机控制器。这些高效的开关晶体管（称为 IGBT）使得混合动力汽车与纯电动汽车的现代化发展成为可能。

当前混合动力汽车由于兼有燃油汽车优良的动力性和纯电动汽车的低排放污染的优点，同时通过功率辅助和再生制动来提高燃油经济性，受到各国政府和汽车制造商的青睐。

20 世纪 90 年代，德国的奥迪公司、宝马公司、奔驰公司，美国的克莱斯勒公司、福特公司、通用公司，日本的本田公司、三菱公司、日产公司、丰田公司以及意大利的菲亚特公司，瑞典的沃尔沃公司，法国的标致公司等都先后研制开发了混合动力汽车。其中以 1997 年底，丰田推出的普锐斯车型，开创了大规模生产混合动力汽车的先河，至 2022 年底，丰田搭载混合动力系统的车型全球销量已突破 2000 万辆。

目前，国内的各大自主汽车品牌公司和汽车院校也都在开展混合动力汽车的研究，众多车型已经投放市场，如比亚迪系列插电式混合动力汽车、一汽奔腾 B70 混合动力汽车、理想系列增程式混合动力汽车等都已上市。

二、混合动力汽车的概念与种类

本质上，任何车辆的动力系统都要求：能够产生足够的动力以满足车辆性能的需要；配置充分的车载能量以保证车辆行驶足够的路程；低环境污染物的排放。一般来说，一台车辆可有多个动力系统。动力系统可解释为能源和能量变换器或功率源的组合，例如汽油（或柴油）热机系统；氢燃料电池-电机系统；化学蓄电池-电机系统等。配置有两个或更多动力系统的车辆被称为混合动力汽车，配置有电气动力系统的混合动力汽车，进而被称为混合动力电动汽车。

1. 混合动力电动汽车的概念

从广义上来讲，混合动力电动汽车是指能根据特定行驶要求，从两种或两种以上的能量源、能量储存器或转化器获取驱动力的汽车，在运行中至少有一种能量储存器或转化器直接驱动汽车，并且至少有一种能量源、能量储存器或转化器能够传递电能。如内燃机与蓄电池混合，蓄电池与燃料电池混合等。

从狭义上讲，混合动力电动汽车是指同时装备两种动力源——热动力源（由传统的汽油机或柴油机产生）与电动力源（电池与电机）的汽车。通过在混合动力电动汽车上使用电机，使得动力系统可以按照整车的实际运行工况要求灵活调控，而发动机保持在综合性能最佳的区域内工作，从而降低油耗与排放。也可以认为混合动力电动汽车通常是指既有电池提供电力驱动，又装有一个相对小型内燃机的汽车。

混合动力电动汽车与传统汽车的最大区别在于其动力系统，混合动力电动汽车通常至少拥有两个动力源和两个能量储存系统。尽管不能实现零排放，但其动力性、经济性以及排放等性能能够在一定程度上缓解汽车发展与环境污染、能源危机的矛盾。本项目所讲混合动力汽车以混合动力电动汽车为例，故将混合动力电动汽车简称为混合动力汽车。

2. 混合动力汽车的分类

混合动力汽车分类方法较多，这里主要介绍五种分类方法。

（1）**按照动力系统结构形式的不同进行分类** 因混合动力汽车各个组成部件、布置方式及控制策略的不同，而形成了各式各样的结构形式。混合动力汽车分为串联式（SHEV）、并联式（PHEV）、混联式（PSHEV）三大类，如图4-1所示。

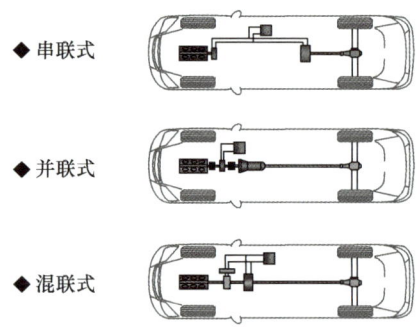

图4-1 混合动力汽车按结构类型分类

1）串联式混合动力汽车是指车辆系统的驱动力只来源于电机的混合动力汽车。它的结构特点是发动机带动发电机发电，电能通过电机控制器输送给电机，由电机驱动汽车行驶。另外，动力蓄电池也可以单独向电机提供电能驱动汽车行驶。

2）并联式混合动力汽车是指车辆系统的驱动力由电机及发动机同时或单独供给的混合动力汽车。它的结构特点是并联式驱动系统可以单独使用发动机或电机作为动力源，也可以同时使用电机和发动机作为动力源驱动汽车行驶。根据动力组合方式的不同又可分为发动机轴动力组合式、动力耦合器动力组合式、驱动轮动力组合式三种。

3）混联式混合动力汽车是指具备串联式和并联式两种混合动力系统结构的混合动力汽车。它的结构特点是可以在串联混合模式下工作，也可以在并联混合模式下工作，同时兼顾了串联式和并联式的特点。根据动力组合方式的不同可分为动力耦合器动力组合式和驱动轮动力组合式两种。

(2) 按照混合度划分　根据在混合动力系统中，电机的输出功率在整个系统输出功率中占的比重，也就是常说的混合度的不同，混合动力系统一般可以分为四种类型，即：

1）微混（Micro Hybrids），有时也叫"起－停混合"。微混合型混合动力汽车是指以发动机为主要动力源，不具备纯电动行驶模式的混合动力汽车。一般情况下，微混合型混合动力汽车的混合度在5%以下。

典型车型有国内早期开发的风神S30 BSG、奇瑞A5 BSG、骏捷FSV启停版。这种混合动力系统对发动机的发电机进行改造，形成由传动带驱动的发电起动一体式电机（也就是常说的Belt-alternator Starter Generator，简称BSG），用来控制发动机的起动和停止，从而取消了发动机的怠速，降低了油耗和排放。与混合动力其他技术相比，优点在于结构简单，和普通燃油车型一样，没有另外的电机系统。从严格意义上来讲，这种微混合动力系统的汽车不属于真正的混合动力汽车，因为它的电机并没有为汽车行驶提供持续的动力。

2）轻混（mild hybrids）。轻度混合型混合动力系统指的是：一般采用了集成起动电机（Integrated Starter Generator，简称ISG）系统或BSG系统，除了能够实现用发电机控制发动机的起动和停止，还能够实现在减速和制动工况下，对部分能量进行吸收；在行驶过程中，发动机等速运转，发动机产生的能量可以在车轮的驱动需求和发电机的充电需求之间进行调节。轻度混合型混合动力系统的混合度一般在5%~15%。

典型车型有奇瑞早期产品旗云3 ISG、别克英朗48V轻混。奇瑞旗云3 ISG混合动力汽车利用1.3L发动机和10kW电机转矩叠加方式进行动力混合，以发动机为整车主动力源，电机辅助发动机驱动起"补峰平谷"的作用，实现了最优的驱动效率，既能达到1.6L常规汽油车的动力性，又能节省燃油消耗。

3）中度混合。中度混合动力系统以发动机为主要动力源，电机作为辅助动力，同样采用了ISG系统。与轻度混合动力系统不同的是中度混合动力系统采用的是高压电机。另外，中度混合动力系统还增加了一个功能：在汽车处于加速或者大负荷工况时，电机能够辅助驱动车轮，从而补充发动机本身动力输出的不足，从而更好地提高整车的性能。这种系统的混合程度较高一般在15%~40%。典型车型有本田Insight等。

4）重混（full hybrids），也称强混。强混指的是混合程度更高的混合动力系统，该系统采用高功率、高压起动电机，混合程度更高。一般情况下，强混的混合度超过40%。

典型车型为丰田普锐斯。

(3) 按照外接充电能力划分

1）不可外接充电型混合动力汽车（Non Plug-in Hybrid Vehicle）。一种被设计成在正常使用情况下从车载燃料中获取全部能量的混合动力汽车。

2）可外接充电型混合动力汽车。也称为插电式混合动力（Plug-In Hybrids），是一种被设计成可以在正常使用情况下从非车载装置中获取能量的混合动力汽车。

仅当制造厂在其提供的使用说明书中或者以其他明确的方式推荐或要求定期进行车外充

电时，混合动力汽车方可认为是"可外接充电"的。仅用来不定期的储能装置电量调节而非用作常规的车外能量补充，即使有车外充电能力，也不认为是"可外接充电"的车型。

简单来说，插电式混合动力汽车（PHEV）和普通混合动力汽车（HEV）的区别在于，插电式混合动力汽车配有车载充电装置，在动力蓄电池没电时，可通过外接电源给动力蓄电池充电，图 4-2 所示为丰田普锐斯插电式混动版与普通混动版的结构差异。另外，由于动力蓄电池蓄电能量高出以往的油电混合动力汽车，因此在短途行驶时，主要以 EV 模式为主，在长途行驶时则可兼用发动机，更好地发挥了油电混合动力的优势，典型车型有比亚迪系列插电式混合动力汽车等。

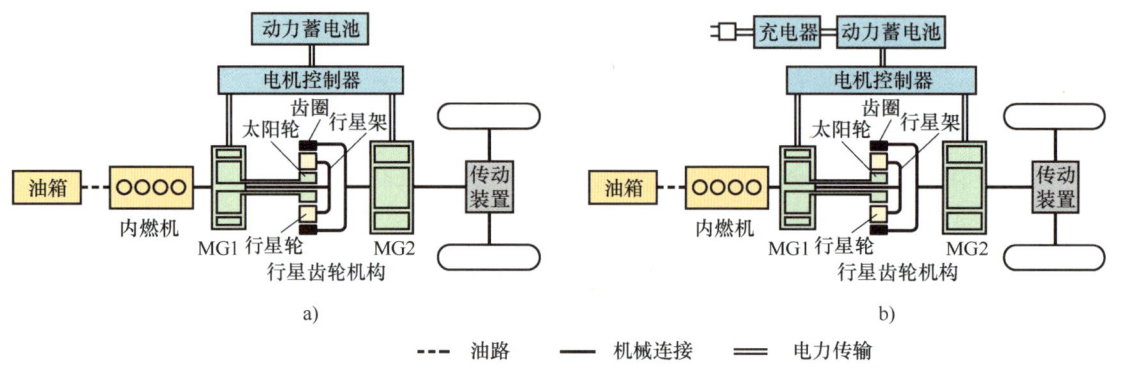

图 4-2 PHEV 与 HEV 结构差异
a）普通混动版 b）插电式混动版

（4）按照与发动机混合的可再充电能量储存系统的不同进行分类 可以分为动力蓄电池式混合动力汽车、超级电容器式混合动力汽车、机电飞轮式混合动力汽车、动力蓄电池与超级电容器组合式混合动力汽车。

（5）按照电机的位置不同进行分类

根据电机位置不同，定义为"Px"架构（P——position；x——数字），用来区分各种有变速器的并联与混联混合动力构型。对于单电机的混合动力系统，根据电机相对于传统动力系统的位置，可分为 P0、P1、P2、P3、P4 五类，如图 4-3 所示。当前主流混合动力汽车一般采用双电机方案，如比亚迪 DM-i 系统、本田 i-MMD 系统均采用 P1 + P3 方案。

1）P0：电机置于原发电机位置，通过张紧带与发动机曲轴前端进行柔性连接，采用 BSG 电机。

2）P1：电机置于离合器之前，与发动机曲轴后端进行刚性连接，采用 ISG 电机取代了传统的飞轮。

3）P2：电机置于离合器之后，能够直接与变速器输入轴相连或者通过齿轮及传动带与变速器输入轴相连，发动机和电机之间有离合器。

4）P2.5（PS）：该方案一般通过双离合变速器实现，利用双离合变速器可以在两根输入轴之间切换的特点，将电机与其中一根输入轴进行耦合，通过离合器，在多种模式下进行驱动。P2.5（PS）是 P2 架构的优化。

5）P3：电机与变速器的输出轴耦合，通过输出轴与车轮连接。

6）P4：可以用于实现四驱，它的特点在于发动机和电机不驱动同一根轴，功能上与 P3

相似，都能够实现纯电驱动以及制动能量回收等，发动机和电机之间不存在机械连接，通过地面来耦合。

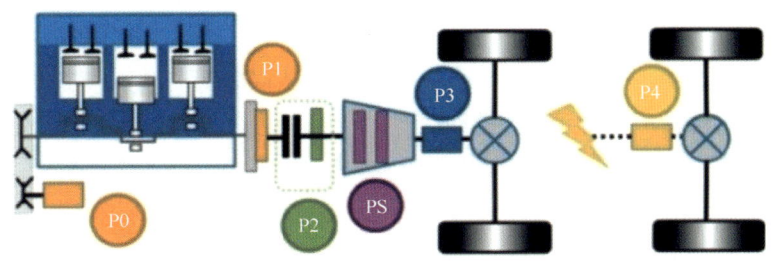

图 4-3 "Px" 混动架构示意图

课题二 混合动力汽车的基本结构与原理

一、串联式混合动力汽车

1. 串联式混合动力汽车的组成

如图 4-4 所示，串联式混合动力汽车由发动机、发电机和电机三个动力总成，以串联方式组成其动力单元系统。发动机仅仅用于发电，发电机所发出的电能供给电机，电机驱动汽车行驶。发电机发出的部分电能向动力蓄电池充电，来延长混合动力汽车的行驶里程。另外，动力蓄电池还可以单独向电机提供电能来驱动电动汽车，使混合动力汽车在零污染状态下行驶。

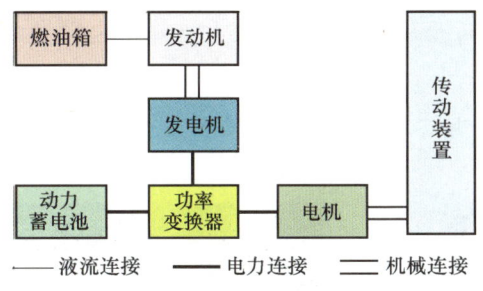

图 4-4 串联式混合动力汽车的功能原理图

2. 串联式混合动力汽车的工作模式

串联式的工作模式通常有四种：纯电动模式、纯发动机牵引模式、混合牵引模式和再生制动模式。

（1）**纯电动模式** 即发动机关闭，车辆行驶完全依靠动力蓄电池供电、驱动。

在车辆行驶之初，动力蓄电池处于电量饱和状态，其能量输出可以满足车辆要求，动力蓄电池输出的直流电经控制器变为交流电后供入电机，电机输出的转矩经变速器、传动轴及驱动桥驱动车轮。但如果动力蓄电池电量低于 60% 时，发动机-发电机组开始工作，为驱动系统提供能量的同时，还给动力蓄电池进行充电。

（2）纯发动机牵引模式　车辆牵引功率仅源于发动机-发电机组。动力蓄电池电力充足时作为储备不供电，动力蓄电池电力不足时，发动机同时为其充电。

（3）混合牵引模式　车辆牵引功率由发动机-发电机组和动力蓄电池两者在耦合器中交汇，共同提供。

当车辆能量需求较大时，辅助动力系统与动力蓄电池同时为驱动系统提供能量，发动机-发电机组产生的交流电经整流器变为直流电和动力蓄电池输出的直流电经控制器变为交流电后供入电机。由于动力蓄电池的存在，使发动机工作在一个相对稳定的工况，使其排放得到改善。

（4）再生制动模式　制动或减速时，发动机不工作，而电机以发电机模式运行，将动能转化为电能，通过功率变换器给动力蓄电池充电。

3. 串联式混合动力汽车的特点

（1）串联式混合动力汽车的优点

1）发动机与驱动轮之间没有机械上的连接，发动机工况可以避免受道路阻力的影响，因而能够在转矩—转速图上的一个最大效率区附近工作，在这个狭小区域，发动机处于最高效率和较低排放下工作。也由于发动机与驱动轮之间没有机械上的连接，相比于其他结构，串联式混合动力汽车的控制策略得以简化。

2）因电机具有近乎理想的转矩—转速特性，其驱动系统不需要多档的传动装置。因此，驱动系统结构大为简化，且成本下降。

3）由于安装了发动机—发电机组，发动机—发电机组源源不断地将电能输送给牵引电机，与纯电动汽车相比行驶里程有显著的提高。

（2）串联式混合动力汽车的缺点

1）能量传递需要两次转换（机械能—电能—机械能），增加了中间环节，其总体效率较低。

2）发动机、发电机、电机三大部件质量较大，外形也较大，在中小型车辆上布置有一定的困难。

由于以上特点，串联式结构适用于城市内频繁起步和低速运行工况，主要用于客车，近年来也在乘用车中得到应用，图4-5所示为日产e-POWER串联式混合动力汽车。

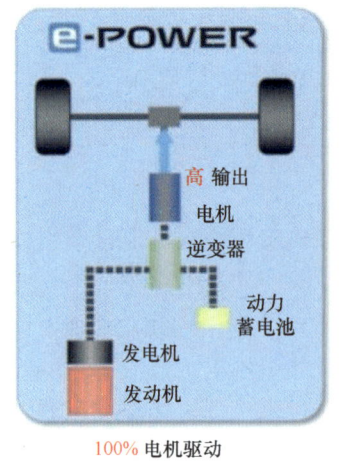

图4-5　日产e-POWER串联式混合动力汽车

二、并联式混合动力汽车

1. 并联式混合动力汽车的组成

并联式混合动力系统有传统的发动机系统和驱动电机系统两套驱动系统，其主要由发动机、电机和动力蓄电池等部件组成，如图4-6所示。并联式混合动力汽车可以单独使用发动机或电机作为动力源，也可以同时使用发动机和电机作为动力源来驱动汽车。这种系统适用于多种不同的行驶工况，尤其适用于复杂的路况。

发动机和电机是两个相互独立的系统，即可实现纯电动行驶，又可实现内燃机驱动行驶，在功率需求较大时还可以实现全混合动力行驶，在停车状态下可进行外接充电。但以何种方式使两处动力得到融合呢？并联式混合动力汽车将两动力源的转矩、转速、功率为对象进行耦合。按耦合对象不同，可分为转矩耦合、转速耦合、转速耦合与转矩耦合；从结构上而言，则主要有两轴式、单轴式结构。

（1）转矩耦合　在转矩耦合中，发动机和电机的转矩相加在一起，并将总转矩传递给车轮，发动机和电机的转矩可分别独立控制。但发动机转速、电机转速及驱动轮转速以一定关系耦合在一起，不能独立控制。

1）两轴式。如图4-7所示，在这种结构中，传动装置通常设计在电机后端，电机通过离合器与发动机相连，要实现同步调节，电机与发动机的转速范围必须一致，因此仅适用于小型电机。

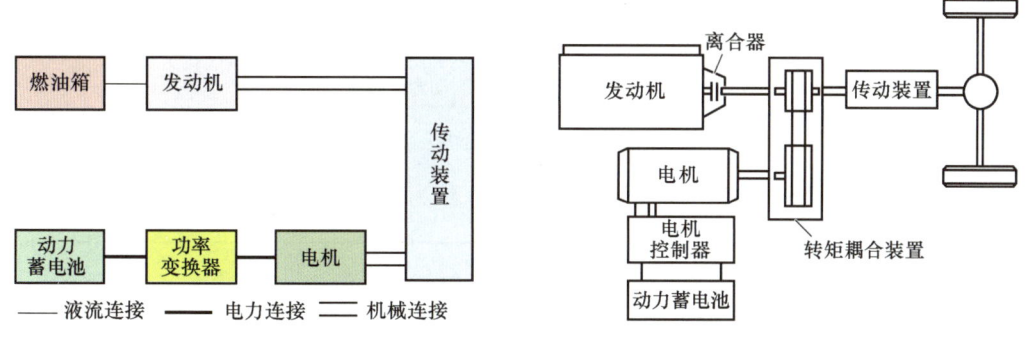

图4-6　并联式混合动力汽车的功能结构图　　图4-7　两轴式转矩耦合结构

另一种转矩耦合两轴结构形式为分离轴设计，如图4-8所示，电机与发动机分别为车辆提供动力。其发动机传动系统结构形式与常规汽车一样，仅是将电机作为另一动力源对车辆输出转矩。此种结构会减少车辆的乘坐空间，且不能实现发动机对动力蓄电池的充电。

2）单轴式。转矩耦合的单轴式并联混合动力汽车，通常有两种结构形式，如图4-9所示。两种结构形式最大的区别在于电机与传动装置的位置关系，且此时采用的电机兼具发电机功能，且其转子起着转矩耦合的作用。

（2）转速耦合　在转速耦合中，发动机和电机的转速可相加在一起，两者的转速是可以自由地进行调节。但所有转矩以一定关系被耦合在一起，不能独立控制。

对于转速耦合的并联式混合动力汽车而言，其关键的两种转速耦合部件（见图4-10）：

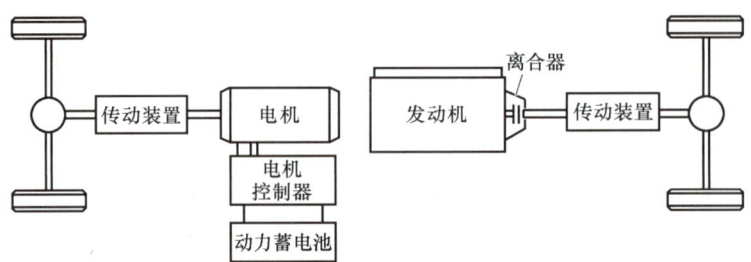

图 4-8 分离轴式转矩耦合结构

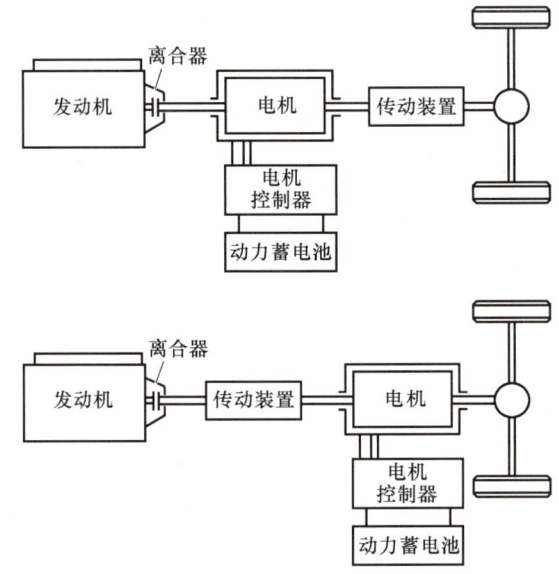

图 4-9 单轴式转矩耦合结构

一是行星齿轮机构,二是具有浮动定子的电机(也称为传动电机)。

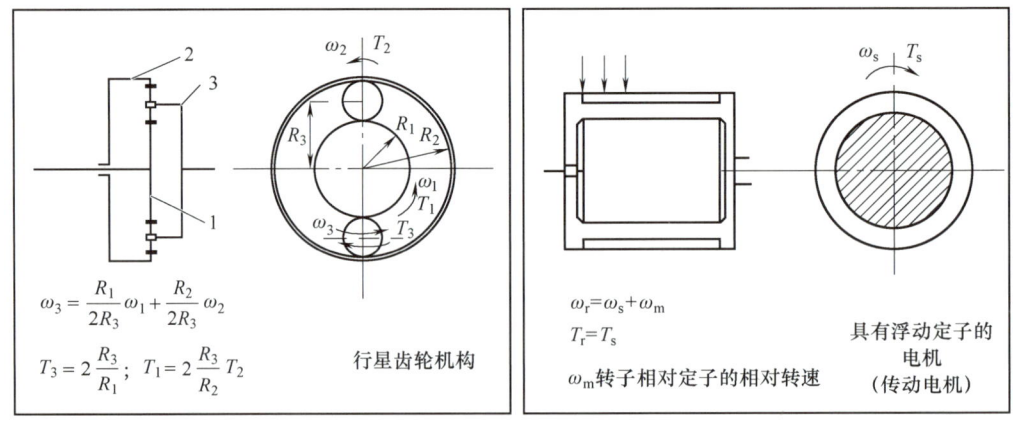

图 4-10 两种转速耦合部件

1) 行星齿轮机构转速耦合并联式混合动力汽车结构如图 4-11 所示。
2) 传动电机转速耦合的混合动力汽车结构如图 4-12 所示。

混合动力汽车的认知 项目四

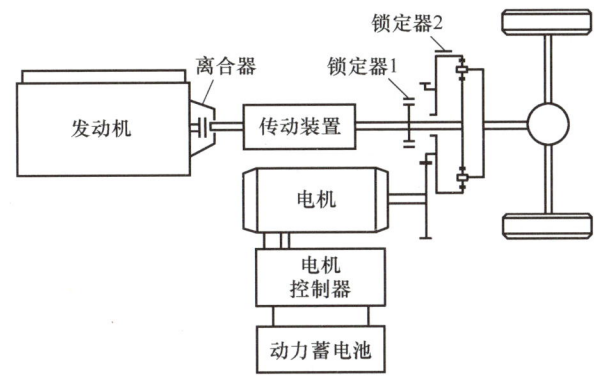

图 4-11 行星齿轮机构转速耦合并联式混合动力汽车结构

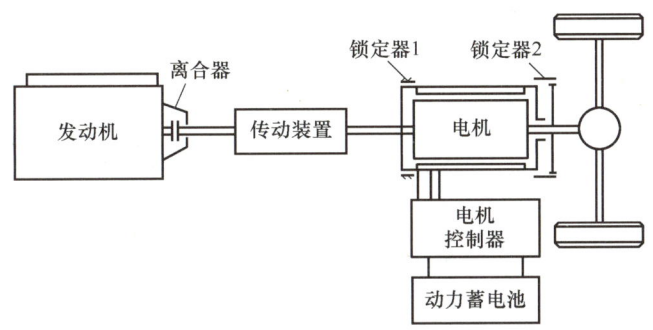

图 4-12 传动电机转速耦合的混合动力汽车结构

（3）转速耦合与转矩耦合　将转矩耦合与转速耦合相结合，形成复合型混合动力驱动系统。这种驱动系统下转矩耦合与转速耦合状态可交替运行。

1）配置行星齿轮机构的复合型混合动力驱动系结构如图 4-13 所示。

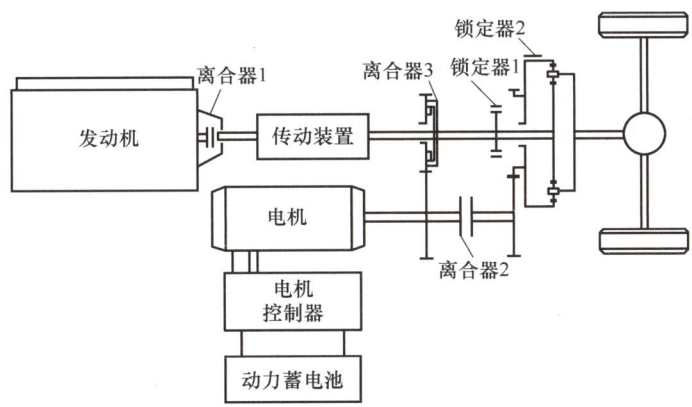

图 4-13 配置行星齿轮机构的复合型混合动力驱动系结构

2）配置传动电机的复合型混合动力驱动系统结构如图 4-14 所示。

89

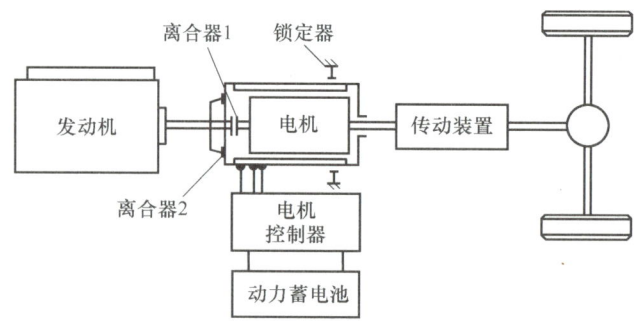

图 4-14 配置传动电机的复合型混合动力驱动系统结构

2. 并联式混合动力汽车的工作模式

（1）起动/加速模式　车辆起动或节气门全开加速时，发动机和电机共同工作，共同分担驱动车辆所需的动力。

（2）正常行驶模式　车辆正常行驶时，电机关闭，仅由发动机工作提供车辆行驶所需的动力。

（3）减速/制动模式　车辆减速行驶或制动时，电机工作于发电机模式进行再生制动，通过功率变换器给动力蓄电池充电。

（4）行驶中给动力蓄电池充电模式　当车辆轻载时，发动机输出功率驱动车辆行驶，同时发动机输出的多余功率驱动以发电状态工作的电机发电而向动力蓄电池充电。

3. 并联式混合动力汽车的特点

（1）并联式混合动力汽车的优点

1）发动机可以单独驱动汽车，发动机发出的机械能可以直接传到驱动桥，所以效率较高，燃油消耗也较低。

2）只需要一个电机，且对功率要求不高。

3）在较大功率要求的场合，两套系统可以同时驱动汽车，由电机提供额外功率，发动机工作于理想工况区域。

4）两套系统都可以单独工作，因而系统整体可靠性较高。

（2）并联式混合动力汽车的缺点

1）由于安装两套动力系统，整个传动系统的质量较大。

2）系统结构复杂，对控制单元要求较高，因而成本较高。

三、混联式混合动力汽车

1. 混联式混合动力汽车的组成

混联式混合动力汽车为转矩耦合与转速耦合复合型的动力系统，是串联式与并联式的综合，它具有优于串联式和并联式（单一转矩或转速耦合）混合动力驱动系统的优点。发动机发出的功率一部分通过机械传动输送给驱动桥，另一部分则驱动发电机发电。发电机发出的电能输送给电机或动力蓄电池，电机产生的驱动力通过动力复合装置送给驱动桥。混联式混合动力汽车的功能结构如图 4-15 所示。

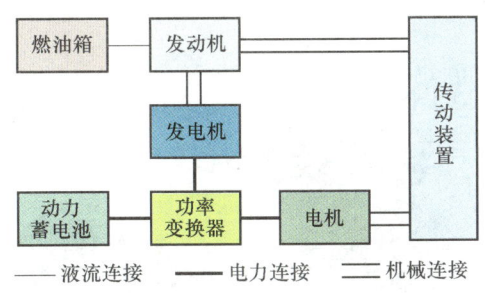

图 4-15 混联式混合动力汽车的功能结构图

2. 混联式混合动力汽车的工作模式

混联式混合动力汽车的工作模式有两种方式：一是发动机主动型混联式混合动力汽车，车辆运行时主要由发动机驱动车辆，如尼桑 Tin；二是电力主动型混联式混合动力汽车，车辆运行时主要由电机驱动车辆，如丰田普锐斯。以下将以丰田普锐斯为例来介绍混联式混合动力汽车的工作模式。

3. 混联式混合动力汽车的特点

（1）混联式混合动力汽车的优点

1）具有独特的结构，兼有串联式和并联式混合动力汽车的优点，通过动力分配器，优化了发电机和发动机之间的动力分配，效率比传统的内燃机汽车提高 80%。

2）由于行星齿轮机构的传动特点类似于无级变速器，所以能够使得各种驱动模式的动力传递十分协调和平稳。

3）动力传递路线增加，导致动力传动系统能够更好地与路面工况相匹配，燃油经济性和动力性能都获得了提高。

（2）混联式混合动力汽车的缺点

1）要求精确的实时电子计算机控制过程，对结构设计和制造工艺要求很高。

2）动力传递路线增加，控制技术复杂，成本较高。

四、插电式混合动力汽车

插电式混合动力汽车（PHEV）指具有可外接充电功能并且具有一定的纯电动续驶里程的混合动力汽车，也可以分为串联式、并联式和混联式。图 4-16 所示为奥迪某款四驱插电式混合动力汽车，相比于普通混合动力汽车，可以通过充电接口为动力蓄电池充电。国内目前主流插电式混合动力汽车纯电续驶里程一般不低于 50km。

图 4-17 所示为比亚迪宋 DM-i 插电式混合动力汽车，为混联式。相比普通混联式混合动力汽车，其主要在于为动力蓄电池的充电模式中多了通过外接电源充电模式，如图 4-18 所示。

五、增程式汽车

根据 GB/T 19596—2017《电动汽车术语》，增程式汽车是指一种在纯电动模式下可以达到其所有的动力性能，而当车载可充电储能系统无法满足续航里程要求时，打开车载辅助供电装置为动力系统提供电能，以延长续航里程的电动汽车，且该车载辅助供电装置与驱动系统没有传动轴（带）等传动连接。

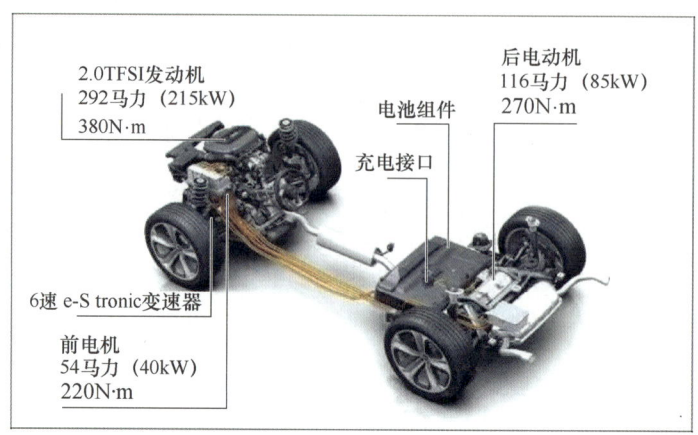

图 4-16 奥迪某款四驱插电式混合动力汽车

图 4-17 比亚迪宋 DM-i 插电式混合动力汽车

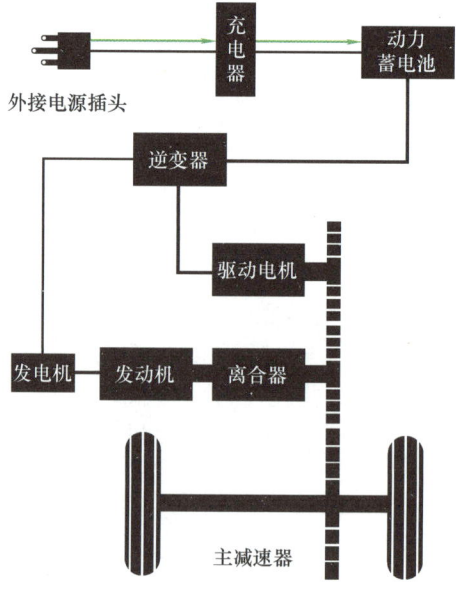

图 4-18 外接电源充电模式

增程式汽车兼有纯电动汽车和混合动力汽车的特点。其动力传动系统主要由驱动电机系统、电源系统、增程器和整车控制器等组成，如图 4-19 所示。与纯电动汽车相比，增加了增程器。根据中华人民共和国工业和信息化部 2017 年发布的 QC/T1086—2017《电动汽车用增程器技术条件》标准规定，增程器指由内燃机和发电机及控制器组成用于延长电动汽车续航里程的车载供电装置。

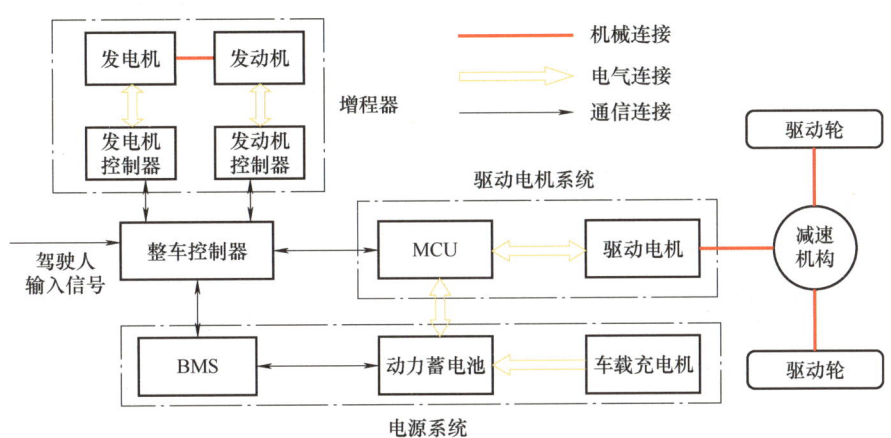

图 4-19　增程式汽车动力系统原理图

从动力系统结构角度来看，增程式汽车本质上是一种电气化程度更高的插电式串联混合动力电动汽车，其工作模式与串联式混合动力汽车也基本相同，主要由以下三种驱动运行模式。

（1）纯电动模式　当动力蓄电池电量充足时，电能从动力蓄电池输出，通过 MCU 将电能输送给驱动电机，驱动电机将电能转换为机械能通过动力传动装置将动力输送给驱动轮，从而驱动汽车运行，此时增程器不工作，相当于纯电动汽车运行，如图 4-20 所示。

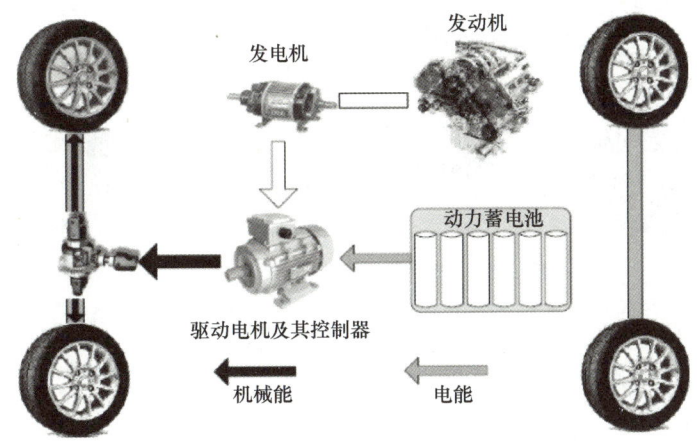

图 4-20　纯电动模式能量传递路线

（2）增程器单独驱动模式　当动力蓄电池电量不足，降低到设定限值时，启动增程模式。能量传递路线如图 4-21 所示。发动机根据设定的控制策略运行在最优状况，带动发电机发电，一部分用于驱动车辆行驶，多余的电能为动力蓄电池充电。

当动力蓄电池电量恢复至充足时，发动机又停止工作，继续由动力蓄电池驱动电机，提供整车功率需求。

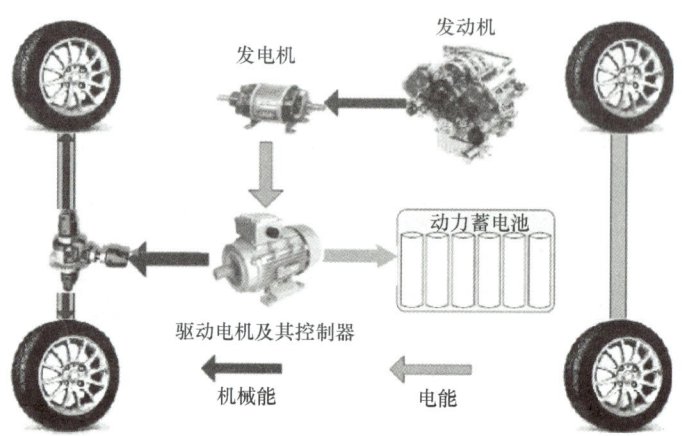

图 4-21　增程模式能量传递路线

（3）混合驱动模式　当路面需求功率较大（如车辆加速或者爬坡），动力蓄电池供能不足时，增程器启动，发动机-发电机组联合动力蓄电池一起工作，提供整车行驶需要的动力，能量流动路线如图 4-22 所示。

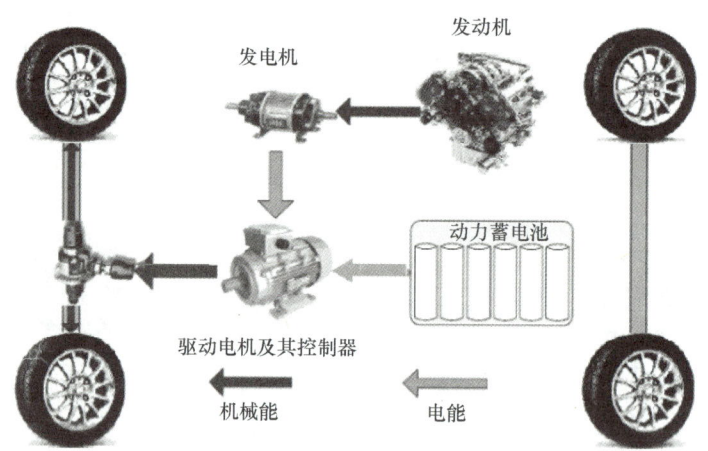

图 4-22　混合驱动模式能量传递路线

增程式汽车与传统燃油车相比，增程器发动机能够控制在最优工作状态，具有排放量小的特点。与纯电动汽车相比，所需动力蓄电池容量要小很多，成本较低。与强混合动力电动汽车相比，电机与发动机没有机械耦合，避免了频繁的工作模式切换。而且，增程器输出功率和电流可控，能够采用更灵活的电池充放策略，有利于延长动力蓄电池的使用寿命。目前，市场上主要增程式混合动力汽车车型有宝马 i3、传祺 GA5、AITO 问界、理想 L 系列、岚图 FREE 等。

课题三　典型混合动力汽车车型实例

目前，世界上有三种主流 HEV 实现方式：一是以丰田 THS 为代表的动力分流式实现形式；二是以比亚迪为代表的转矩耦合式实现形式，多为 P1+P3 架构，如比亚迪 DM-I、本田 I-MMD、上汽 EDU 等；三是增程式混合动力系统，如雪佛兰 VOLT、理想、问界等车型均采用此系统。此外，48V 轻度混动系统应用也较广泛。经过长时间的技术积累与创新，我国自主品牌在混动领域已经颇有建树，涌现出比亚迪 DM、长城柠檬 DHT、长安蓝鲸 i-DD、奇瑞鲲鹏 DHT、吉利雷神 Hi·X 等混动技术及搭载的多款车型。以下通过介绍全球近 20 年来具有典型代表性的混合动力车型及技术迭代发展变迁，学习者可以对混合动力电动汽车有更深刻的理解和认识。

一、丰田 THS 混合动力系统及车型

1. 丰田普锐斯简介

自 1997 年至今，丰田普锐斯（Prius）混合动力汽车经过 20 多年历程，历经 4 代，如图 4-23 所示，其采用的丰田 THS 混合动力系统，经过不断迭代优化，也成为全球混合动力汽车技术的典范。

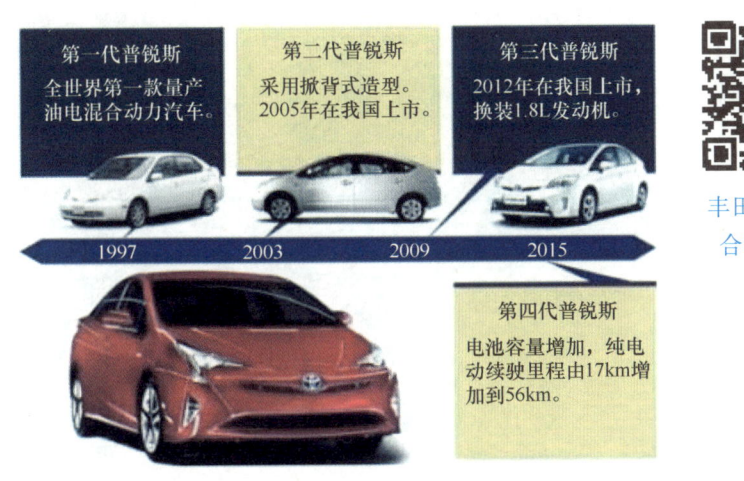

图 4-23　丰田普锐斯混合动力汽车的发展历程

2. THS-Ⅱ 丰田混合动力系统

（1）THS-Ⅱ 动力系统结构原理　普锐斯的混合动力系统叫作 Toyota Hybrid System（简称 THS），如图 4-24 所示。

THS 动力系统结构原理图如图 4-25 所示，THS 分为发动机、带变换器的变频器、带电动机的压缩机、HV ECU、HV 蓄电池传动桥、电机、发电机等功能总成。结构上，在电机和发电机之间采用高压（第一代 AC273.6V，第二代 AC500V，第三、四代 AC650V）电路传输，可以极大地降低动力传输中电能损耗，高效地传输动力。采用大功率电机输出，提高电机的利用率。当发动机工作效率低时，此系统可以将发动机停机，车辆依靠电机动力行驶。

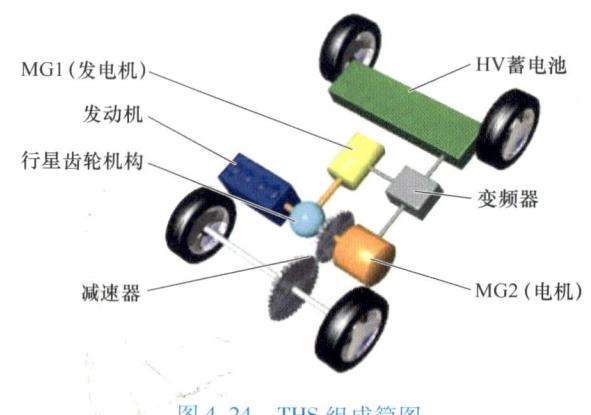

图 4-24　THS 组成简图

极大地增加了减速和制动过程中的能量回收，有效提高了能量的利用率。

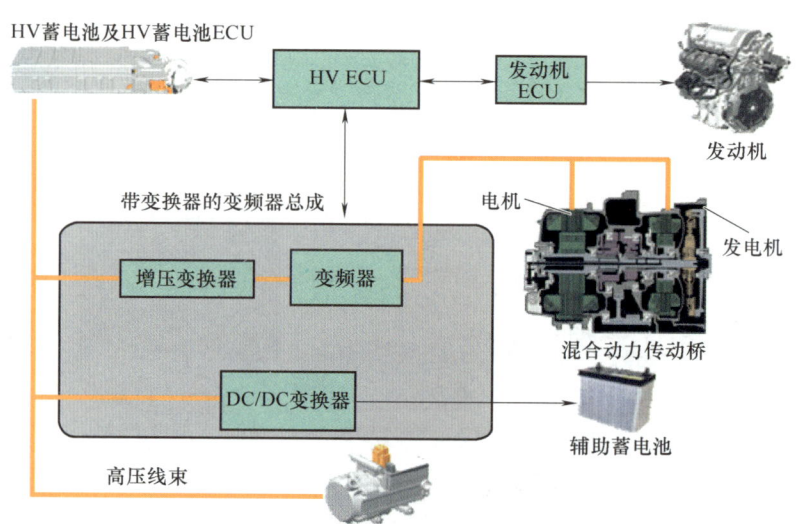

图 4-25　THS 动力系统结构原理图

1）普锐斯控制系统原理。如图 4-26 所示，HV ECU 通过加速踏板传感器来检测驾驶人的驾驶需求，HV ECU 还要接受有关行车速度和变速器档位的信息，并通过 CAN 总线与其他 ECU（发动机 ECU、HV 蓄电池 ECU、制动防滑控制 ECU、电动转向 ECU）进行通信，获取相关信息。利用这些信息，HV ECU 就能确定车辆的行驶状况，计算车辆所需的转矩和功率，将计算结果发送给发动机 ECU、变频器总成、HV 蓄电池 ECU 和制动防滑控制 ECU。

2）普锐斯变频器总成。变频器（Variable-frequency Drive，简称 VFD）是应用变频技术与微电子技术，通过改变电机工作电源频率方式来控制交流电机的电力控制设备。变频器靠内部功率晶体管 IGBT 的开断来调整输出电源的电压和频率，根据电机的实际需要来提供其所需要的电源电压，进而达到节能、调速的目的。普锐斯变频器总成主要由增压变换器、逆变整流器、DC/DC 变换器、空调变频器和驱动单元等组成。

混合动力汽车的认知 | 项目四

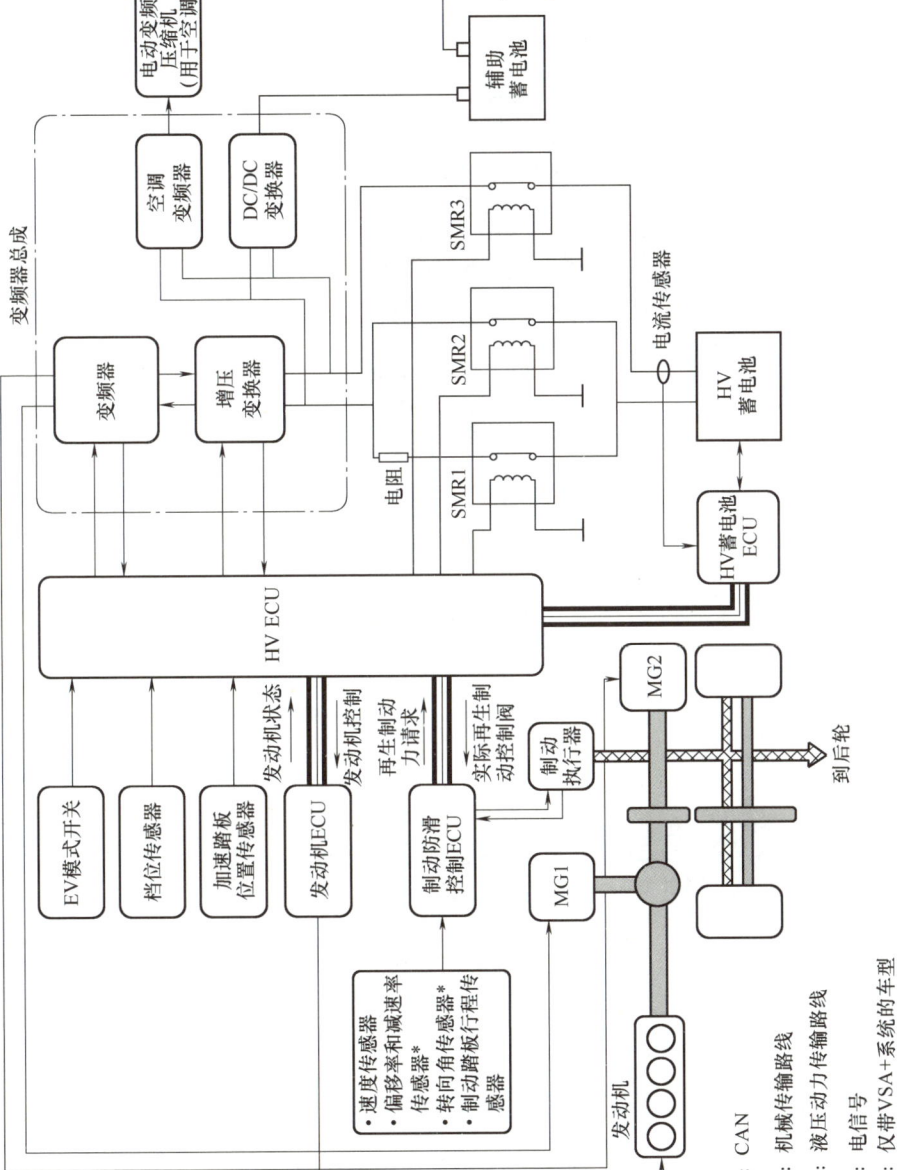

图 4-26 普锐斯控制系统原理图

3）普锐斯传动桥总成。普锐斯传动桥总成结构如图 4-27 所示，采取双电机设计，其中 MG1 主要用于起动发动机，还可作为发电机对 HV 蓄电池充电，当 MG2 工作时为其提供电力，此外，还可以通过控制转矩保持传动系统的正常工作。MG2 主要用于在低速时提供牵引力，在高速时又可以补充动力，让发动机与汽车协调运作，发挥最优越的性能，并可以在制动时回收能量。

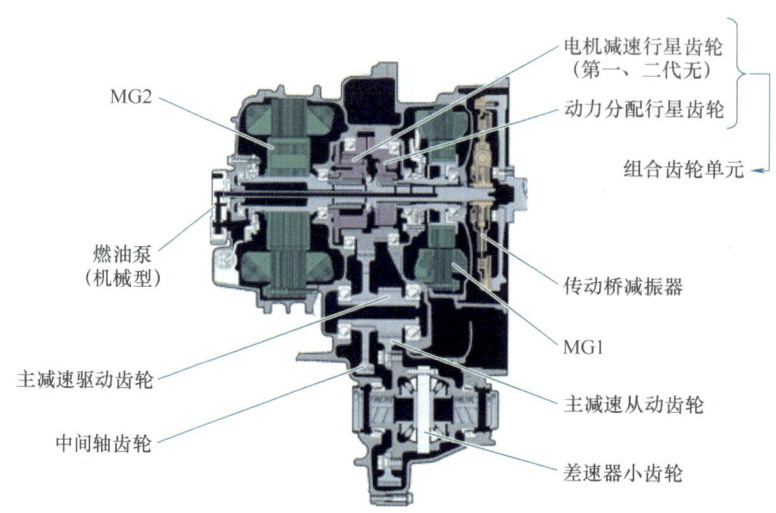

图 4-27 普锐斯传动桥总成结构

发动机与两台电机通过行星齿轮机构相互连接，其对应的连接关系为：太阳轮-MG1、环齿圈-MG2、行星架-发动机输出轴，如图 4-28 所示。

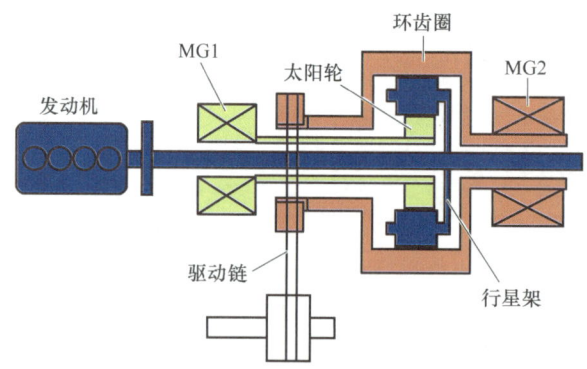

图 4-28 行星齿轮组与发动机、MG1 和 MG2 连接关系

（2）THS 的工作模式　如图 4-29 所示，普锐斯低油耗行驶能量分配原则：

1）在起动及低速行驶时，THS 仅利用电机的动力来行驶，因为这时发动机的效率不高。

2）在一般行驶时发动机效率很高，发动机产生的动力不仅是车轮的驱动力，同时也用来发电带动电机，并给 HV 蓄电池充电。

3）在减速或制动时，THS 油电混合动力系统以车轮的旋转力驱动电机发电，将能量回

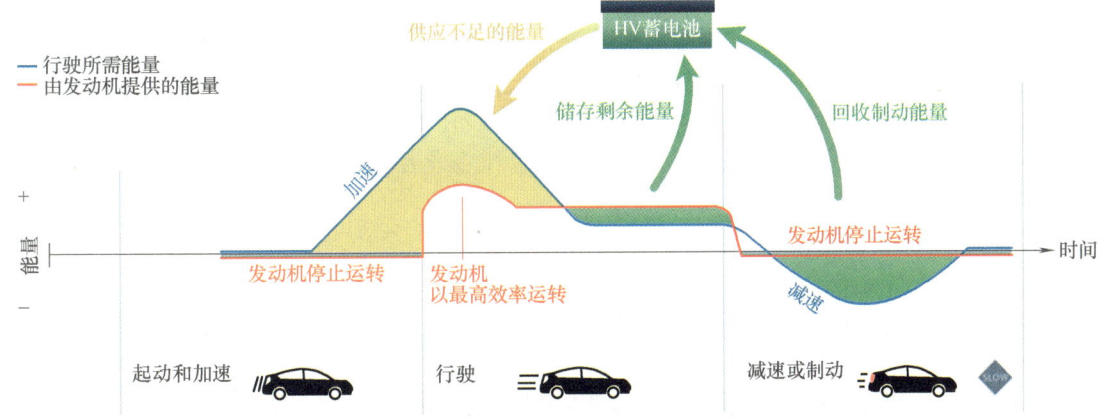

图 4-29 普锐斯低油耗行驶能量分配图

收到 HV 蓄电池中。

3. 丰田 THS-Ⅲ 及 THS-Ⅳ 混合动力系统

前两代 THS 系统在燃油经济性上取得很大成效，但动力性、加速能力稍显不足。2009年丰田发布了第三代普锐斯并搭载了 THS-Ⅲ 系统。

相比 THS-Ⅱ 系统，THS-Ⅲ 系统进行了优化改进，如图 4-30 所示，采用复合式动力分配行星组件，增加了一组减速行星排，取消了驱动链。相比于前两代，降低了 MG1 和 MG2 的转速差，纯电动模式的行驶速度可以更高，同时 MG1 和 MG2 的体积也缩小了。

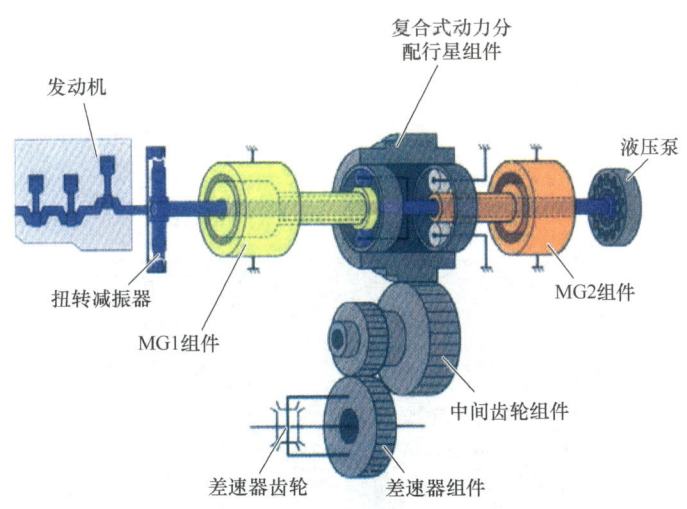

图 4-30 THS-Ⅲ 系统结构组成

除了结构上的变化外，THS-Ⅲ 系统主要搭载 1.8L 阿特金森发动机和 650V 永磁同步交流电机。其中 1.8L 发动机型号为 2ZR-FXE，最高输出功率为 73kW/5200r/min，电机最高输出功率为 60kW，发动机和电机的动力耦合时的最高输出功率为 100kW。相比于前两代采用镍氢蓄电池，THS-Ⅲ 系统采用锂离子蓄电池，额定电压为 345.6V（3.6V×96 个单元），容量为 5.2kW·h。

2015 年 12 月，第四代普锐斯正式发布，采用 THS-Ⅳ（THS-Ⅲ改进型）系统，其中动力分流行星排和前几代相同，但结构上做了进一步优化，发电机和电机采用平行轴式布置替代原同轴式布置，有效地减小了轴向长度。第四代普锐斯是基于丰田全新的 TNGA 平台打造的第一款车型，混动系统发动机主要沿用 1.8L 的 2ZR-FXE 发动机，其热效率高到 40%。目前，国内销售的卡罗拉双擎和雷凌双擎也均搭载了该系统。

二、雪佛兰 Volt 混合动力汽车

雪佛兰 Volt 是通用汽车公司开发的一款串联插电式混合动力汽车（通用汽车称为增程式汽车），如图 4-31 所示。

图 4-31　串联插电式雪佛兰 Volt 混合动力汽车

1. 动力系统组成和性能

如图 4-32 所示，雪佛兰 Volt 混合动力汽车采用一台额定功率为 45kW（峰值输出功率为 120kW）电机驱动前轮的驱动方式，配合 1.0L 3 缸涡轮增压汽油机以及最大输出功率为 53kW 的发电机共同工作。动力蓄电池采用的是容量为 16kW·h 的锂离子蓄电池。

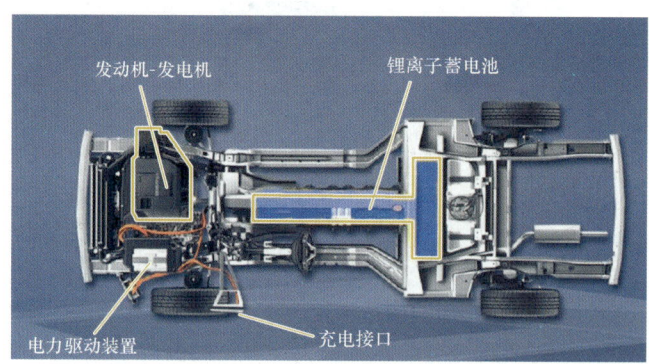

图 4-32　雪佛兰 Volt 混合动力系统组成

其电力系统可以产生大约 110kW 的功率和 370N·m 的转矩输出，最高车速能达到 161km/h，百公里加速时间约为 9s。当行驶里程在 64km 以内时，雪佛兰 Volt 混合动力汽车

可以完全只依靠车载 16kW·h 的锂离子蓄电池所储备的电力来驱动。

2. 工作状态

从"增程"的字面上可理解为这是一款能够"增加行驶里程的"电动汽车，其驱动方式为完全靠电力驱动。在起步或者短途行驶时，由动力蓄电池经过逆变器为电机提供动力，电机带动车辆行驶；而当动力蓄电池的电力耗尽后，或者不充足时，可以通过车载的汽油或其他形式发动机带动电机来为车辆电驱动系统继续提供电能。另外，在提供电能的同时，发动机也同时带动发电机为动力蓄电池充电。这种类型车辆的发动机都偏小，并且只为发电机提供动力，而不直接参与驱动车辆。

3. 充电方式

如果通过外接电源充电获取行驶所需电力，Volt 需在 110V 电源上充电约 6h，如果使用 220V 电源充电则只需 3h 就可以充满。

> **小贴士**
>
> 雪佛兰 Volt 已于 2019 年停产，但作为通用汽车公司为新能源市场推出的重磅产品，曾在 2012 年高居全球新能源汽车销量最高榜首。目前，在国内新能源汽车市场，理想汽车自 2019 年 12 月开启交付以来，一直坚持增程式技术路线。华为与赛力斯合作，于 2021 年 12 月发布 AITO 问界 M5 增程式混合动力汽车，创下新能源汽车单款车型销量破万最快纪录。岚图 FREE、深蓝 SL03（长安）、哪吒 S 增程式混合动力汽车也纷纷上市。但也有观点认为，增程式汽车是燃油汽车向纯电动汽车过渡的阶段性产物，本质上是一种串联式混合动力电动汽车。理论上动力蓄电池技术越发达，充电基础设施越完善，其生存空间就越小。那么，未来，增程式汽车发展前途如何？试查阅相关资料了解以上增程式汽车的技术特点，并结合新能源汽车相关政策，谈谈你的观点。

三、本田典型混合动力系统及车型

1999 年 12 月，本田首款混合动力汽车 Insight 上市。这台车搭载了本田的混合动力系统 IMA（集成电动机辅助，P2 架构），汽油发动机为 1.0L 三缸，电机功率为 10kW 并配备有镍氢蓄电池。电机主要是在低转速提供更强的转矩和在必需的时候提供动力辅助。本田 Insight 外观如图 4-33 所示。

图 4-33　本田 Insight 外观图

1. IMA 本田混合动力系统及工作模式

图 4-34 为本田混合动力系统——IMA 系统，本质上是一种并联式混合动力系统，主要由主动力（智能型 i-VTEC 发动机）、高功率薄型 DC 无刷电机和智能动力单元 IPU 组成。自 Insight 上市后，搭载 IMA 系统的车型开始广泛推广，思域、雅阁、飞度等车型都可以见到它的身影。本田 IMA 混合动力系统工作模式，如图 4-35 所示。

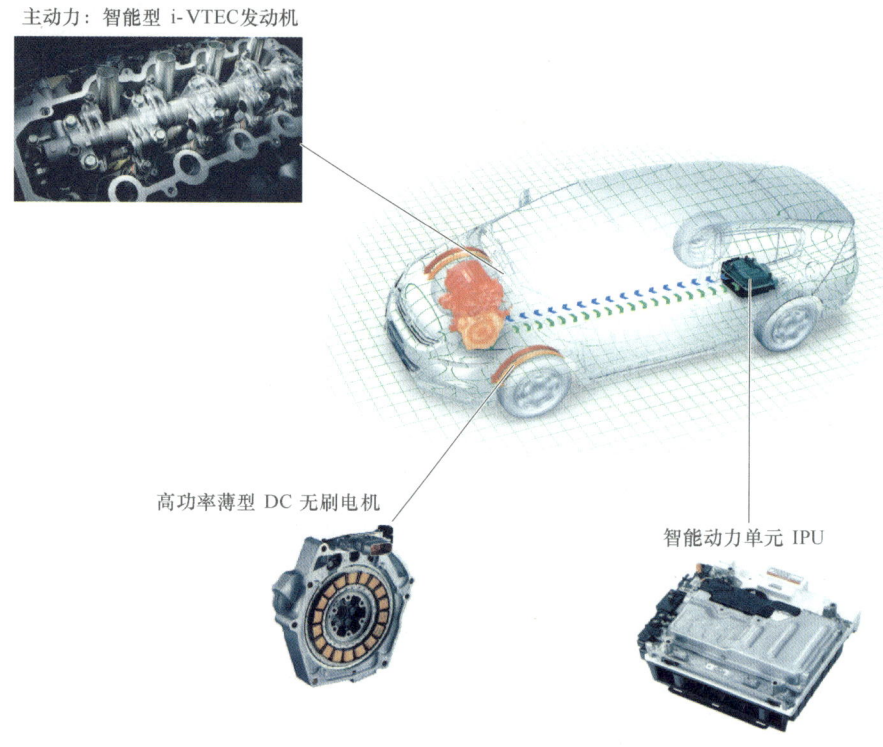

图 4-34　IMA 本田混合动力系统分解图

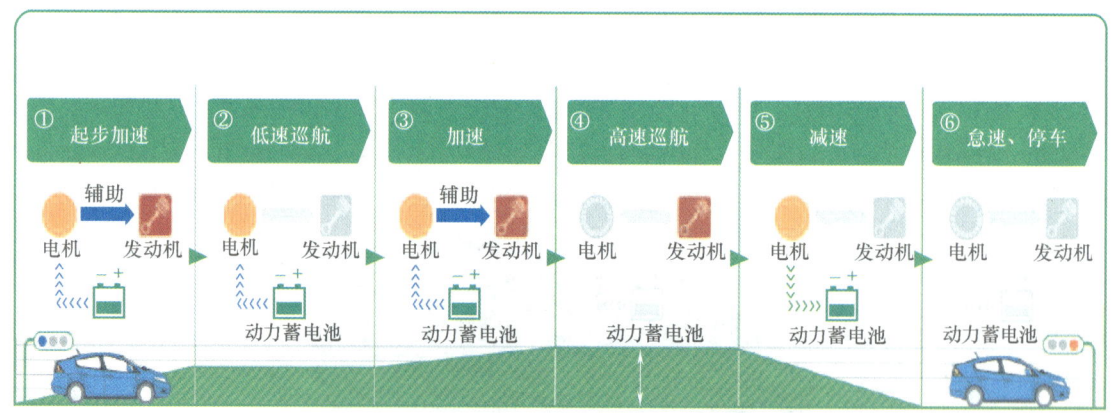

图 4-35　本田 IMA 混合动力系统工作模式

(1) 起步加速　起步时电机辅助驱动，提供强有力的加速能力。
(2) 低速巡航　低速巡航行驶时，发动机气缸关闭，只靠电机行驶。

(3) 加速　发动机驱动并由电机辅助，提供强有力的加速动力。

(4) 高速巡航　电机关闭，只由发动机驱动，以稳定的低油耗行驶。

(5) 减速　将制动能量转化为电能存储在动力蓄电池中，此时发动机关闭，减少能耗，提高充电效率。

(6) 怠速、停车　怠速、停车时发动机自动停止，此时能源消耗和排放为零。

2. 本田 i-MMD 混合动力系统

如图 4-36 所示，i-MMD 混合动力系统包括 i-VETC 发动机、驱动/发电双电机、PCU（动力控制单元）、智能动力单元（IPU）等部分，现已成为本田混合动力车型的主流技术，凌派、雅阁、奥德赛、CR-V 等混合动力版车型均搭载了该系统。

图 4-36　本田 i-MMD 混合动力系统分解图

除减速时再生制动能量回收模式外，其典型驱动模式如图 4-37 所示。

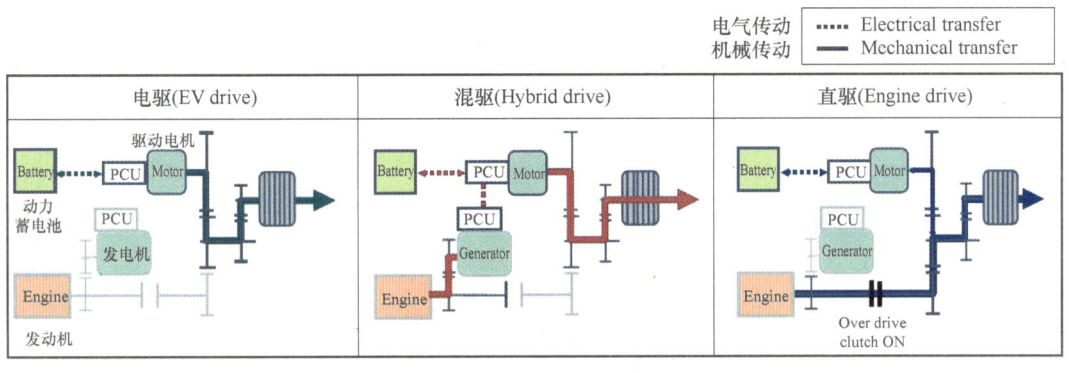

图 4-37　本田 i-MMD 混合动力系统驱动模式

(1) 纯电模式（电驱）　在静态起动、市区低速驾驶、制动时起动，在纯电模式下，发动机关闭，并与动力传动系统分离以减少摩擦。

(2) 混合动力模式（混驱）　发动机只负责驱动发电机发电，为驱动电机提供动力，以驱动车轮，也就是串联式混合动力模式，这种模式是增程式结构形式。

1）混动+无充放：此时为完全的串联模式。

2）混动+充电：动力请求较低，发电机也用于为动力蓄电池充电。

3）混动+放电：动力请求较高，动力蓄电池也辅助给驱动电机供电。

(3) 发动机驱动模式（直驱）　在中高速巡航时，阿特金森循环发动机通过 E-CVT 动力分配器锁止离合器连接到车轮，高速下发动机效率好，因此适用于巡航。

1）直驱+无充放：动力请求适中，或动力蓄电池电量较充足时。

2）直驱+充电：动力请求不高，较高速度巡航。

3）直驱+放电：动力请求略高，较高速度巡航。

四、48V轻混系统及应用车型

在节能减排的背景下，除纯电动汽车的日益普及外，传统燃油车的电气化转型也在不断加速，其中48V轻混就是最广泛普及的技术之一。

48V轻混系统，最早由奥迪、宝马、戴姆勒、保时捷和大众汽车公司在2011年联合提出，实质就是在原有燃油车的基础上，增加一套48V电气系统，主要由BSG电机或ISG电机+48V动力蓄电池+DC/DC变换器三大部分组成。该系统能够实现制动能量回收、敏捷起停、电动助力、电动怠速、智能充电等电气化功能，从而降低了整车油耗，提升了驾驶品质。

目前，主流的48V轻混系统安装在发动机曲轴端，简称P0端48V轻混系统，以下通过别克英朗轻混所搭载的48V轻混系统为例说明。

1. 48V轻混系统的组成

别克英朗48V轻混系统的组成如图4-38所示。

1）BSG电机（传动带驱动起动机/发电机）及电机控制器。

2）48V动力蓄电池及蓄电池管理系统（BMS）。

3）14V辅助电源模块APM（即DC/DC变换器）。

4）混合动力系统控制单元HCU（集成在发动机控制模块ECM内）。

5）12V辅助蓄电池。

6）传动带及双张紧器总成。

7）其他附件。

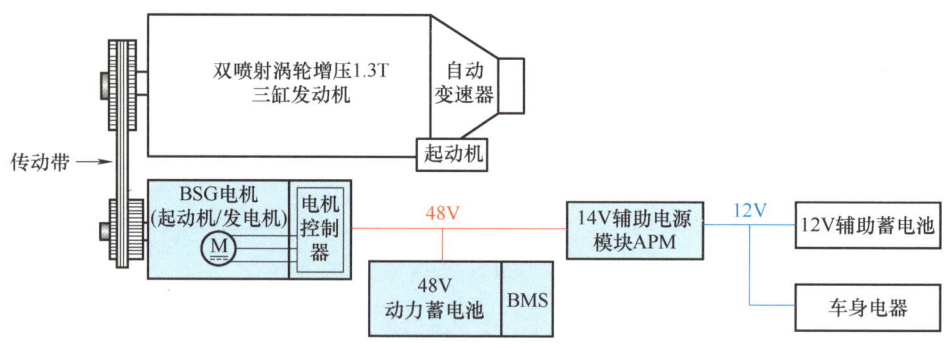

图4-38 别克英朗48V轻混系统的组成

2. 48V轻混系统的工作过程

混合动力车辆在工作时，发动机和电机之间是互相配合工作的，图4-39详细说明了系统的工作过程。

（1）快速起动 车辆行驶过程中发动机起停后，发动机再次起动是通过48V的BSG电机来实现快速起动的。安装48V轻混系统的别克英朗汽车，仍保留了12V系统的传统起动机。发动机冷起动（非起停起动）时，用12V起动机起动发动机。

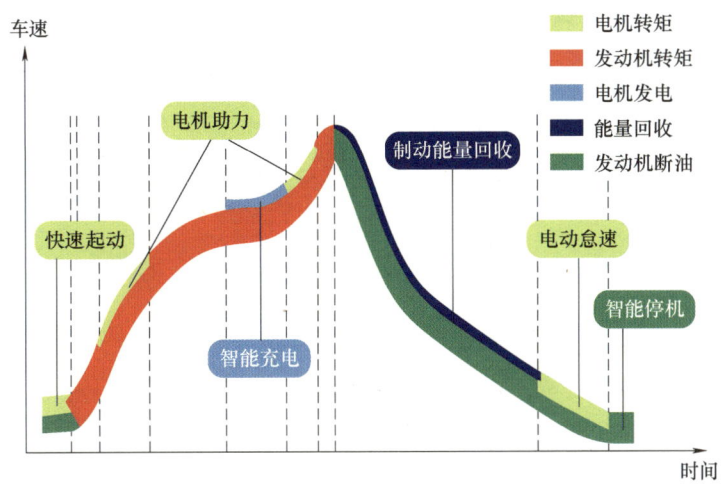

图 4-39 48V 轻混系统的工作过程

(2) 电机助力　在 48V 动力蓄电池剩余电量超过阈值（如 30%）时，在混合动力控制单元指令下按照控制逻辑，HSG 电机辅助发动机驱动车辆行驶，实现发动机、BSG 电机混合动力驱动，BSG 电机最大助力转矩可达 20N·m，不能单独使用 BSG 电机纯电驱动车辆行驶。

(3) 智能充电　车辆行驶中，混合动力控制单元综合考虑 48V 动力蓄电池的剩余电量 SOC 和发动机工况等因素，若满足设定的条件，发动机驱动 BSG 电机发电，对动力蓄电池进行智能充电。

(4) 制动能量回收　车辆行驶中滑行或制动减速时，混合动力控制单元通过电机控制器控制 BSG 电机发电并向动力蓄电池充电，实现能量回收。

(5) 电动怠速　车辆行驶发动机减速断油时，若 48V 动力蓄电池剩余电量充足，BSG 电机输出转矩维持发动机电动怠速运转，从而延长了发动机减速断油时间，进一步减低油耗。同时电动怠速也解决了起停模式下车辆空调系统的能源提供问题。

(6) 智能停机　车辆行驶中，若发动机处于减速断油且车速接近零时，BSG 电机对发动机实施制动，协助发动机停机，降低"熄火抖动现象"。

小贴士　为什么选择 48V 轻混系统？

目前国际上通常认为 60V 以下的直流电压和 25V 以下的交流电压属于安全电压。即使考虑由于 SOC 较高时导致的电压波动，48V 混合动力系统的电压峰值也不会超过 58V，所以不需要采取额外的电压防护措施（许多国家规定电压超过 60V 需安装防护措施），48V 轻混系统可以进一步缩小发动机的体积，还能进一步提高发动机的效率。上汽通用采用 48V 轻混系统较为普及，已安装在别克英朗、GL6、威朗、科鲁兹、凯迪拉克等多款车型上，在其第八代 Ecotec 发动机上也已全面配备。在豪华品牌如全新路虎极光、奔驰 S 和 C 级、奥迪 A8L 及 A6L 以及自主品牌中的吉利博越、长安 CS55 等车型都均有 48V 轻混车型投放市场。

五、比亚迪 DM 混动技术

DM 这个缩写，来自 Dual Mode "双模"之意，即"EV 纯电动"与"HEV 混合动力"两种模式。比亚迪自 2008 年首次推出 F3DM 第一代插电式混合动力电动汽车以来，技术不断迭代优化，如图 4-40 所示。经过持续创新发展，目前在全球插电混合动力电动汽车市场和技术领域均处于领先地位。

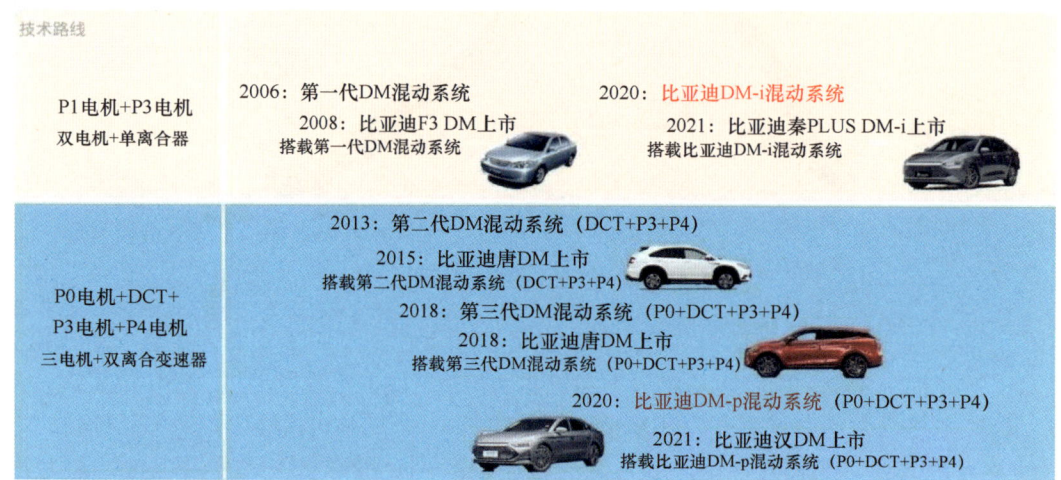

图 4-40　比亚迪混动技术发展历程

目前，比亚迪主流的 DM-i 技术是以电为主的混动技术，采用串并联架构的双电机结构，大容量的刀片电池和大功率的电机是车辆的主要驱动装置，高速超车或需要强劲动力时，采用 HEV 并联模式，电机和发动机共同负责驱动车辆，加减速时系统切换为串联驱动。比亚迪 DM-i 混动系统核心部件有 EHS 电混系统、1.5L/1.5Ti 骁云-插混专用高效发动机、DM-i 超级混动专用功率型刀片电池以及架构控制系统等，如图 4-41 所示。

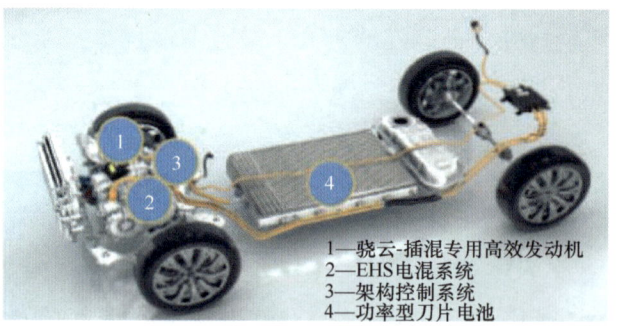

1—骁云-插混专用高效发动机
2—EHS 电混系统
3—架构控制系统
4—功率型刀片电池

图 4-41　比亚迪 DM-i 混动系统核心部件

EHS 电混系统采用串并联结构，由双电机、双电控、直驱离合器、单级变速器组成，如图 4-42 所示。根据驱动电机的功率不同，提供不同动力版本，可以满足从 A 级车到 C 级车的全部车型。

该系统可实现以下几种工作模式：

（1）EV 纯电驱动模式　起步或中低速时，发动机不起动，由驱动电机单独驱动车辆纯

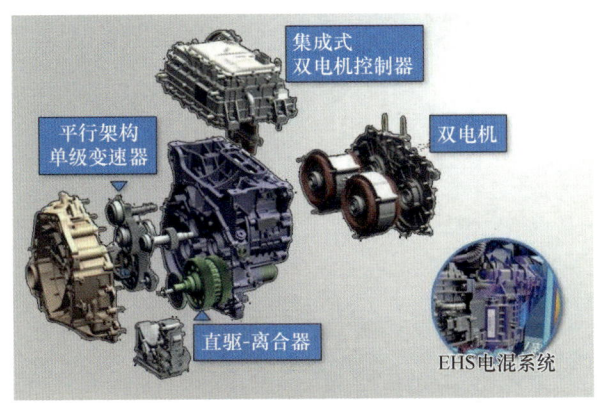

图 4-42 比亚迪 EHS 电混系统

电行驶,充分发挥驱动电机大转矩、高效率、低噪声的优势。

(2) HEV 串联模式 中高速行驶时,发动机工作在最佳经济区间,带动发电机进行发电,电能驱动驱动电机,维持电量平衡。当发电机供电不足时由动力蓄电池向驱动电机补充电能,当发电机供电充足时,额外电能向动力蓄电池充电。

(3) HEV 并联模式 高速行驶或大功率输出时,发动机与驱动电机共同驱动车辆。

(4) 发动机驱动模式 高速巡航时,离合器结合,发动机工作在最佳经济区间。

六、国内其他品牌混动技术

2020 年 12 月 15 日,长城汽车发布柠檬混动 DHT 系统,即高度集成油电混合系统(Dedicated Hybrid Technology,简称 DHT),搭载车型有拿铁、玛奇朵等。整个系统架构可概括为"1-2-3",即一套 DHT 高集成度油电混动系统、两种动力架构、三套动力总成。柠檬混动 DHT 系统是以"七合一"高效能多模混动总成为核心构建的混合动力技术体系,包含 1.5L/1.5T 混动专用发动机、两档定轴变速器、GM/TM 双电机、双电机控制器和集成 DC/DC 变换器,如图 4-43 所示。涵盖

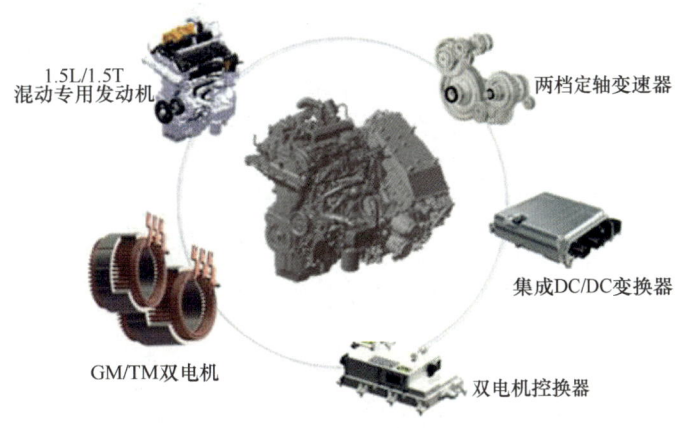

图 4-43 柠檬混动 DHT 系统

1.5L + DHT100、1.5T + DHT130、1.5T + DHT130 + P4 三种动力总成,系统总功率从 140kW ~ 320kW,适合 HEV 与 PHEV 两种架构。

长城柠檬混动 DHT 系统采用双电机混联拓扑结构,拥有纯电、并联、串联、能量回收等多种工作模式,如图 4-44 所示。

长城柠檬混动 DHT 系统最大的亮点是它搭载的两档发动机直驱档位,其核心目的是提升发动机直驱时的燃油经济性,同时大幅度提高发动机驱动时的"兼容性",使得发动机拥有更多的机会介入到车辆行驶中。

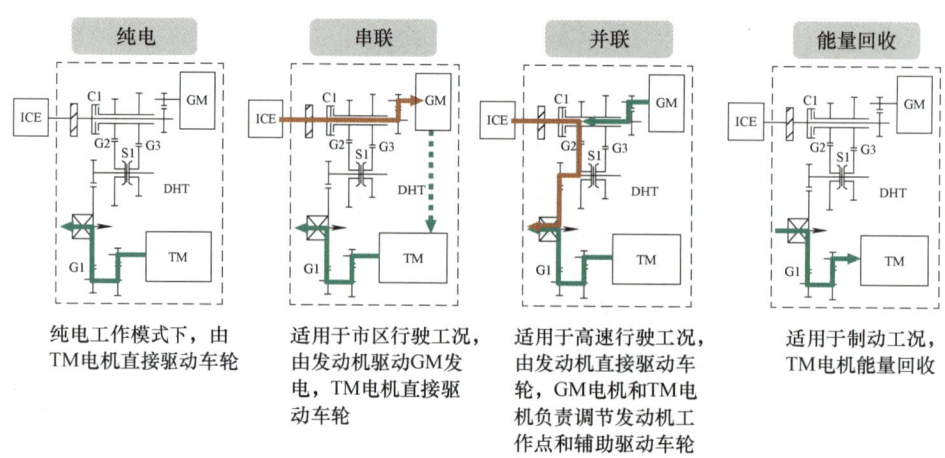

图 4-44　柠檬混动 DHT 工作模式示意图

 **阅读小资料**

1. 阿特金森循环发动机

目前，油电混合动力电动汽车的发动机普遍采用了阿特金森循环发动机，阿特金森循环是一种 1882 年由阿特金森（James Atkinson）发明的内燃机形式。

如图 4-45 所示，传统汽车发动机是按照奥托循环的规律工作的，即一个工作循环包括进气、压缩、做功和排气四个行程。在奥托循环发动机里，在进气行程中油气混合物被吸入气缸，当活塞到达下止点后，进气门关闭；在压缩行程中油气混合物被封闭在气缸中；在做功行程中被压缩的混合气点燃做功，推动活塞带动曲轴旋转，这种配气正时决定了发动机膨胀比和发动机的压缩比几乎相等，很难提高膨胀过程中能量的利用率。而在阿特金森循环中，在活塞到达下止点后上升一段时间，进气门仍然开放，这样就使得有一部分混合气体被推回到进气歧管（图 4-45 中的进气反流阶段），也就是说有效气体压缩行程变短，而做功行程不变，相对增加了膨胀比，就提高了做功行程后端的能量利用，利于提高燃油效率。但由于气缸实际工作的容积缩小了，此时发动机的输出功率和转矩必然有所下降。

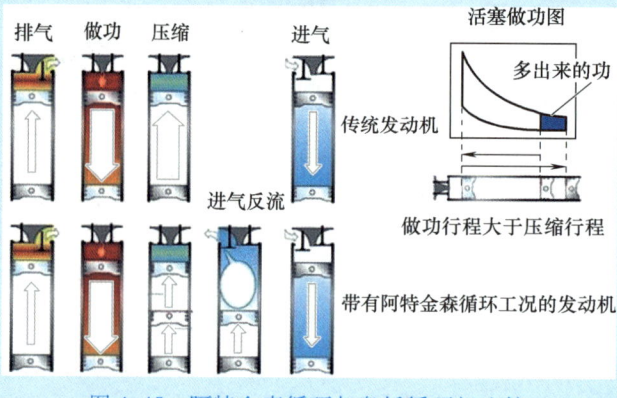

图 4-45　阿特金森循环与奥托循环相比较

2. 典型混动车型技术参数对比

	厂商	丰田		本田		比亚迪		长城	一汽大众	上汽通用
	混动架构	P1 + P2		P1 + P3		P1 + P3		P1 + P3	P2	P0
产品信息	代表车型	雷凌	荣放 RAV4	凌派	CR-V	秦 PLUS	宋 PLUS	玛奇朵	探岳 GTE	英朗
	车辆级别	A 级轿车	紧凑型 SUV	A 级轿车	紧凑型 SUV	A 级轿车	紧凑型 SUV	紧凑型 SUV	紧凑型 SUV	A 级轿车
	0～100km 加速/s	10.8	9	8.8	8.1	7.9	7.9	8.5	8.4	9.9
	百公里油耗/L	4.1	4.7	4	4.9	3.8	4.4	4.7	7	5.3
发动机	热效率	40.0%	41.0%	40.5%	40.6%	43.0%	43.0%	41.0%	<37.5%	38.0%
	排量/L	1.8	2.5	1.5	2	1.5	1.5	1.5	1.4T	1.3T
	功率/kW	72	131	80	107	81	81	75	110	121
	转矩/N·m	142	221	80	107	135	135	135	250	230
	变速器类型	E-CVT		单档		单档		两档	6 档双离合	6 档 AT
驱动电机	定子绕组类型	扁线	扁线	扁线	扁线	扁线	扁线	扁线	—	扁线
	功率/kW	53	88	96	135	135	145	115	85	BSG 电机
	转矩/N·m	163	202	267	315	316	325	250	330	—
动力蓄电池	种类	镍氢蓄电池	镍氢蓄电池	锂离子蓄电池	锂离子蓄电池	磷酸铁锂刀片电池	锂离子蓄电池	锂离子蓄电池	锂离子蓄电池	—
	容量/kW·h	1.3	1.6	1.2	1.3	8.3/18.3	1.7	1.7	13	—

 **课中实践**

查阅资料、结合实车,在老师现场安全指导下,完成本项任务。

任务名称		选取国内外两款混合动力汽车进行认识与比较		
姓名		班级	学号	
填写任务记录				
一款自主品牌车型	是否是插电式		是□ 否□	
	驱动电机类型及主要参数			
	动力蓄电池类型及主要参数			
	发动机类型及主要参数			
	整车动力性、经济性主要参数			
	纯电动模式续驶里程			
	"Px"架构类型			
一款国外品牌车型	是否是插电式		是□ 否□	
	驱动电机类型及主要参数			
	动力蓄电池类型及主要参数			
	发动机类型及主要参数			
	整车动力性、经济性主要参数			
	纯电动模式续驶里程			
	"Px"架构类型			
分析两者之间的技术差异				
指导教师		成绩		

课后思考

1. 根据动力系统结构形式不同，混合动力汽车有哪些类型？各有什么特点。
2. 简要分析混合动力汽车能降低油耗、减少排放污染的主要原因。
3. 简述丰田历代 THS 混合动力系统的结构特点和工作模式。
4. 简述本田 i-MMD 混合动力系统的结构特点和工作模式。
5. 48V 轻混系统的结构特点是什么？它能解决什么问题？
6. 简述比亚迪 DM-i 混合动力系统的结构特点和工作模式。

项目五 05 燃料电池汽车的认知

学习目标

通过本项目的学习，学生能够了解燃料电池汽车的发展历史和现状，掌握燃料电池汽车的类型及其动力系统的构成，了解燃料电池汽车的关键技术以及存在的主要问题，掌握质子交换膜燃料电池的结构和工作原理，并通过典型车型了解燃料电池汽车技术发展历程与趋势。

学习要求

知识要点	能力要求	相关知识
燃料电池汽车的历史与现状	了解燃料电池汽车的发展史，认识其发展趋势	燃料电池汽车的发展史；国内外燃料电池汽车的发展现状
燃料电池汽车的构成与分类	掌握燃料电池汽车的组成结构；掌握燃料电池汽车的分类方法及其类型	燃料电池汽车的概念和分类
燃料电池汽车的性能特点及存在的主要问题	掌握燃料电池汽车的性能与关键技术了解燃料电池汽车存在的主要问题	燃料电池系统、车载储氢装置、辅助蓄能装置、电机及其控制技术等
质子交换膜燃料电池的认识	了解质子交换膜燃料电池的基本性能掌握单体质子交换膜燃料电池及燃料电池组（堆）	单体质子交换膜燃料电池的构造及工作原理；燃料电池组（堆）的构造及性能
典型燃料电池汽车的认识	通过了解主要车型的特点，理解其工作模式	国内外典型燃料电池汽车

课前引入

燃料电池汽车是指以氢气、甲醇等为燃料，通过化学反应产生电流，依靠电机驱动的汽车。其电池的能量是通过氢气和氧气的化学作用，而不是经过燃烧，直接变成电能或动能的。燃料电池的化学反应过程不会产生有害物质，燃料电池的能量转换效率比内燃机要高 2~3 倍。单个的燃料电池必须结合成燃料电池组，以便获得必需的动力，满足车辆使用的要求。从能源的利用和环境保护方面而论，燃料电池汽车是一种理想的车辆。因此，燃料电池汽车被认为是新能源汽车发展的终极目标。推广燃料电池汽车对改善全球能源结构、发展低碳经济具有深远影响。2022 年北京冬奥会上氢能源汽车（见图 5-1）开始示范运营，成为历史上首个真正实现碳中和的奥运赛事。

图 5-1　氢能源汽车

课题一　燃料电池汽车概述

一、燃料电池汽车的发展概况

燃料电池汽车是新能源汽车发展终极方向之一，世界各国和地区特别是日本、韩国、美国及欧洲的车企巨头已将部分产品投入市场、进入商业化初始阶段。我国在《新能源汽车产业发展规划（2021—2035 年）》中也明确指出要突破氢燃料电池汽车应用支撑技术等瓶颈，氢燃料供给体系建设稳步推进，实现燃料电池汽车商业化应用。国家发展改革委员会、国家能源局联合发布的《氢能产业发展中长期规划（2021—2035 年）》，首次明确了氢能是未来国家能源体系的重要组成部分。目前，我国已初步形成京津冀城市群、上海城市群、广东城市群、河北城市群、河南城市群 5 大燃料电池汽车政策支持示范城市群。

1. 燃料电池汽车的特点

燃料电池汽车（Fuel Cell Electric Vehicle，简称 FCEV）采用燃料电池作为动力源。相比于内燃机汽车及纯电动汽车，燃料电池汽车主要有以下优点：

1）因燃料直接通过电化学反应产生电能，无热能转换过程，故不受卡诺循环的限制，能量转换效率高，实际能量转换效率高达 50%~70%。

2）当燃料电池使用氢燃料时，排放的是水，无污染；当使用甲醇、汽油等其他燃料时，排放的 CO 比汽油机少 1/2。

3）燃料电池堆可由若干个单元电池串联或并联而成，可根据质量分配均衡和空间有效利用的原则，机动灵活地进行配置。

4）燃料电池无运动部件，振动小，噪声低，零部件对机械加工精度要求不高。

2. 国外燃料电池汽车的发展情况

国外最早出现燃料电池汽车的时间可以追溯到 20 世纪 60 年代，1966 年，通用汽车推出全球第一款燃料电池汽车 Electrovan，如图 5-2 所示。

因为燃料电池汽车的低排放和高效的燃料利用率，对解决汽车环境污染和缓解能源短缺问题十分有效。到 20 世纪 90 年代，燃料电池汽车技术开始受到人们空前的关注。世界上主要汽车生产大国的政府和各大汽车制造商纷纷制定相关的政策，投入大量的人力和物力研究和开发燃料电池汽车，并取得了一系列的成果。但直到 2017 年丰田推出世界第一台氢能源汽车 Mirai，才真正迈出产业化的步伐。

图 5-2　全球第一款燃料电池汽车通用 Electrovan

已投入市场量产的燃料电池轿车主要有丰田 Mirai、本田 Clarity、现代 NEXO、奔驰 GLC F-CELL 等。沃尔沃目前也在进行燃料电池技术的研发，其首款燃料电池车型即将面市。此外，奥迪、宝马、通用等车企也正在加紧推进氢燃料电池的开发。

3. 国内燃料电池汽车的发展情况

在燃料电池汽车领域，我国也早已开展了富有成效的燃料电池及燃料电池汽车的研究。

2008 年北京奥运会期间，我国自主研发的 20 辆氢燃料电池轿车完成了首次规模化示范运行。同期，上汽、同济大学等也研究开发了三代"超越"系列燃料电池轿车动力系统平台和示范车。北京清能华通公司（亿华通公司前身）与清华大学等共同研发出了"清能 1 号"燃料电池城市客车。

经过多年创新发展，亿华通已作为燃料电池汽车行业的代表企业，目前已形成系列燃料电池发动机系统关键共性技术，产品性能接近国际领先水平。

2018 年 10 月，一汽首台红旗自主燃料电池发动机成功点火。该款发动机采用金属双极板单堆，系统功率可达 50kW，并在此基础上开发 100kW 全功率燃料电池发动机，搭载在红旗 H5（见图 5-3）等多款轿车上。

图 5-3　一汽红旗 H5 燃料电池汽车

2022 年 7 月，长安深蓝发布国内首款量产的氢燃料电池轿车——SL03 氢电版，该车型实现整车核心部件 100% 国产化，最大续驶里程 730km。除长安深蓝 SL03 氢电版上市外，上汽大通 MAXUS EUNIQ7 氢燃料电池 MPV 也实现量产。长城汽车、吉利汽车、广汽和奇瑞汽车等都进行了燃料电池乘用车的研发并陆续推出相应产品。

国内主流车企对燃料电池商用汽车的布局进程逐步加快，宇通客车、一汽解放、东风商用车、中国重汽、陕汽重卡、福田汽车、上汽红岩等企业加快投入，瞄准细分市场和具体场景积极开展产品开发和产品商业化。

二、燃料电池汽车的类型

虽然燃料电池汽车的历史不长，但是与纯电动汽车相比，燃料电池汽车无须依赖蓄电池技术性能的完善，与内燃机汽车相比，则具有环保、节能的优势。因此，燃料电池汽车已成为世界范围内新能源汽车开发的热点，且不断地涌现出不同结构的燃料电池汽车。

1. 按有无蓄能装置分类

根据燃料电池汽车是否配备蓄能装置，可把燃料电池汽车分为纯燃料电池汽车和混合型燃料电池汽车两大类。

1）纯燃料电池汽车。纯燃料电池汽车的燃料电池是燃料电池汽车上电能的唯一来源。这种类型的燃料电池汽车，要求燃料电池的功率大，并且无法回收汽车制动能量。因此，纯燃料电池汽车目前应用较少。

2）混合型燃料电池汽车。混合型燃料电池汽车上除燃料电池外，同时配备了蓄能装置（如蓄电池、超级电容和飞轮电池等）。由于蓄能装置可协助供电，因而可减小燃料电池的功率，且蓄能装置还可用于汽车制动时的能量回收，所以可提高燃料电池汽车的能量利用率。因此，燃料电池汽车多采用混合型结构。

2. 按燃料电池与蓄电池的结构关系分类

根据混合型燃料电池汽车中燃料电池和蓄电池的电路结构，可将混合型燃料电池汽车分为串联式和并联式两种，如图 5-4 所示。

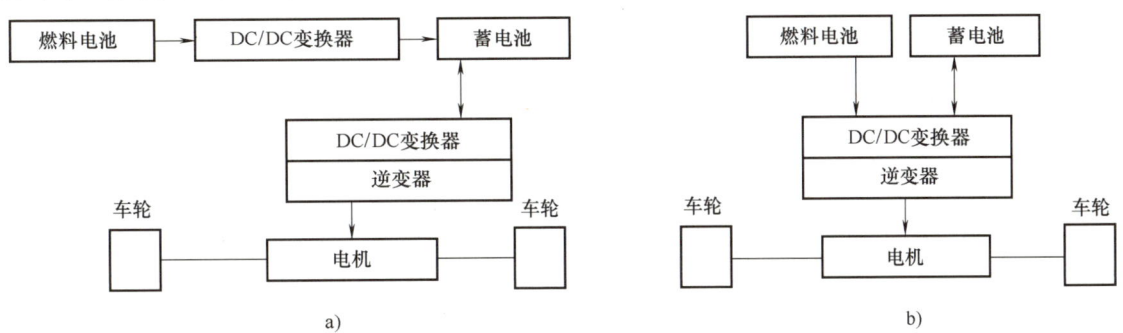

图 5-4　串联式和并联式燃料电池汽车动力系统示意图
a）串联式　b）并联式

（1）**串联式燃料电池汽车**　串联式燃料电池汽车动力系统的构成如图 5-4a 所示，其燃料电池相当于车载发电装置，通过 DC/DC 变换器进行电压变换后对蓄电池充电，再由蓄电池向电机提供驱动车辆的全部电力。串联式燃料电池汽车的特点与普通的串联式混合动力汽车相似，其优点是可采用小功率的燃料电池，但要求蓄电池的容量和功率要足够大，且燃料电池发出的电能需要经过蓄电池的电化学转换过程，从中有能量的转换损失。目前，串联形式的燃料电池汽车较为少见。

(2) 并联式燃料电池汽车　并联式燃料电池汽车动力系统的构成如图5-4b所示，它由燃料电池和蓄电池共同向电机提供电力。根据燃料电池与蓄电池能量大小的配置不同，又可将其分为大燃料电池型和小燃料电池型两种。大燃料电池型主要由燃料电池提供电力，蓄电池的容量较小，只是在燃料电池汽车起步、加速、爬坡等行驶工况时协助供电，并在车辆减速与制动时进行能量回收；小燃料电池型则必须采用大容量的蓄电池，由蓄电池提供主要的电力，而燃料电池只是协助供电。并联式是目前燃料电池汽车采用较多的形式。

3. 按提供的燃料不同分类

根据燃料电池所需要的燃料不同，燃料电池汽车又可分为直接燃料电池汽车和重整燃料电池汽车两大类。

1）直接燃料电池汽车。直接燃料电池汽车的燃料主要是纯氢，也可以用甲醇等燃料。采用纯氢作燃料的燃料电池汽车，氢燃料的储存方式有压缩氢气、液态氢和合金（碳纳米管）吸附氢等几种。

2）重整燃料电池汽车。重整燃料电池汽车的燃料主要有汽油、天然气、甲醇、甲烷、液化石油气等。重整燃料电池汽车的结构要比氢燃料电池汽车复杂得多。比如，甲醇重整燃料电池汽车需要对甲醇进行200℃左右的加热以分解出氢，汽油重整燃料电池汽车也需要对汽油进行1000℃左右的加热以分解出氢。无论采用什么燃料，重整燃料电池汽车都需设置重整装置，将其他燃料转化为燃料电池所需的氢。

直接以纯氢为燃料电池的电动汽车对储氢装置的要求较高。但与重整燃料电池汽车相比，直接燃料电池汽车的结构简单，质量轻，能量效率高，成本低。因此，目前的燃料电池汽车，采用重整技术的相对较少，大都以纯氢为车载氢源。

三、燃料电池汽车的构成与工作原理

1. 燃料电池汽车的构成

燃料电池汽车与普通燃油汽车相比，其外形和内部空间几乎没有什么区别，不同之处在于动力系统。燃料电池汽车动力系统的基本组成部分有燃料电池系统、辅助蓄能装置（动力蓄电池或超级电容器等）、驱动电机及电子控制系统。图5-5所示为本田一款燃料电池汽车的基本构成。

(1) 燃料电池系统　燃料电池系统的核心是燃料电池堆，此外，还配备了氢气供给系统、氧气供给系统、气体加湿系统、水循环系统及反应物生成处理系统等，用以确保燃料电池堆正常工作。

1）氢气供给系统。氢气供给系统的功能包括氢的储存、管理和回收。由于气态氢需要采用高压的方式储存，因此，储氢气瓶必须有较高的品质。储氢气瓶的容量决定了一次充氢的行驶里程。轿车一般采用2～4个高压储氢气瓶，大客车上通常采用5～10个高压储氢气瓶来储存所需的氢气量。

液态氢比气态氢需要更高的压力进行储存，且要保持低温，因此，在使用液态氢时对储氢气瓶的要求更高，还需要有较复杂的低温保温装置。

不同的储氢压力，需要采用相应的减压阀、调压阀、安全阀、压力表、流量表、热量交换器、传感器及管路等组成氢气供给系统。在从燃料电池堆排出的水中，含有少量的氢，可通过氢气循环器将其回收。

燃料电池汽车的认知 项目五

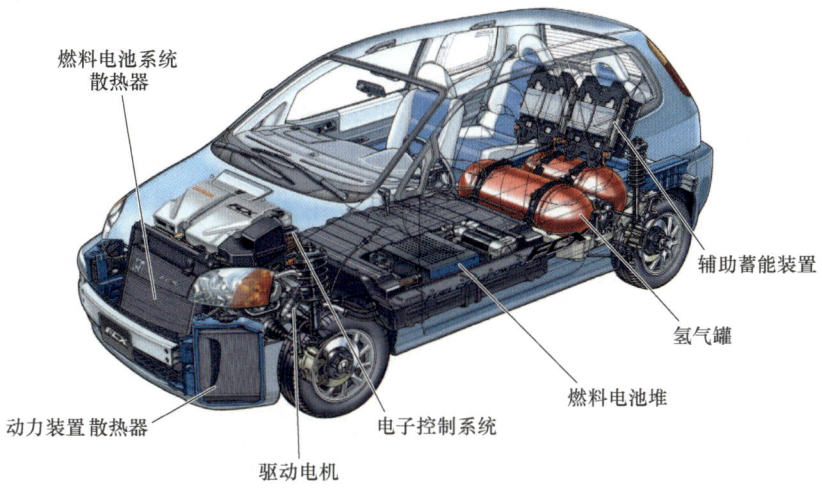

图 5-5 本田一款燃料电池汽车基本构成

2）氧气供给系统。氧气有纯氧和空气两种供给方式。当以纯氧的方式供给时，需要用氧气罐；当从空气中获得氧气时，需要用压缩机来提高压力，以确保供氧量，增加燃料电池反应的速度。空气供给系统除了需要有体积小、效率高的空气压缩机外，还需配相应的空气阀、压力表、流量表及管路，并对空气进行加湿处理，以确保空气具有一定的湿度。

3）水循环系统。在燃料电池反应过程中，会产生水和热量，需要通过水循环系统中的凝缩器加以冷凝并进行气水分离处理，部分水可用于反应气体的加湿。水循环系统还用于燃料电池的冷却，以使燃料电池保持在正常的工作温度。

（2）辅助蓄能装置　混合式燃料电池汽车还配备辅助蓄能装置。辅助蓄能装置可采用蓄电池、超级电容器和飞轮电池中的一种，组成双电源的混合动力系统，或采用蓄电池+超级电容器、蓄电池+飞轮电池，与燃料电池组成的三电源系统。图5-5所示的燃料电池汽车采用超级电容器蓄能装置，但目前普遍采用动力蓄电池作为辅助蓄能装置。

燃料电池汽车配备辅助蓄能装置的作用是：

1）在燃料电池汽车起动时，由辅助蓄能装置提供电能，带动燃料电池起动或带动车辆起步。

2）在燃料电池汽车运行过程中，当燃料电池输出的电能大于车辆驱动所需的能量时，辅助蓄能装置可用于储存燃料电池剩余的电能。

3）在燃料电池汽车加速和爬坡时，辅助蓄能装置可协助供电，以弥补燃料电池输出功率的不足，使电机获得足够的电能，产生满足车辆加速和爬坡所需的电磁转矩。

4）向车辆的各种电子设备、电器提供工作所需的电能。

5）在车辆制动时，将驱动电机转换为发电机工作状态，将车辆的动能转换为电能，并向辅助蓄能装置充电，以实现车辆制动时的能量回收。

（3）驱动电机　驱动电机用于将电源所提供的电能转换为电磁转矩，并通过传动装置驱动车辆行驶。与纯电动汽车和混合动力汽车一样，燃料电池汽车用驱动电机也可采用直流有刷电机、交流异步电机、交流同步电机、永磁无刷直流电机和开关磁阻电机等。

117

不同类型的电机具有不同的性能特点，燃料电池汽车通常是结合整车的开发目标，综合考虑各种电机的结构与性能特点以及电机的驱动控制方式及控制器结构特点等，选择适宜的驱动电机。

（4）电子控制系统　直接燃料电池汽车的电子控制系统包括燃料电池系统控制器、DC/DC变换器、辅助储能装置能量管理系统、电机控制器及整车协调控制器等，各控制功能模块通过总线连接，图5-6所示为某燃料电池汽车电子控制系统构成。

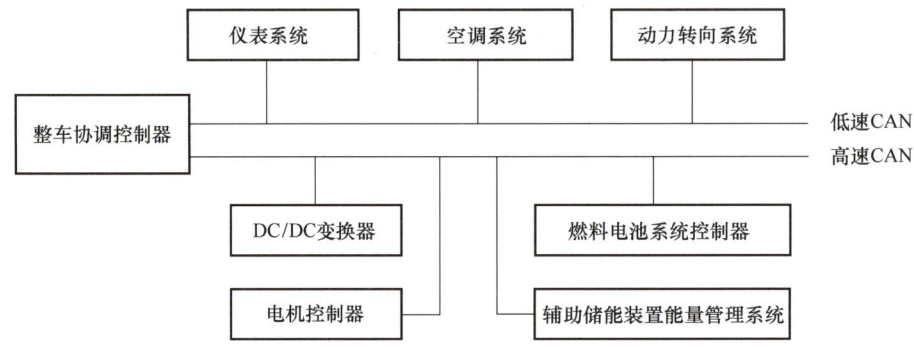

图5-6　某燃料电池汽车电子控制系统构成

1）燃料电池系统控制器。燃料电池系统控制器用来控制燃料电池的燃料供给与循环系统、氧化剂供给系统、水/热管理系统，并协调各系统工作，以使燃料电池系统能持续向外供电。

2）DC/DC变换器。DC/DC变换器用于改变燃料电池的直流电压，由电子控制器控制。电子控制器的作用是通过调节DC/DC变换器的输出电压，将燃料电池堆较低的电压上升至电机所需的电压。DC/DC变换器的作用不仅仅是升压和稳压，在工作时，通过控制器的实时调节，可使其输出电压与蓄电池的电压相匹配，协调燃料电池和蓄电池负荷，起限制燃料电池最大输出电流和最大功率的作用，以避免燃料电池因过载而损坏。

3）辅助储能装置能量管理系统。辅助储能装置能量管理系统对蓄电池的充电、放电、存电状态等进行监控，使辅助储能装置能正常地起作用，实现车辆在起动、加速、爬坡等工况下的协助供电，并在车辆运行时储存燃料电池富余电能，实现汽车制动时的能量回馈。蓄电池能量管理系统通过对蓄电池电压、电流、温度等参数的监测，还可实现蓄电池的过充电、过放电控制，进行蓄电池荷电状态的估计与显示。

4）电机控制器。电机的类型不同，其控制系统的电路结构和工作原理也有所不同。总体上，电机控制器的主要控制功能有：电机的转速与转矩调节、电机工作模式控制（设有制动能量回馈的电动汽车）、电机过载保护控制等。

5）整车协调控制器。整车协调控制器基于设定的控制策略对各控制功能模块进行协调控制。一方面，控制器根据加速踏板传感器、制动踏板传感器、档位开关送入的电信号判断驾驶人的驾车意图，并输出控制信号，通过相关的控制功能模块实现车辆的行驶工况控制；另一方面，控制器根据相关传感器和开关输入的电信号，获取车速、电机转速、是否制动、蓄电池和燃料电池的电压和电流等信息，判断车辆的实际行驶工况和动力系统的状况，并按设定的多电源控制策略输出相应的控制信号，通过相应的功能模块实现能量分配调节控制。

此外，整车协调控制还包括整车故障自诊断功能。

2. 燃料电池汽车的工作原理

燃料电池汽车的工作原理如图5-7所示，高压储氢罐中的氢气和空气中的氧气在汽车搭载的燃料电池中发生氧化还原化学反应，产生电能驱动电机工作，驱动电机产生的机械能经变速传动装置传给驱动轮，驱动汽车行驶。燃料电池汽车同纯电动汽车以及增程式汽车相比，都是纯电驱动，只是能量供给形式不同。

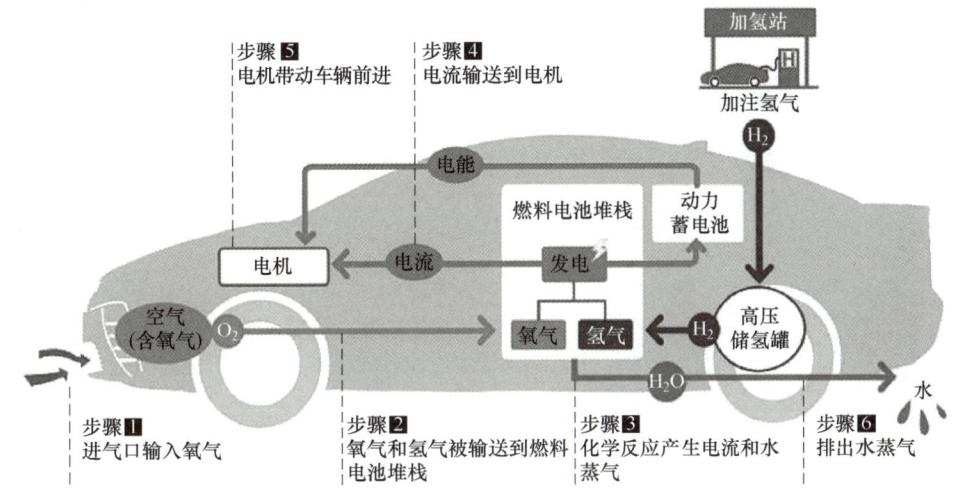

图5-7 燃料电池汽车的工作原理

四、燃料电池汽车的性能与关键技术

对于燃料电池汽车而言，最被关注的性能指标主要有续驶里程、最高车速、最大爬坡度、最大转矩及最大功率等。这些性能指标的高低，除了与燃料电池的性能这一关键因素有关外，还与车载储氢技术、辅助蓄能装置、电机及其控制技术、动力系统的构造与整车的布置、整车的控制技术等密切相关。

1. 燃料电池汽车的主要性能

当前，燃料电池汽车的性能已得到大幅提升。表5-1列出了几款典型燃料电池乘用车的主要性能指标，通过以下参数，可大体了解当前燃料电池汽车的技术水平。

2. 燃料电池汽车的关键技术

（1）燃料电池系统　燃料电池技术是燃料电池汽车最关键的技术之一。燃料电池堆的净输出功率、耐久性、低温起动性及成本等，直接影响燃料电池汽车的性能和发展。目前，降低燃料电池成本是燃料电池汽车研究的最重要目标，而控制燃料电池成本最有效的手段则是减少燃料电池材料（电催化剂、电解质膜及双电极等）的成本，降低加工（膜电极制作、双电极加工和系统装配等）费用。在降低燃料电池成本的同时，进一步提高燃料电池的性能，是目前燃料电池汽车技术研究的重点。此外，燃料电池系统也还有许多需要攻克的工程技术难题，例如：系统的起动与关闭时间、系统的能量管理与变换操作、电堆水热管理模式以及低成本高性能的辅助装置（空气压缩机、传感器及控制模块）等。

表 5-1 典型燃料电池汽车的性能指标

车辆名称		丰田第一代 Mirai	丰田第二代 Mirai	本田 Clarity Fuel Cell
轴距/mm		2780	2920	2750
乘坐人数/人		4	5	5
续驶里程（日本 JC08 工况）/km		650	850	750
最高车速/(km/h)		175	175	165
燃料电池	种类	PEMFC	PEMFC	PEMFC
	峰值功率/kW	114	128	103
	电池堆能量密度/(kW/L)	3.1	4.4	3.1
电机	种类	交流同步电机	交流同步电机	交流同步电机
	最大转矩/(N·m)	335	300	300
	最大功率/kW	113	134	130
燃料	种类	压缩氢气	压缩氢气	压缩氢气
	储氢量/kg	4.6	5.6	5
	储气压力/MPa	70	70	70
辅助蓄能装置		镍氢蓄电池	锂离子蓄电池	锂离子蓄电池

（2）车载储氢装置　目前，燃料电池汽车大都以纯氢为燃料。车载储氢装置对燃料电池汽车的动力性及续驶里程影响很大。如前所述，常见的车载储氢装置有高压储氢瓶、低温液氢瓶及金属氢化物储氢装置三种。除液态储氢方式外，目前的车载储氢装置的质量储氢密度和体积储氢密度均较低，而液态储氢需要很低的温度条件，其成本和能耗都很高。如何有效地提高体积储氢密度和质量储氢密度，是车载储氢装置研究的重点。

储氢气瓶采用质量轻、机械强度大的材料（如碳纤维），通过减小储氢气瓶的质量和提高储氢压力来提高储氢装置的体积储氢密度和质量储氢密度，这是通常的研究方案。另一个比较理想的方案是，采用储氢材料与高压储氢复合的车载储氢新模式，即在高压储氢容器中装填质量较轻的储氢材料。这种储氢装置与纯高压储氢方式（>40MPa）相比，既可以降低储氢压力（约 10MPa），又可以提高储氢的能力。复合式储氢装置的技术难点是如何开发吸氢和放氢性能好、成形加工工艺好、质量轻的储氢材料。

（3）辅助蓄能装置　对于混合型燃料电池汽车而言，辅助蓄能装置性能的好坏、能量控制策略的优劣等对燃料电池汽车动力性和经济性的影响都很大。因此，研究与开发高性能的辅助蓄能装置，也是燃料电池汽车发展所必需的。

目前，燃料电池汽车用辅助蓄能装置主要有蓄电池、超级电容器和飞轮电池三种。对于用于燃料电池汽车的蓄电池来说，功率密度高、短时间大电流的充放电能力强尤为重要。目前，燃料电池汽车采用锂离子蓄电池趋于主流。相比于蓄电池，超级电容器具有短时间内大电流充放性能好（可达蓄电池的 10 倍）、充放电效率高、循环寿命长等许多优点，也得到应用。

（4）电机及其控制技术　电机用于产生驱动车轮转动的电磁转矩，其性能对燃料电池汽车的动力性和经济性影响极大。与工业用电机相比，燃料电池汽车用驱动电机在最大功率、最高转矩、工作效率、调速性能等方面均有较高的要求。目前，燃料电池汽车上使用较多的主要是永磁无刷直流电机、交流异步电机、交流同步电机及开关磁阻电机等。研究与开发出功率更大、效率更高且体积小、质量轻的电机，并配以更加先进可靠的电机控制技术，也是燃料电池汽车发展所要解决的关键技术之一。

（5）系统管理策略与电子控制技术　整车动力系统的优化设计、能量管理策略、整车热管理及整车电子控制（动力控制、能量管理、热管理及制动能量回馈等自动协调控制）等，对燃料电池汽车的动力性、经济性也起到了关键的作用。因此，整车动力系统参数的选择与最优化设计、多动力源的能量管理策略与最优化控制、整车热管理的最优化控制、整车各控制系统的协调控制等，均是燃料电池汽车发展必须面对的关键课题。

五、燃料电池汽车存在的主要问题

燃料电池汽车有燃油汽车无法比拟的优势，但是，由于燃料电池汽车的性能、成本及燃料的供给配套设施等问题还尚待解决，因此完全替代燃油汽车还尚需时日。

（1）燃料电池汽车的性能还有待提高　与燃油汽车相比，燃料电池汽车的动力性、耐久性、起动性能（起动时间及低温起动）、续驶里程等均需要提高。

燃料电池是燃料电池汽车的核心部件，必须要解决的问题是提高功率密度、耐久性和起动性能。

重整器是确保燃料电池汽车能使用纯氢以外燃料的关键部件。提高重整器的工作可靠性、循环寿命、起动性和负荷响应性以及小型化和轻量化，是重整燃料电池汽车必须要解决的问题。此外，开发实用型的汽油重整器具有极为重要的意义，因为当汽油重整器在燃料电池汽车上大规模使用时，燃料电池汽车燃料供给的基础设施可以与燃油汽车共用。

氢储存技术的提高是解决以纯氢为燃料的燃料电池汽车续驶里程问题的关键，目标是一次加氢的续驶里程能达到 500km 以上。

（2）制造成本和运行成本过高　制造成本和运行成本过高是制约燃料电池汽车商用化的最大障碍，而燃料电池汽车制造成本居高不下的最主要原因就是价格昂贵的燃料电池。

在燃料电池中，无孔石墨双极板的成本（包括石墨板材料价格和加工费用）占了整个燃料电池系统成本的 50% 以上。无孔石墨板的优点是导电性好、质量轻、耐腐蚀，缺点是机械强度低、不易加工且难以薄片化。如今世界上正在研究改用金属板或复合板作双电极。这不仅可以降低材料费用，而且可以减薄双极板，降低加工难度，实现大批量生产，从而较大幅度地降低燃料电池的成本，提高燃料电池的比功率。

质子交换膜的费用也较高，其成本在燃料电池系统中排第二位。目前，广泛采用的质子交换膜的工作温度极限是 85℃，为确保燃料电池正常工作，就必须消耗燃料电池 51% 的能量，以移走燃料电池工作所产生的热量，这就大大降低了燃料电池的比能量。提高质子交换膜材料的工作温度极限和降低膜的厚度，是提高燃料电池的比能量，降低成本的有效途径。

催化剂铂是昂贵的金属，减少其用量可有效降低燃料电池的成本。但现在的燃料电池催化剂铂的用量已减至很低的水平，因此，单纯通过减少铂的用量来降低燃料电池的成本已较为困难。提高铂的回收技术或寻求铂的替代品，成了降低燃料电池成本最有效的措施。

对氢燃料电池汽车而言，氢气的制备、储藏和运输成本要远高于汽油和柴油，因此燃料电池汽车的运行成本也较高。降低氢燃料的成本或研究与开发高效的汽油重整器，也是燃料电池汽车能被市场接受所要努力的方向。

(3) 燃料供给体系的建立尚需时日　目前，燃料电池汽车的燃料供给体系尚未建立，加氢站、加甲醇站等基础网络设施建设几乎为零。目前，全球范围内投入使用的加氢站仅有 100 多家，并且大都不具有商业用途。要使燃料电池汽车实现商用化，氢燃料的供应及燃料供给基础设施建设必须同步进行。

当大规模地使用燃料电池汽车时，如何较为经济地获取氢，就成了燃料电池汽车应用必须解决的首要问题。虽然通过重整技术可将天然气、汽油等转化为燃料电池所需的氢燃料，但是这要消耗大量的能量，且未能摆脱对有限资源的依赖，也不能完全消除对环境的污染。通过热分解或电解的方法可从水中获取氢，这虽然是一种取之不尽的制氢方法，但需要消耗较多的能源，不具备实用性。利用太阳能制氢是较有前途的制氢方法。太阳能发电后通过电解水制氢，或利用太阳能直接分解水制氢等技术均处于研究与开发之中，此外，生物制氢技术也是获取氢源的有效途径。只有到了能以太阳能或其他再生能源获取廉价氢燃料的时候，燃料电池汽车的燃料问题才能根本解决。

气态氢的密度很小，需要通过高压储存，而液态氢又需要低温存储。因此，氢燃料生产基地的储存设备、运输装备和充氢站等，相比于汽油和柴油的储存设备、运输装备和加油站等均要复杂得多。加氢站的技术要求和费用要比加油站高得多，这需要国家给予政策扶持。在美国及欧洲一些国家，有关加氢站建设的法规早已成型，我国也正在积极做相关的工作。

只有当燃料电池汽车的性能及成本能与燃油汽车相抗衡，又有完备的燃料供给体系时，燃料电池汽车才能真正实现商用化。

课题二　质子交换膜燃料电池

现代燃料电池汽车上，主要装用燃料电池发电系统（俗称"燃料电池发动机"）提供电能，燃料电池发电系统以氢气为燃料，其主要系统部件包括空气压缩机、加湿器、氢气循环泵等，如图 5-8 所示。燃料电池根据使用电解质的种类不同，可分为质子交换膜燃料电池（PEMFC）、碱性燃料电池（AFC）、磷酸燃料电池（PAFC）、熔融碳酸盐燃料电池（MCFC）、固体氧化物燃料电池（SOFC）、直接甲醇燃料电池（DMFC）等，其中质子交换膜燃料电池目前得到最广泛应用。

一、质子交换膜燃料电池的基本性能

质子交换膜燃料电池 PEMFC（Proton Exchange Membrane Fuel Cell）又名固体高聚合物电解质燃料电池 SPEC，质子交换膜燃料电池的燃料有：压缩氢气、液化氢、储氢合金储存的氢气、羟甲醇改质产生的氢气、用汽油改质产生的氢气等。氧化物有：氧化剂和空气。工作温度一般在 80℃ 左右，当温度在 80℃ 左右时易于快速起动，电池能够在 -20℃ 时起动。

质子交换膜燃料电池的能量转换效率理论上可达到 70%~80%，现在各国研发的质子交换膜燃料电池实际能量转换效率已达到 50%~60%，质子交换膜燃料电池用可传导质子的聚合膜作为电解质，这种聚合膜具有选择透过氢离子的功能，是质子交换膜燃料电池的关键技术。

质子交换膜燃料电池比能量可达到 200（W·h）/kg 左右，燃料电池采用氢气作为燃料

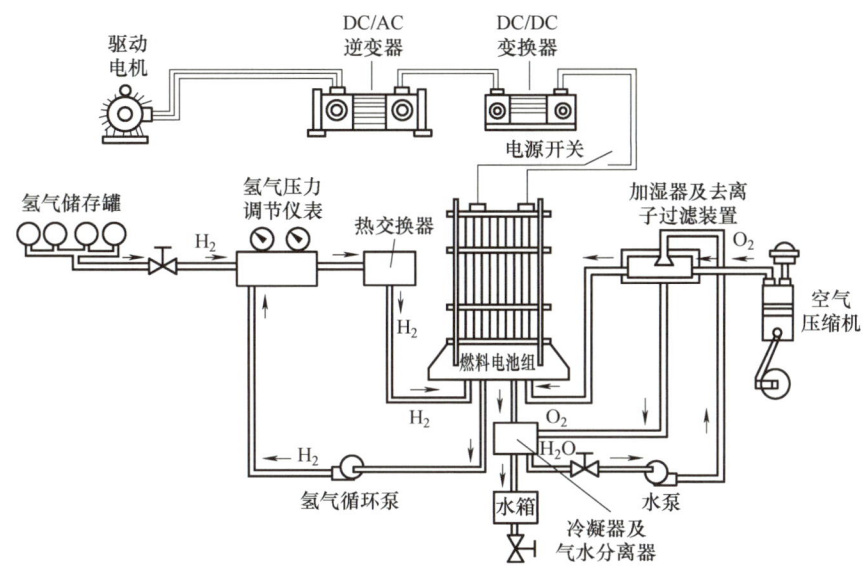

图 5-8 燃料电池发电系统结构组成示意图

电池燃料时，质量比功率不小于 150W/kg。采用甲醇改质的氢气作为燃料时，质量比功率不小于 100W/kg。当前研发的燃料电池汽车，对质子交换膜燃料组（堆）的电压要求达到 350～400V、功率达到 30～200kW。

质子交换膜燃料电池可以连续不断地工作，并适合部分负荷和满负荷输出特性的要求。可以得到发动机汽车相同的续驶里程、灵活性和机动性。这些优越的性能为其在燃料电池汽车上使用带来了很大便利，质子变换膜燃料电池是"电动汽车"较理想的一种车载发电电源。

质子交换膜燃料电池的基本单位为单体质子交换膜燃料电池，再由多个单体质子交换膜燃料电池组成质子交换膜燃料电池组（堆），在质子交换膜燃料电池组（堆）上装备压缩机、加湿器等部件的管理系统，共同组成燃料电池发动机（发电机）。

二、单体质子交换膜燃料电池

1. 单体质子交换膜电池的构造

单体质子交换膜燃料电池关键部件包括：阴极（氢燃料极）、阳极（氧化极）、质子交换膜和催化剂等。它们的结构形式和理化特性，是决定质子交换膜燃料电池性能的重要因素，单体质子交换膜燃料电池的构造如图 5-9 所示。

2. 单体质子交换膜燃料电池的工作原理

如图 5-10 所示，质子交换膜燃料电池的工作原理如下：

正极 $\quad H_2 \longrightarrow 2H^+ + 2e^- + （电能）$

负极 $\quad \frac{1}{2}O_2 + 2H^+ + 2e^- \longrightarrow H_2O + （热量）$

总的反应 $\quad H_2 + \frac{1}{2}O_2 \longrightarrow H_2O$

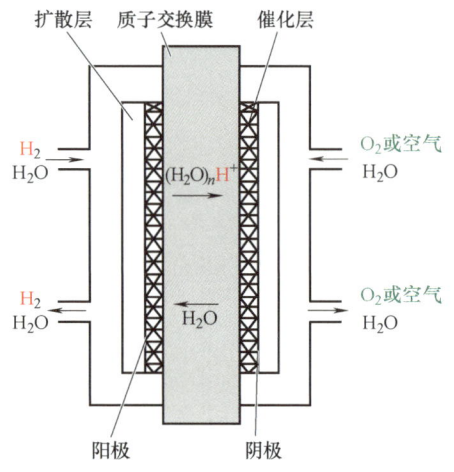
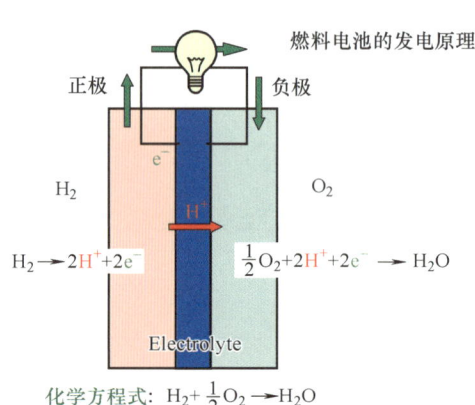

图 5-9 单体质子交换膜燃料电池的构造示意图　　图 5-10 单体质子交换膜燃料电池基本原理

质子交换膜燃料电池中氢离子 H^+ 从负极以"水合物"作为载体向正极移动。因此，在质子交换膜燃料电池的正负极间，必须保持有 400mmHg 压力的水气。在工作过程中要不断地补充水分，使得燃料气体流和氧化剂（空气等）气体流保持一定的"湿润"状态。在氢离子 H^+ 流过质子交换膜时，将水分附着在质子交换膜上，保持质子交换膜处于湿润状态，来防止质子交换膜脱水，质子交换膜脱水时会使得燃料电池的内阻大幅上升。

三、燃料电池组（堆）

1. 燃料电池组（堆）的构造

燃料电池组（堆）（Fuel Cell Stack）是用多个单体质子交换膜燃料电池串联组成，单体质子交换膜燃料电池的电压约 0.7~1V，串联成燃料电池组的总电压达到 250~500V，以保证燃料电池汽车驱动电机所需要的工作电压和电流（见图 5-11）。

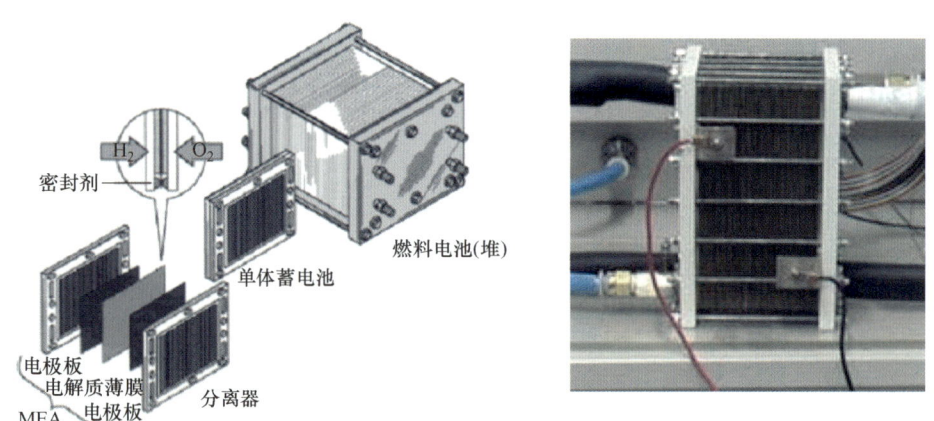

图 5-11 质子交换膜燃料电池组（堆）

2. 燃料电池组整体组装的要求

1）使反应气体均匀分布：氢气、氧化剂的流场设计，要求能够均匀通过每一个单元燃料电池中的流场表面,进入燃料电池组中反应气体受到的阻力要小,保证各个单元燃料电池的电压一致性。

2)控制每一个燃料电池单元之间反应气体相互隔离,不发生泄漏。

3)冷却液在流场表面流场流过时,要求冷却均匀,不会因温度不均匀使局部过热。

3. 燃料电池组的电路连接方式

多个单体燃料电池串联的燃料电池组中,每个单体燃料电池的负极板与相邻的单体燃料电池的正极板串联,电流在整个燃料电池组表面流过形成串联组合,然后由两端的单体电池的电极输出总的电压和电流。要求降低燃料电池组的内阻,并避免发生短路。

4. 燃料电池组的密封性

在模压成整体的质子交换膜燃料电池组中,各个单体电池之间的密封性要求很高,密封性不良的质子交换膜燃料电池会因为氢气泄漏,而降低氢气的利用率,并使质子交换膜燃料电池的效率降低。

课题三 典型燃料电池汽车车型实例

当前,以日本丰田、韩国现代为代表的汽车制造商已将氢燃料电池汽车推动到产业化的发展阶段,例如丰田 Mirai、现代 NEXO、本田 Clarity、奔驰 GLC F-CELL 等。以下通过对当前全球燃料电池乘用车领域主流车型以及国内各发展阶段的主要车型进行介绍,为读者提供一些借鉴和参考。

一、丰田 Mirai 燃料电池汽车

1. 丰田燃料电池汽车简介

丰田一直致力于燃料电池汽车的开发,于 1992 年开始研发燃料电池汽车,1996 年,研发了改装自 RAV 4 的氢燃料电池汽车 FCHV-1,采用了 10kW 的 PEMFC(质子交换膜燃料电池)和金属储氢装置,续驶里程为 250km。之后,又陆续推出 FCHV-2、FCHV-3 和 FCHV-4 等系列车型,但受制于昂贵的单价和基础设施不足,该阶段的燃料电池汽车没有量产和商品化。

2014 年 12 月 15 日,丰田汽车在日本发布全球首款量产氢燃料电池汽车 Mirai,Mirai 是世界上率先投入量产的燃料电池汽车。到 2019 年,丰田 Mirai 在全球的销量突破 1 万辆,2020 年 12 月 9 日,第二代 Mirai 正式上市,如图 5-12 所示。

图 5-12 第一、二代丰田 Mirai 燃料电池汽车外形图

2. 丰田 Mirai 燃料电池汽车的主要结构

第二代 Mirai 燃料电池堆由 330 节燃料电池单体串联组成，峰值功率为 128kW，体积功率密度达到 5.4kW/L。搭载的储氢罐数量从第一代的 2 个增至 3 个，搭载储氢容积总计 141L，氢气搭载量扩大约 20%，工作压力 70MPa，续驶里程达到 850km（WLTC 工况），支持 L2 级自动驾驶。

Mirai 车辆采用了燃料电池和动力蓄电池两种能量来源相结合的组合方式，如图 5-13 所示。丰田将这套系统称之为 TFCS（Toyota FC Stack），它是以燃料电池堆栈为主要核心组件的动力系统，燃料电池通过变换器与电路总线相连接，动力蓄电池与燃料电池堆之间经过逆变器转化后将电能输送给驱动电机，如图 5-14 所示。第一代 Mirai 燃料电池堆栈布置在前排座椅下方，而第二代 Mirai 燃料电池堆栈布置在前机舱，类似本田 Clarity Fuel Cell 的布置形式。

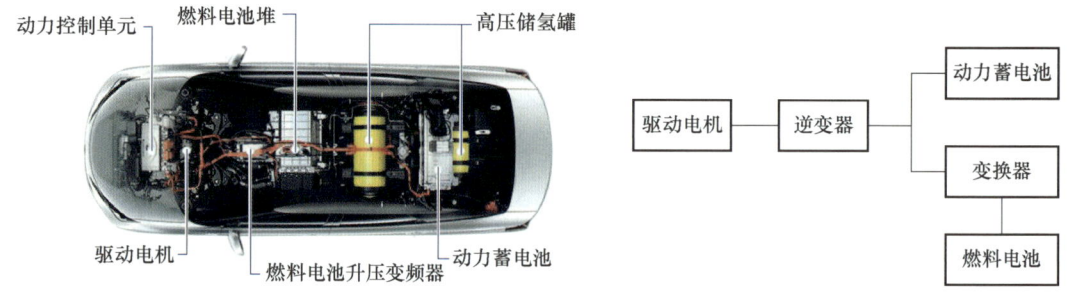

图 5-13　Mirai 动力系统结构组成及布置图　　　图 5-14　Mirai 动力系统构型

3. 丰田 Mirai 的工作过程

丰田 Mirai 车辆通过燃料电池总成输送电能给驱动电机，其驱动方式是通过氢气与氧气在燃料电池堆内发生反应，利用化学反应产生出的电能输送到驱动电机，驱动车辆行驶，同时化学反应产生的其他剩余电能可以存入储能动力蓄电池内。Mirai 车辆的动力系统能量流向路径如图 5-15 所示。

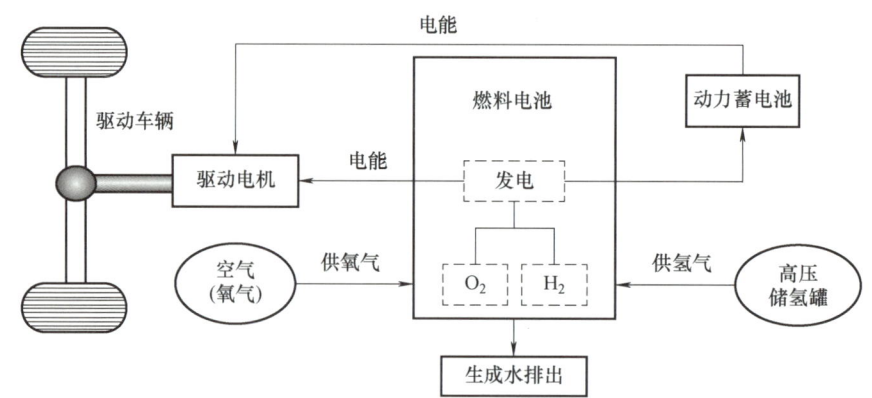

图 5-15　Mirai 车辆的动力系统能量流向路径

具体的步骤如下：

1）氧气从车辆前进气格栅进入燃料电池内，与氢气发生反应。

2）储氢罐中的氢气进入燃料电池内，与氧气发生反应。
3）氢气和氧气在燃料电池中发生化学反应生成水和电能。
4）生成的电能供给驱动电机使用。
5）驱动电机利用电能驱动车辆。
6）最后，燃料电池内反应产生的水排出车辆，整个过程实现了无污染零排放。

二、本田 Clarity Fuel Cell 燃料电池汽车

本田汽车公司在 1996 年开始燃料电池汽车的研究，经过几代 FCX 系列车型的研发，技术不断更新迭代，燃料电池汽车的性能和技术不断成熟。

本田首款量产版燃料电池汽车 Clarity Fuel Cell 于 2015 年推出，搭载了高效率燃料电池堆，其最大功率为 130kW，最大转矩为 300N·m。车身后方装有 70MPa 高压储氢罐，可储存 5kg 氢气，每次加满氢气只需 3min，加满后的续驶里程可达 750km（日本 JC08 工况）。

与丰田第一代 Mirai 相比，它们最大的区别在于动力系统的结构和布局。丰田第一代 Mirai 的燃料电池堆位于前排座椅下方，而本田 Clarity Fuel Cell 的燃料电池堆位于前机舱，集成化程度要更高一些，如图 5-16 所示。

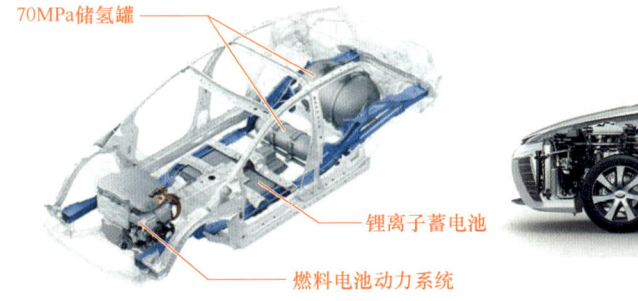

图 5-16　本田 Clarity Fuel Cell 动力系统结构布置示意图

本田最初推出的 FCX Clarity 车型在结构上与丰田第一代 Mirai 很接近。Clarity 是一个新能源平台，不仅有燃料电池车型，还有插电式混动车型和纯电动车型。为了兼容这三种不同的动力系统，Clarity Fuel Cell 燃料电池堆才被布置在前舱中，如图 5-17 所示。

三、现代 NEXO 燃料电池汽车

2013 年，现代汽车推出了首款量产氢燃料电池汽车 ix35 FCEV。2018 年，新一代氢燃料电池汽车 NEXO 问世，如图 5-18 所示。现代 NEXO 在前机舱内部配备最大功率为 95kW 的氢燃料反应堆，其储氢罐可储存 3.99kg 的液态氢，在 CLTC 工况下续驶里程达 596km，与传统燃油汽车满油续驶相当，注氢只需要 5min 便能加满。

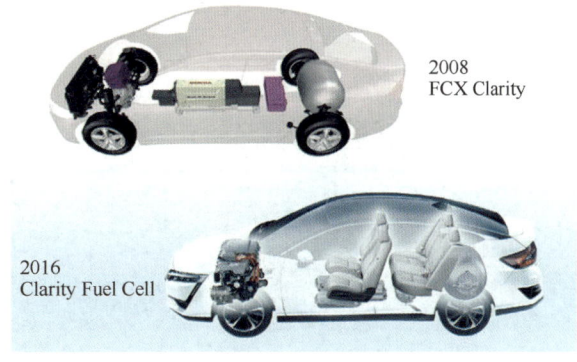

图 5-17　本田 Clarity Fuel Cell 与 FCX Clarity 动力系统结构布置比较

现代 NEXO 的电驱动系统采用集成化设计,驱动电机、逆变器、减速器全部集成在一起,且电驱动系统与燃料电池发电系统集成在一起,放置于汽车的前机舱,是整套系统最核心的部件,如图 5-19 所示。

图 5-18 现代 NEXO 外形

图 5-19 现代 NEXO 集成动力系统

现代 NEXO 搭载了三个 52L 的氢燃料罐,放置于车身后方,可以有效保障发生前方碰撞时驾驶人的安全。氢燃料电池罐采用了快速排气系统,可以保证在事故发生时快速、安全地排空氢气,避免发生爆炸危险。

现代 NEXO 燃料电池汽车采用动力蓄电池和燃料电池堆并联的混动架构,动力蓄电池放置于车身尾部。爬坡和加速时,燃料电池和动力蓄电池同时供电,通过逆变器向驱动电机提供动力输出;正常行驶时,燃料电池通过逆变器向驱动电机提供动力输出,多余的电能可给动力蓄电池充电;下坡和减速时,驱动电机通过逆变器向动力蓄电池回收能量。

四、奔驰 GLC F-CELL 燃料电池汽车

作为奔驰旗下第一款量产燃料电池汽车——奔驰 GLC F-CELL 燃料电池插电混动 SUV 车型在 2017 年法兰克福车展发布,如图 5-20 所示。

动力方面,奔驰 GLC F-CELL 搭载了氢燃料电池和锂离子蓄电池的插电式混动系统,如图 5-21 所示。由 400 片燃料电池单体组成的金属极电堆峰值功率达到 75kW,锂离子蓄电池组容量为 13.5kW·h。采用全球标准化的 70MPa 储氢瓶技术,两个碳纤维罐氢瓶分别位于底盘和后排座椅下方,储氢容量达到 4.4kg,此外,还配备了 7.4kW 车载充电机,可在 1.5h 内将锂离子蓄电池容量从 10% 充至 100%。

图 5-20 奔驰 GLC F-CELL 外形

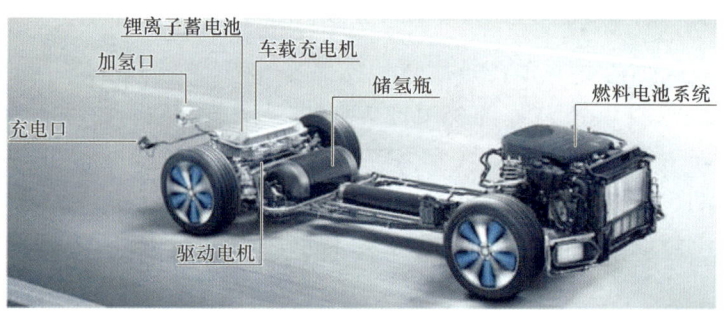
图 5-21 奔驰 GLC F-CELL 混动系统

与现代 NEXO、本田 Clarity 燃料电池汽车相同,奔驰 GLC F-CELL 同样将高度集成化的

燃料电池系统置于前机舱，燃料电池发动机主要包括75kW燃料电池堆、电动涡轮增压空压机、膜式加湿器、氢循环、升压转换器、空气滤清器、离子交换器、12V水泵和燃料电池控制单元等，如图5-22所示。

奔驰GLC F-CELL有混动模式、燃料电池（纯氢）模式、锂离子蓄电池（纯电）模式和充电模式4种运行模式。采用后轮驱动，位于后轴的异步电机最大功率达160kW，峰值转矩375N·m。NEDC循环工况续驶里程达到487km，其中纯电续驶里程50km，纯氢续驶里程437km。

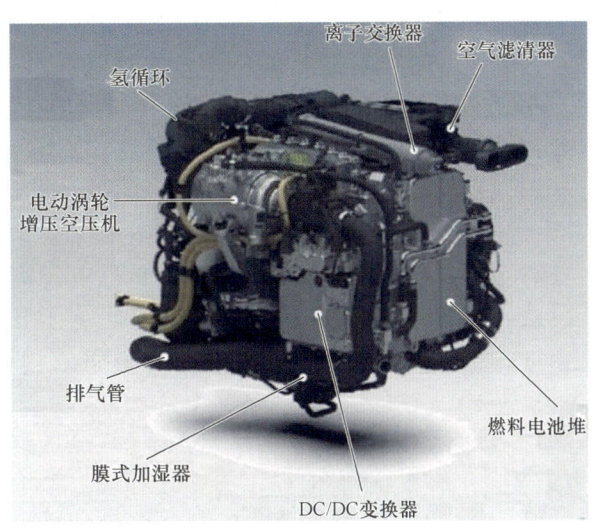

图5-22 奔驰GLC F-CELL燃料电池发动机

五、我国典型燃料电池汽车简介

在碳达峰、碳中和的背景下，氢能产业已成为我国布局能源战略的重要组成。以下介绍国内各个时期的典型燃料电池汽车，读者可了解我国燃料电池汽车的发展情况。

1. 超越号燃料电池汽车系列

2002—2006年上海同济大学、上海燃料电池汽车动力系统有限公司、上海神力科技有限公司、上海大众汽车有限公司等共同研发了具有我国自主知识产权的"超越一号""超越二号"和"超越三号"燃料电池轿车（见图5-23）。

 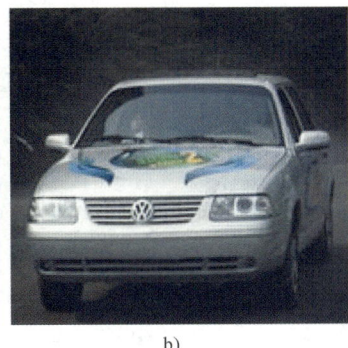 

a)   b)   c)

图5-23 我国自主研发的部分燃料电池轿车
a）超越一号 b）越超二号 c）超越三号

"超越三号"CEV轿车采用高压储气罐，储存35MPa的高压氢气，装配神力公司的50kW的质子交换膜燃料电池，电压为310~480V、电流为0~200A，能量转化效率大于50%。燃料电池的操作环境为：工作压力为常压，工作温度为68~80℃，相对湿度为0~95%，噪声为76dB，燃料电池发动机的外形尺寸为810mm×420mm×250mm，质量小于300kg。辅助蓄电池为锂离子蓄电池，其容量为15A·h，在车辆制动和下坡时，回收反馈的能量。驱动电机为永磁同步电机，功率为65kW。

"超越三号"具有零排放、高效率、低噪声等优点，动力系统采用模块化，对桑塔纳3000轿车进行嵌入式结构设计，适合在同类型产品车的柔性生产线同装配工艺和装配流程。

2. 我国第一辆燃料电池大客车

由北京清能华通科技发展有限公司、清华大学、中科院大连化学物理研究所燃料电池工程中心、株洲电力机车研究所、深圳雷天绿色电源有限公司、北京机电研究所等单位，共同研制了我国第一代燃料电池大客车，总质量为14200kg，如图5-24所示。

燃料电池大客车用压缩氢气为燃料，9个压缩氢气罐装置于客车顶棚上。

采用中科院大连化学物理研究所研发的质子交换膜燃料电池发动机，输出电压为220～320V，功率为50kW。辅助锂离子电池组的单体电压为

图5-24 我国自主研发的第一代燃料电池大客车

3.6V，容量为100A·h。三相交流驱动电机额定功率为100kW，最大功率为160kW。通过一个二档变速器驱动车辆行驶，电机和控制器的总效率在90%以上。

经过多年的技术研发，我国在燃料电池客车领域在全球技术及市场中具有一定的优势，目前国内具备燃料电池汽车生产资质的企业有宇通客车、北汽福田、上汽大通、申龙客车、金龙客车、东风汽车等众多车企。

我国自主品牌燃料电池客车在2008北京奥运会、2010上海世博会以及2022北京冬奥会等重大赛事中都提供了保障服务，彰显了我国自主品牌的力量和技术。目前，在我国燃料电池汽车政策支持的示范城市群中，也得到推广使用，进入百姓日常生活，如图5-25所示。

图5-25 日常运行的燃料电池城市公交车

3. 上汽大通FCV 80燃料电池汽车

图5-26所示为2017年上市的上汽大通FCV 80燃料电池汽车，采用上汽新一代氢燃料电池系统，配备以氢燃料电池系统为主、动力蓄电池（14.3kW·h）为辅的"插电式氢电混合动力系统"。在驱动电机需要大功率输出时，氢燃料电池和动力蓄电池（锂离子蓄电池）同时为驱动电机供电，保证FCV 80能够有良好的动力表现。其综合工况续驶里程达305km（纯氢260km、纯电45km），其前机舱内布置最大功率为100kW的一体化高功率密度燃料电池动力总成，包括电堆系统、冷却系统、空气和氢气供应系统、控制系统等。该车型是国内首款搭载了氢燃料电池的商业宽体轻型客车。

4. 长安深蓝SL03燃料电池汽车

2022年，我国首款量产氢燃料电池轿车长安深蓝SL03氢电版上市，如图5-27所示，其CLTC工况续驶里程可达730km。该车燃料电池系统采用了高性能电堆，精准匹配定制开

图 5-26　上汽大通 FCV 80 燃料电池汽车

发了各子系统零部件，搭配自主研发的全变量解耦高精度控制技术，使系统氢电转换效率大于 60%，馈电氢耗低至 0.65kg/100km 以下，还可实现 3min 超快补能，已达行业领先水平。氢燃料电池系统采用全服役周期电堆健康状态感知与性能强化控制技术，经过新一代高活性铂合金催化剂梯度涂覆，可达到 10000h 性能衰减低于 10%。

图 5-27　长安深蓝 SL03 燃料电池汽车及燃料电池堆

5. 上汽红岩氢燃料重卡

上汽红岩氢燃料重卡搭载 PROME P390 燃料电池系统，采用 35MPa 储氢系统，峰值功率达到 250kW，在极寒地区得到全面考验，其极端工况下的功率、热平衡、响应速率和低温起动等各项技术指标，目前均已达到国际一流水平，如图 5-28 所示。

图 5-28　上汽红岩氢燃料重卡

上汽红岩氢燃料重卡在整车满载的情况下最大续驶里程可超过 1000km，百公里氢耗仅为 7.5～14kg，并且仅需 15min 即可补满氢燃料。其长续驶、低氢耗、高出勤、零排放特性，不仅有利于环保，还可有效帮助广大客户降本增效。

阅读小资料　　氢燃料电池技术体系及发展现状

氢燃料电池与常见的锂离子蓄电池不同，系统更为复杂，主要由电堆和系统部件（空压机、增湿器、氢循环泵、氢瓶）组成。电堆是整个电池系统的核心，包括由膜电极、双极板构成的各电池单元以及集流板、端板、密封圈等。膜电极的关键材料是质子交换膜、催化剂、气体扩散层,这些部件及材料的耐久性决定了电堆的使用寿命和工况适应性。近年来,氢燃料电池技术研究集中在电堆、双极板、控制技术等方面,氢燃料电池技术体系及部分相关前沿研究如图5-29所示。

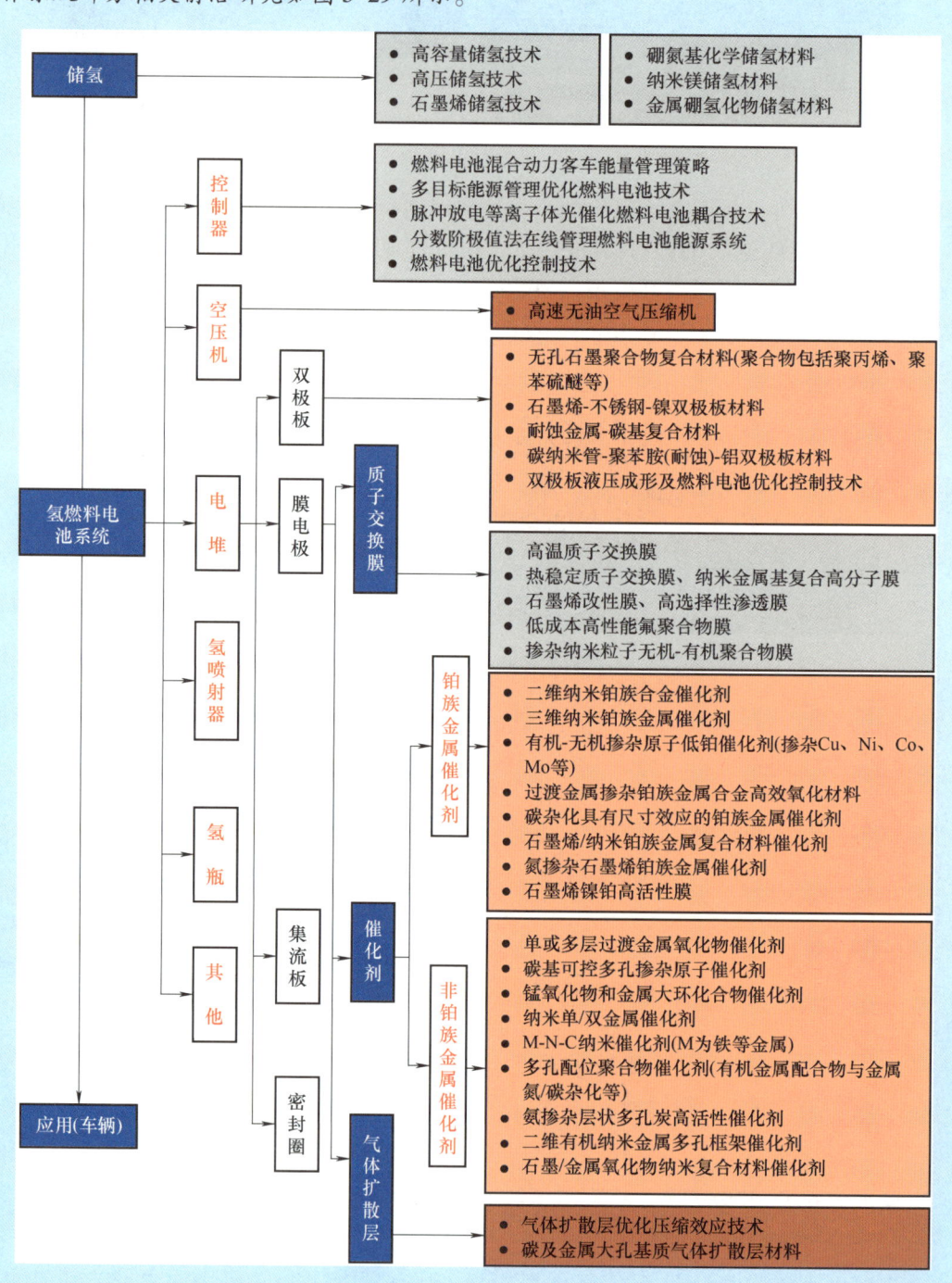

图5-29 氢燃料电池技术体系及部分相关前沿研究

 **课中实践**

查阅资料、结合实车，在老师现场安全指导下，完成本项任务。

任务名称		燃料电池汽车认识		
姓名		班级		学号
填写任务记录				
车型	驱动电机类型及主要参数			
	燃料电池堆主要参数			
	整车主要性能参数			
	是否有发动机		是□ 否□	
	是否有充电口		是□ 否□	
	是否有加油口		是□ 否□	
	是否有动力蓄电池		是□ 否□	
	辨认其主要部件并绘制结构关系连接图			
指导教师		成绩		

 课后思考

1. 简述燃料电池汽车的定义。
2. 简述氢燃料电池的基本原理。
3. 燃料电池汽车动力系统的基本组成有哪些，各有何作用？
4. 简述燃料电池汽车的关键技术。
5. 你认为我国燃料电池汽车的发展前景如何？

项目六

06 其他清洁能源汽车的认知

学习目标

通过本项目的学习，学生掌握气体燃料汽车的类型、组成、结构、原理和特点等，并对生物质燃料汽车、太阳能汽车和压缩空气动力汽车有基本的认知。

学习要求

知识要点	能力要求	相关知识
气体燃料汽车的组成及工作原理	了解气体燃料汽车的组成结构及工作原理	进气控制系统与点火控制系统
气体燃料供给系统的组成及工作原理	掌握气体燃料供给系统的组成结构及工作原理	储气瓶、燃气滤清器、减压器（稳压器）、热交换器、节温器、燃气喷射（计量）阀、电控调压器、混合器
天然气发动机进气控制系统的组成及工作原理	掌握天然气发动机进气控制系统的组成及工作原理	电子节气门、增压器、废气旁通控制阀、废气旁通阀、防喘振阀、加速踏板位置传感器
天然气发动机电子控制系统	了解天然气发动机电子控制系统	Econtrols CNG 电子控制系统，伍德沃德电子控制系统
生物质燃料汽车	了解乙醇和生物柴油在汽车上的应用，理解其工作模式	乙醇汽油的优缺点，生物柴油的特性和优点
压缩空气动力汽车和太阳能汽车	了解压缩空气动力汽车和太阳能汽车，理解其工作模式	太阳能汽车的构造，标致雪铁龙空气混合动力系统

课前引入

随着能源危机的加深和人们日益增强的环保意识，车用清洁代用燃料引起人们越来越多的关注，世界各国都在加紧研究开发新型的环保能源。我国是能源消费大国，随着经济的发展和社会的进步，矿物质能源可以缓解我国的柴油短缺局面并改善柴油机的排放，在现有的技术条件和经济条件下，寻找清洁的代用燃料是最有效的方法之一。

课题一　气体燃料汽车

　　气体燃料汽车又称为燃气汽车，主要分为液化石油气汽车和天然气汽车两种。燃气汽车的CO排放量比汽油车减少90%以上，碳氢化合物排放减少70%以上，氮氧化合物排放减少35%以上，是较为实用的低排放汽车。自1931年世界上第一辆压缩天然气汽车在意大利问世以来，至今已有90多年历史。截至2021年底，全球天然气汽车保有量已近3000万辆，但受外部发展环境变化的影响以及新能源汽车的发展，燃气汽车市场面临萎缩。

　　根据汽车使用可燃气体的形态不同可分为三种：压缩天然气CNG（Compressed Natural Gas），主要成分为甲烷；液化天然气LNG（Liquefied Natural Gas），主要成分是甲烷，经深度冷冻液化；液化石油气LPG（Liquefied Petroleum Gas），主要成分是丙烷和丁烷的混合物。燃气汽车的发动机在燃料供应系统、工作循环的参数、配气机构参数等方面，针对燃气的物化特性进行了专门设计，因此，燃料的热效率高，经济性好。

　　两用燃料燃气汽车——具有两套燃料供应系统（其一为CNG或LPG），燃气和燃油两种燃料之间可以进行切换的一类车辆，不能同时使用两种燃料。与单一燃料汽车相比，由于要兼顾两种燃料的物化特性，发动机结构参数几乎不做改动，一般是在用车的改装，因此燃烧效率低。

　　双燃料燃气汽车——燃用CNG或LPG与汽油（柴油）混合燃料的汽车。双燃料汽车保留汽油、柴油的供油系统，外加一套供气系统，技术较为成熟；专用气体燃料汽车可以充分发挥天然气理化性能特点，价格低，污染少，是最清洁的汽车。

　　燃气汽车具有以下突出优点：

　　1）燃气汽车是清洁燃料汽车。天然气汽车的排放污染大大低于以汽油为燃料的汽车，尾气中不含硫化物和铅，一氧化碳排放降低80%，碳氢化合物排放降低60%，氮氧化合物排放降低70%。CO_2排放减少20%~30%，噪声降低40%，尾气中不含硫化物、铅和苯。大大减轻了对环境的污染，故当之无愧地被称为"洁净能源"，因此，许多国家已将发展天然气汽车作为一种减轻大气污染的重要手段。

　　2）抗爆燃性好，辛烷值达103~110，远高于汽油，有利于增大燃气压缩比，提高发动机的动力性能。

　　3）天然气汽车经济性好。天然气的价格比汽油和柴油低得多，燃料费用一般节省50%左右，使营运成本大幅降低；燃料以气态进入气缸，燃烧较充分，热效率高，运行平稳、噪声低、积炭少，不需经常更换机油和火花塞，可使发动机的大修期延长30%~40%，使润滑油更换周期延长50%，降低了维护费用和运行成本

　　4）比汽油汽车更安全。与汽油相比，压缩天然气本身就是比较安全的燃料。这表现在：燃点高，天然气燃点在650℃以上，比汽油燃点（427℃）高出223℃，所以与汽油相比不易点燃；密度低，与空气的相对密度为0.48，泄漏气体很快在空气中散发，很难形成遇火燃烧的浓度；爆炸极限窄，仅5%~15%，在自然环境下，形成这一条件十分困难；释放过程是一个吸热过程，当压缩天然气从容器或管路中泄出时，泄孔周围会迅速形成一个低温区，使天然气燃烧困难。

　　另外，设计上考虑了严密的安全保障措施。对高压系统使用的零部件，安全系数均在

1.5~4以上，在减压调节器、储气瓶上安装有安全阀，控制系统中，安装有紧急断气装置；储气瓶出厂前要进行特殊检验。储气瓶经常规检验后，还需充气做火烧、爆炸、坠落、枪击等试验，合格后，方能出厂使用。

一、气体燃料汽车的组成及工作原理

天然气发动机结构包括燃气供给系统、进气控制系统、点火控制系统等，其他还包括传感器和电子控制模块。

（1）燃气供给系统　储存、输送清洁燃料，根据发动机不同工况的要求，配制一定数量和浓度的可燃混合气送入气缸，保证发动机的动力性、经济性和排放达标。

（2）进气控制系统　进气控制系统不仅要对空气进行过滤、计量，为了增大进气量而提高发动机的功率，还必须对进气实施各种电子控制。同时还设置了增压器，增压器提供一个和发动机负荷相应的可变的进气增压压力，而增压器的废气旁通阀可以通过释放涡轮处的排气压力来减小增压压力。

（3）点火控制系统　功能及原理和汽油机的点火控制系统相似，ECU通过各种传感器信号判定发动机的工况，并进行通电时间控制、点火提前角控制和爆燃控制。

高压的压缩天然气从储气瓶出来，经过天然气滤清器过滤后，经高压电磁阀进入高压减压器，高压电磁阀的开合由ECM控制，高压减压器的作用是将高压的压缩天然气（工作压力20~30MPa）经过减压加热将压力调整至0.7~0.9MPa。高压天然气在减压过程中由于减压膨胀，需要吸收大量的热量，为防止减压器结冰，从发动机将发动机冷却液引出到减压器对燃气进行加热。经减压后的天然气进入电控调压器，电控调压器的作用是根据发动机运行工况精确控制天然气喷射量。天然气与空气在混合器内充分混合，进入发动机气缸内，经火花塞点燃进行燃烧，火花塞的点火时刻由ECM控制，氧传感器即时监控燃烧后的尾气中的氧浓度，推算出空燃比，ECM根据氧传感器的反馈信号和控制MAP及时修正天然气喷射量。

天然气发动机电子控制系统可以精确地控制进入发动机气缸内的空气和天然气的混合比、燃烧过程，以达到优化发动机性能，改善汽车驾驶性能，并且更加严格地控制汽车所排出的废气对于空气的污染。

二、气体燃料供给系统的组成及工作原理

LNG发动机燃料供给系统由储气瓶、电磁阀、稳压器、燃气滤清器、热交换器、节温器、燃料计量阀和混合器等部件组成。图6-1所示为潍柴LNG发动机燃气供给系统示意图。

CNG发动机燃料供给系统由储气瓶、高（低）压电磁阀、减压器、燃气滤清器、热交换器、节温器、燃料计量阀和混合器等部件组成，其工作原理如图6-2所示。

燃料供给系统的作用：

压力管理：将储气瓶中的高压燃气转换为混合器前的低压燃气。

温度控制：极低温度的燃气将冻结管路和部件，燃料控制系统有效加热并控制燃气温度在合理范围内。

供气控制：燃料计量阀上装有压力和温度传感器，给ECU提供稀燃燃烧需要的燃气温度和压力信息，精确控制喷嘴喷射量。同时，高压燃气需要电磁阀控制燃气的开断。

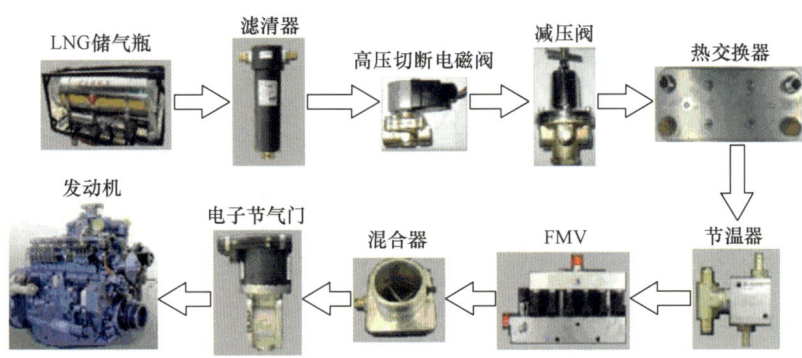

图 6-1 潍柴 LNG 发动机燃气供给系统

储气瓶是作为一种用以替代客车燃油箱盛装、储存、供给燃料（液化天然气）并且可以多次重复充装的低温绝热压力容器。

1. 储气瓶

CNG 储气瓶结构比较简单，主要采用无缝钢质气瓶，如图 6-3 所示。储气压力一般为 20MPa，容量有 40L、45L 和 50L 三种规格，可充入 $8m^3$、$9m^3$、$10m^3$ 压缩天然气。气瓶上装有安全阀，其内装有 100℃ 的易熔合金和 26MPa 的爆破片。当储气瓶内气体压力、温度超过上述数值时会自动放气。出厂前都要经过严格的安全检验，包括静水压力爆破试验、压力循环试验、耐火试验、坠落试验和枪击试验。

LNG 储气瓶主要结构是双层容器，内胆能够承受一定的压力用来储存和供给低温液态的液化天然气。在内胆外壁缠绕由玻璃纤维纸和光洁的铝箔组成的多层绝热材料，多层材料在高真空条件下具有热导率低、隔热性能高、重量轻的特点。

外壳主要用来与内胆形成夹层空间（两层容器之间的空间）和把内胆支撑起来。

夹层空间被抽成高真空，与多层绝热材料共同形成良好的绝热系统，用以延长液化天然气的储存时间。

外壳和内胆之间设置支撑系统将内胆外壳合理固定。支撑系统的设计能够承受车辆在行驶时所产生的加速、减速及运行时的振动。

储气瓶所有的外部管路、阀件都设置在气瓶的一端，并用保护环或保护罩进行防护。阀门系统的设置能够满足液化天然气的充装和供给，图 6-4 所示为 LNG 储气瓶外形。

内胆设置了两级安全阀（管路系统中），会在内胆超压时起到保护的作用。在超压情况下主安全阀（Svp）首先打开，其作用是泄放由于绝热层和支撑正常的漏热损失导致的压力上升或真空遭破坏后以及在失火条件下的加速漏热导致的压力上升。副安全阀（Svs）的压力设定比主安全阀高，在主安全阀失效或发生堵塞时，副安全阀起动。

在夹层超压条件下，外壳的保护是通过一个环形的真空塞来实现的。正常情况下，真空塞被大气压压紧在真空塞座内，使大气与夹层空间隔绝，保证夹层的真空度。由于低温液体或蒸气受热后体积变化比较大，即使少量的低温液体或蒸气泄漏进入夹层，也会导致夹层压力迅速升高。当夹层压力超过一定压力（0.15~0.20MPa）时，真空塞将会打开泄压。

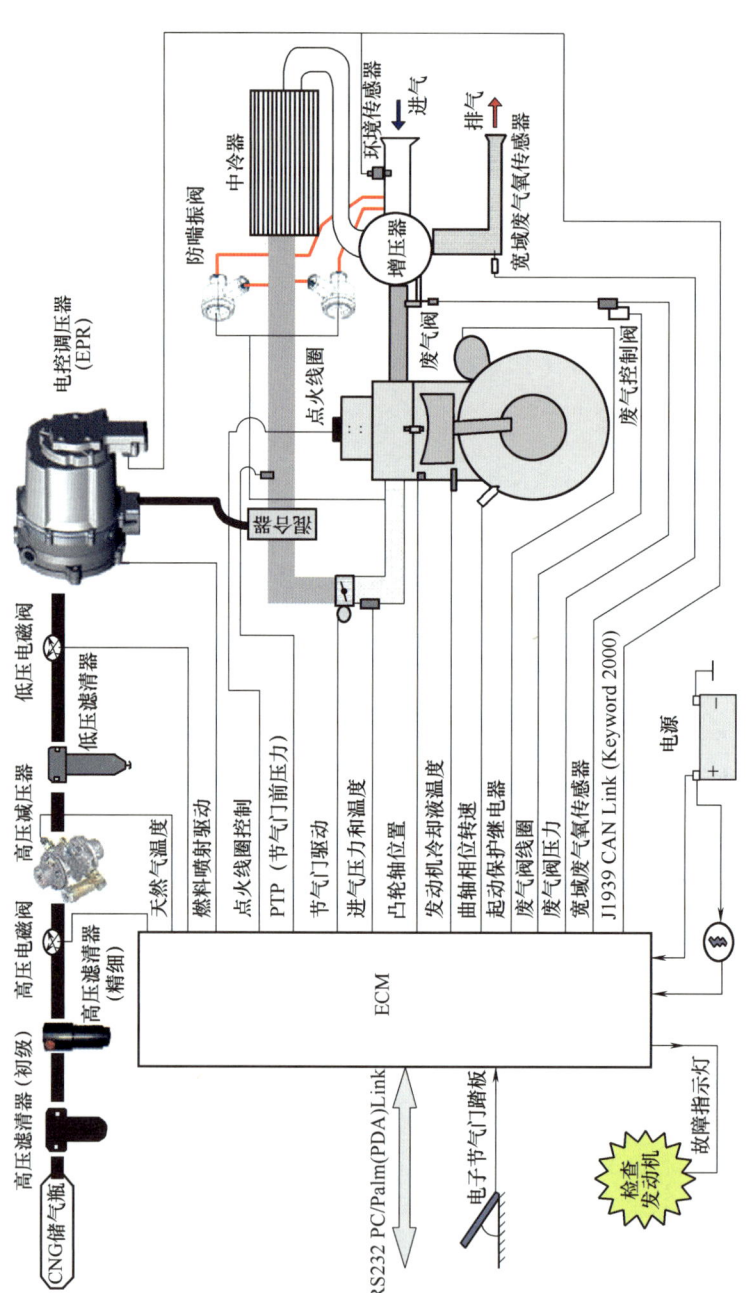

图6-2 CNG发动机工作原理图

图 6-3　CNG 储气瓶

图 6-4　LNG 储气瓶外形

储气瓶上设置了经济阀（Er），在使用过程中（长时间停驶除外）经济阀能够优先使用储气瓶内胆顶部由于自然蒸发被汽化而形成的天然气蒸气，从而降低储气瓶内部的压力，使得正在使用储气瓶的压力不会升至安全阀的开启压力，因而不用放空。

储气瓶上还设置了过流阀（Ef），当外部管路发生破裂，管路流量大于设定值时，过流阀自动关闭；当关闭过流阀前的液体使用阀后，过流阀自动回位。通过过流阀自动关闭，从而可以有效避免次生危险的发生。

除此之外，多数厂家的储气瓶还设置了自增压系统。自增压系统包括：增压截止阀（Pv）、升压调节阀（PBr）、自增压盘管（Pr）及相应的管路。该系统能够保证且稳定地提供储气瓶的正常供液压力和流量的要求，仅仅通过与空气进行热交换，而不需额外的能源。稳定的压力是通过调节升压调节阀来控制的，当储气瓶顶部的压力低于升压调节阀设定的压力（也就是系统需要的压力）时，液化天然气通过增压截止阀和升压调节阀后进入自增压盘管与空气进行热交换，液体变成蒸气回到气瓶的顶部。由于液化天然气的液气比较大，因此使得压力升高。当压力等于升压调节阀的压力后，升压调节阀自动关闭，气瓶压力不再继续升高。

图 6-5 所示为陕汽德龙重卡储气瓶所配备的

图 6-5　陕汽德龙重卡储气瓶所配备的各种阀

各种阀。

2. 燃气滤清器

燃气滤清器分为高压滤清器和低压滤清器，能过滤掉燃气中 0.3~0.6μm 以上的杂质，确保进入气缸等元件的燃气清洁。

安装滤清器时注意放水口朝下，进出气口不能装反。每隔 3000~5000km 放一次水，并且定期更换滤芯，图 6-6 为潍柴天然气发动机的燃气滤清器。

3. 减压器（稳压器）

减压器（稳压器）的工作原理为通过压力膜片克服弹簧阻力，带动杠杆，调整节流孔的流通面积，从而控制减压后的天然气压力。其作用是通过节流和加热，使储气瓶中高压的压缩天然气减压至 0.7~0.9MPa 的低压天然气。图 6-7 所示为潍柴天然气发动机减压阀。

图 6-6　潍柴天然气发动机的燃气滤清器

图 6-7　潍柴天然气发动机减压阀

安装减压器（稳压器），进出气口不能装反。应定期检查阀芯、膜片及密封件。

4. 热交换器

天然气由液态变为气态导致燃气温度大幅降低，通过发动机的冷却液给天然气进一步加热，可防止进入燃料计量阀前的燃气结晶，以免影响燃料计量阀的性能。换热器多采用交叉流结构以避免因燃气过冷和冷却液过热时导致的热冲击，应安装在靠近发动机进气管和振动较小的位置，但不应直接安装在发动机上。安装位置不能高于发动机散热器顶部，否则会导致加热水不能流经减压器，导致减压器结冰冻裂。

新一代的热交换器大多和减压阀等做成一个元件，图 6-8 所示为玉柴天然气发动机带有加热装置的减压阀，其上面有发动机冷却液的进出接口和天然气温度传感器。图 6-9 所示为潍柴天然气发动机的减压器。减压器有一个压力反馈管（平衡管、压力补偿管）与进气管连接，目的是为了根据工况控制调压器出口压力。

5. 节温器

节温器也叫作调温器，其作用是保持出口燃气温度在 0~40℃，因为当燃气出口温度高于 60℃ 时，燃气会变得稀薄，会导致燃气流量减少。一般情况下，燃气温度超过 40℃，

图 6-8 玉柴天然气发动机带有加热装置的减压阀

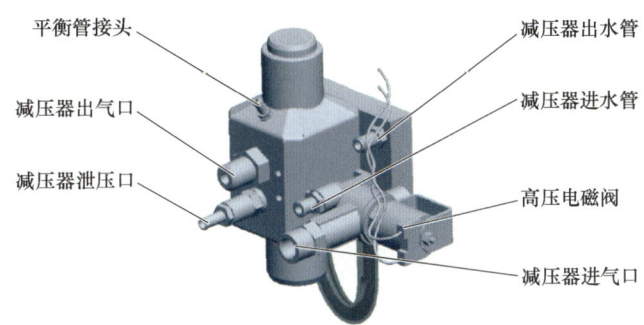

图 6-9 潍柴天然气发动机的减压器

30s 内节温器关闭；燃气温度低于 10℃，30s 内节温器开启，冷却液进入热交换器内，燃气又得到加热。

节温器的开启与关闭受燃气温度控制，冷却液的进口与出口不能接反，进口处有"IN"标记，出口处有"OUT"标记。图 6-10 所示为潍柴 LNG 发动机的节温器。

6. 燃气喷射（计量）阀（FMV）

电控单元根据发动机运行工况调整燃气计量阀喷嘴电磁阀的占空比，控制燃气喷射量，保证发动机在设定的空燃比下运行。图 6-11 所示为上柴 LNG 发动机的燃气计量阀，上面集成了低压截止阀、燃气压力传感器（NGP）和燃气温度传感器（NGT）。喷射阀的数量根据发动机型号配置 6~12 个。经热交换器和节温器后被加热到合适的温度范围，进入燃气喷射阀。依次流经阀体上的燃气压力传感器及燃气温度传感器，然后经过喷嘴进行流量控制，最后从出口流出。

7. 电控调压器（EPR 阀）

电控调压器是一个连续流量燃气供给装置，由一个内置微处理器控制的大功率快速执行器驱动，将经过一级减压后的天然气压力降到系统所需压力，并可在一定范围内精确控制燃气出口压力，使发动机在目标空燃比下运行。另外，在一级减压器和电控调压器之间装有低压燃气切断阀，必要时 ECU 可通过该阀切断燃料的供给。图 6-12 所示为电控调压器外形图。

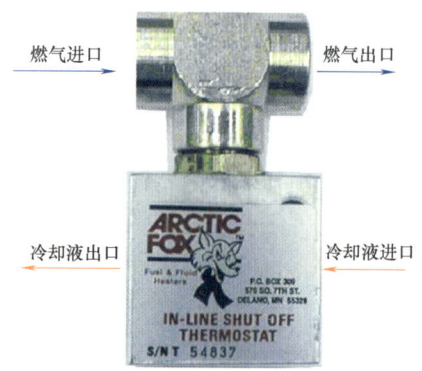
图 6-10　潍柴 LNG 发动机节温器

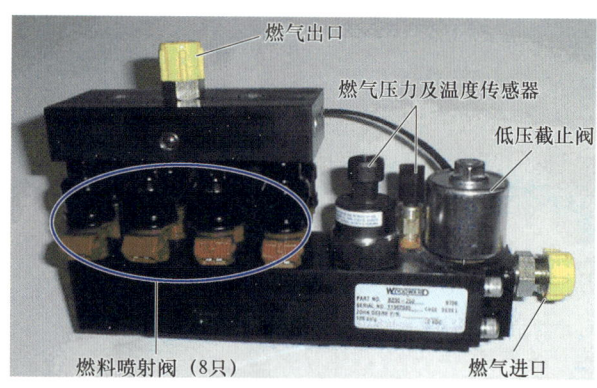
图 6-11　上柴 LNG 发动机的燃气计量阀

一方面，电控调压器内部的电控单元通过内置的压差传感器，测量进入混合器的空气与燃气的压力差，并将其传给 ECU；另一方面，电控调压器接收 ECU 发出的压差指令，执行器通过驱动调压器的膜片调节进入混合器的燃气压力，从而使实际压差与指令压差相符，实现燃气供给的闭环控制。在电控调压器内还配有干式燃气温度传感器，用于压差指令的温度修正，以提高控制精度，可以保证各缸混合气浓度的均匀性，有利于发动机采用稀薄燃烧方式。

8. 混合器

混合器采用喉管和十字叉结构，天然气从小孔中进入混合器，如图 6-13 所示。将天然气和中冷后的空气充分混合，使燃烧更充分、更柔和，有效降低 NO_x 排放和排气温度。

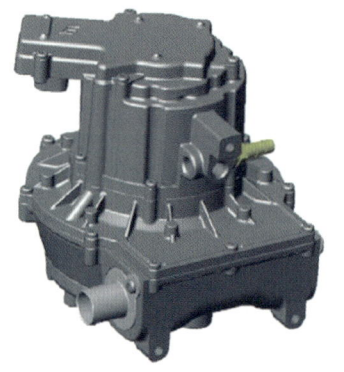
图 6-12　电控调压器外形图

图 6-13　混合器

三、天然气发动机进气控制系统的组成及工作原理

为了使发动机和增压器更合理地匹配，在较宽的转速范围内改善发动机的性能，新一代的天然气发动机在进气系统中采用了电控可调增压装置，实现对进气压力的闭环控制。天然气发动机进气控制系统主要由气流控制系统和气流计量系统组成，气流控制系统包括电子节气门、增压器、废气旁通控制阀、废气旁通阀、防喘振阀和加速踏板位置传感器，如图 6-14 所示。

1. 电子节气门

电子节气门是最重要的进气流量控制装置，ECU 不断测量节气门位置传感器的反馈信

其他清洁能源汽车的认知　项目六

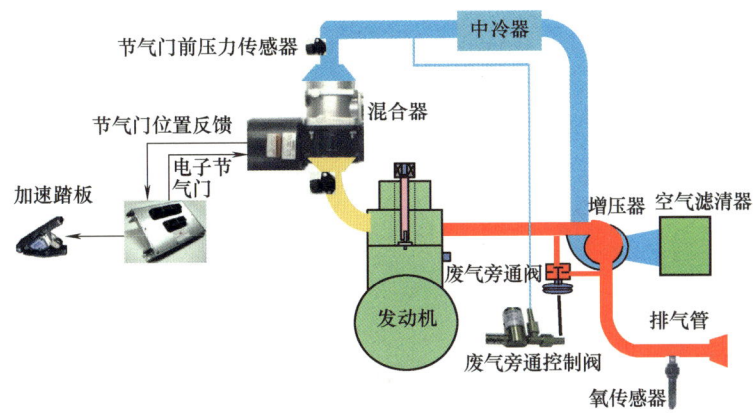

图 6-14　进气控制系统组成

号，通过 PWM 信号控制节气门，从而直接控制发动机动力输出。

电子节气门一般采用多个位置反馈传感器（通常用双向纠错电位计或霍尔传感器）来进行调速，以增加安全性和冗余检查。其内部电路图如图 6-15 所示。

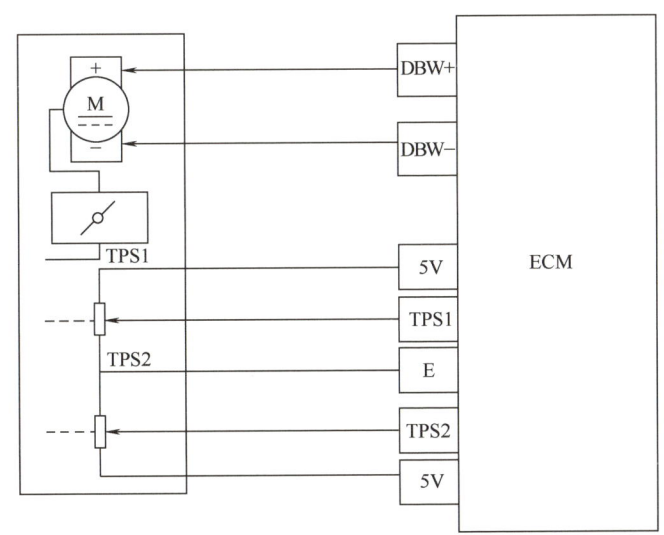

图 6-15　电子节气门内部电路图

根据 ECU 的指令，电子节气门有三种工作状态：

1）当发动机速度低于怠速目标值时，ECU 进行怠速控制，即控制节气门开度位置，保持发动机速度在怠速目标值附近。

2）当发动机速度超过最大额定转速时，ECU 限制节气门开度位置，即速度越高节气门开度位置越小。

3）当发动机速度在怠速和最大额定转速之间时，节气门开度位置直接由脚踏板控制，即节气门开度位置随脚踏板位置同步变化。

每 1 万 km（视当地气体清洁度而定），检查节气门内部是否有明显的油污，若有，则

143

需用节气门清洗剂清洗节气门蝶阀部分,清洗后用干压缩空气吹干。清洗后,用手按压蝶阀,检查蝶阀运动有无卡滞、是否回位,若出现卡滞,则需要更换电控节气门总成。

2. 废气旁通控制阀

ECU 根据各种传感器传来的数据,控制着电子节气门和废气旁通阀,通过控制废气旁通控制阀的占空比,控制着涡轮增压器废气旁通控制膜片上的压力,也就控制了废气经过旁通阀的流量,从而控制发动机的增压压力,如图 6-16 所示。采用该技术能有效提升发动机的低速转矩。

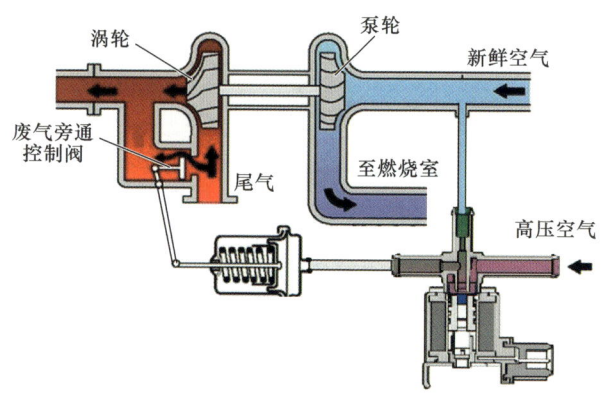

图 6-16　废气旁通控制阀工作原理

3. 防喘振阀

当发动机突然减速时,由于节气门关闭,增压器出口至节气门间的压力会迅速升高,导致增压器剧烈振动,这种现象叫喘振。为了避免这种现象发生,在增压器出口和入口之间并联一个防喘振阀,如图 6-17 所示。防喘振阀共有三个接口,两个直径大的接口分别连接增压器入口和增压器出口,较细的通气软管和进气歧管压力相通。当节气门突然关闭时,通气软管将节气门后的低压压力传递到防喘振阀压

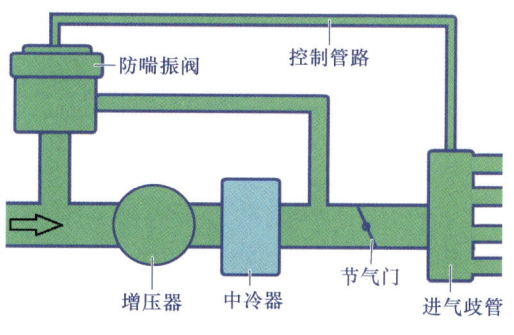

图 6-17　防喘振阀工作原理

力反馈接头上,打开喘振阀单向截止膜片,使增压器压气机前后压力平衡,避免增压器喘振,保护增压器。

4. 节气门前压力传感器

节气门前压力传感器是一种压力-电压转换器,安装在涡轮增压器与混合器之间的进气管路上,它用来测量节气门之前的增压空气压力。压力值和其他的传感器信号一起确定节气门的气流速率同时被用于增压压力控制。

5. 节气门后进气压力温度传感器

节气门后进气压力温度传感器安装在电子节气门下游的进气管上,尽可能让传感器温度、压力探头置于混合气气流中。通过测量中冷器后的压力、温度,结合发动机转速、排量、充气效率,利用速度密度法即可计算出混合气流量。

6. 进气压力/温度传感器

进气压力传感器用来测量进入发动机气缸前的进气歧管内的压力，利用测量的压力结合其他的测量值用来确定发动机的空气流量，从而确定燃料流量。进气温度传感器是一个热敏电阻，安装在发动机进气管上，它通过监测进入和排出的空气温度，与其他传感器相结合来确定进入和排出发动机的空气流量。

7. 宽域氧传感器

由于天然气发动机大多采用了稀薄燃烧技术，其尾气中氧离子的浓度较高，一般的开关型氧传感器无法准确测量氧离子的浓度。宽域氧传感器能够连续地检测出尾气中的氧含量，可用于稀薄燃烧技术中，以确定进口处的空燃比。宽域氧传感器比标准的开关式氧传感器要复杂得多。

宽域氧传感器是以普通的加热、开关式二氧化锆氧传感器为基础扩展而成，其结构主要包括氧浓度差电池、泵电池、扩散室、参考室和加热器等，如图6-18所示。废气通过扩散孔进入扩散室（称"取样废气"），若扩散室中取样废气的氧浓度和参考室中空气的氧浓度不同，氧浓差电池的两电极（电极C、D）间会产生氧浓度差电池电压（即Nernst电压）。二氧化锆型氧传感器有一特性，即当氧离子移动时会产生电动势，反之，若将电动势加在二氧化锆组件上，会造成氧离子的移动。根据此原理，通过宽域氧传感器的控制器（内置于ECU中）改变泵电压的大小和方向可改变宽域氧传感器中氧离子的扩散方向和速率（泵入或泵出扩散室），使氧浓度差电池输出电压维持在0.45V。

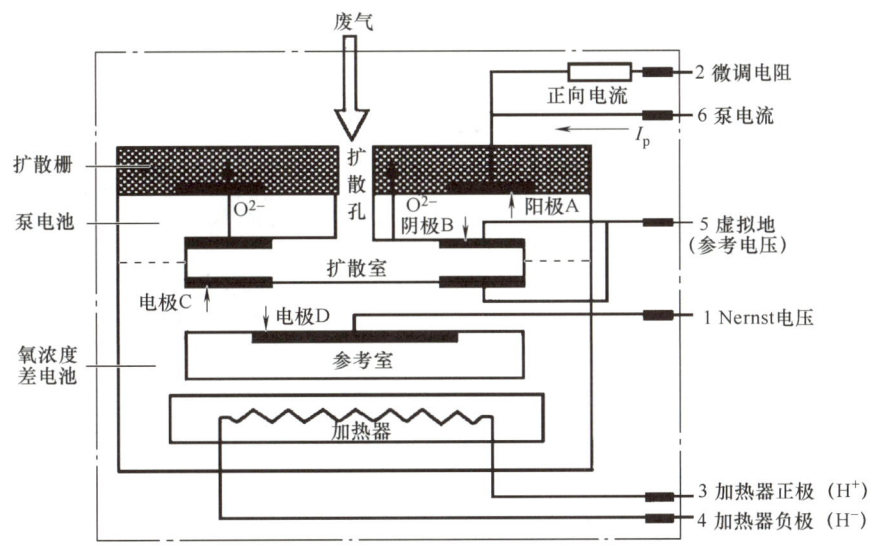

图6-18　宽域氧传感器结构示意图

8. 大气环境传感器

（1）**作用**　通过测量进气压力、温度、湿度，并根据所测得的湿度、压力来修正实际控制空燃比和天然气供给量，使发动机运行在最佳状态。

（2）**安装要求**　该传感器要求安装在空气滤清器和增压器之间的空气管路上，为保证环境传感器测量值正确，安装时必须保证传感器底面4个湿度测量小孔不被挡住，并且该传感器温度、压力探头必须置于气流中以测量正确值。

大气环境传感器是汽车电控发动机的一个气体传感器部件,它通过测量进入发动机气缸气体的进气压力、温度和湿度将信号传输给ECU,通过ECU综合其他传感器数据来对空燃比值进行修正。大气环境传感器一般安装在空气滤清器和空气增压器之间的管路上。若发动机曲轴箱通风口引至增压器前的空气管路上,环境传感器必须安装在曲轴箱通风口上游,以免污染传感器探头。

四、天然气发动机电子控制系统

国内使用的电控天然气控制系统,目前主要有两大供应商,一个是美国Econtrols,另一个是美国伍德沃德。重汽、玉柴主要装备Econtrols系统,潍柴主要装备伍德沃德系统。

图6-19所示为美国Econtrols CNG电子控制系统的组成,图6-20所示为伍德沃德LNG电子控制系统的组成。

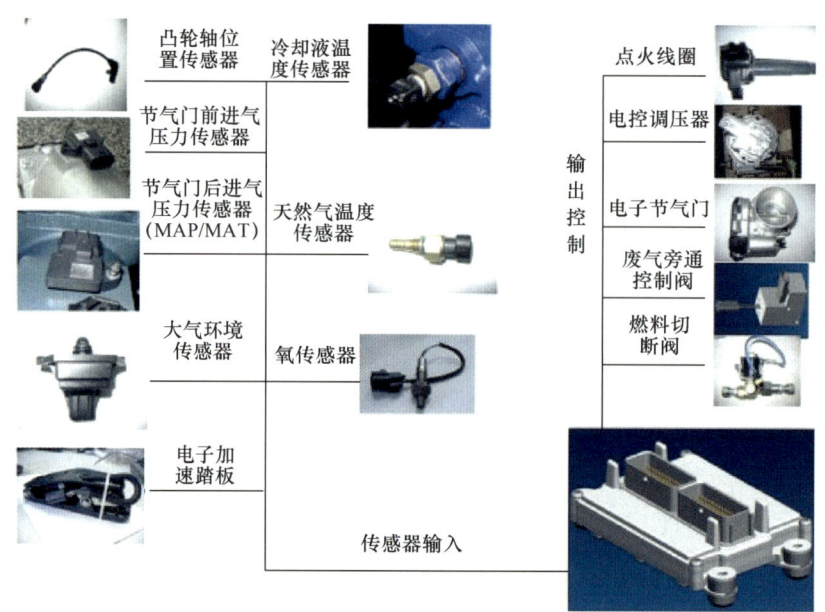

图6-19 美国Econtrols CNG电子控制系统的组成

五、典型气体燃料汽车

1. 大众途安 TSI EcoFuel 压缩天然气汽车

大众途安 TSI EcoFuel(见图6-21)以天然气作为主要燃料,在进气歧管内装备了天然气喷射装置,并由一根共同的高压轨道提供燃料。动力系统主要为天然气模式设计。而在紧急状况下,发动机管理系统可自动将燃料供给切换到汽油模式。经过改进的发动机控制单元可完美地处理任一种操作模式。由于采用天然气做燃料,途安 TSI EcoFuel 的一氧化碳、碳氢及氮氧化合物排放较原型汽油机车型分别降低了80%、73%与80%,温室气体CO_2排放量也降低了23%,消耗天然气4.8kg/100km,燃料成本大大低于汽油。如果只使用天然气做燃料,途安 TSI EcoFuel 能持续行驶约370km,加上11L汽油容量,最多可跑520km。为提

其他清洁能源汽车的认知 项目六

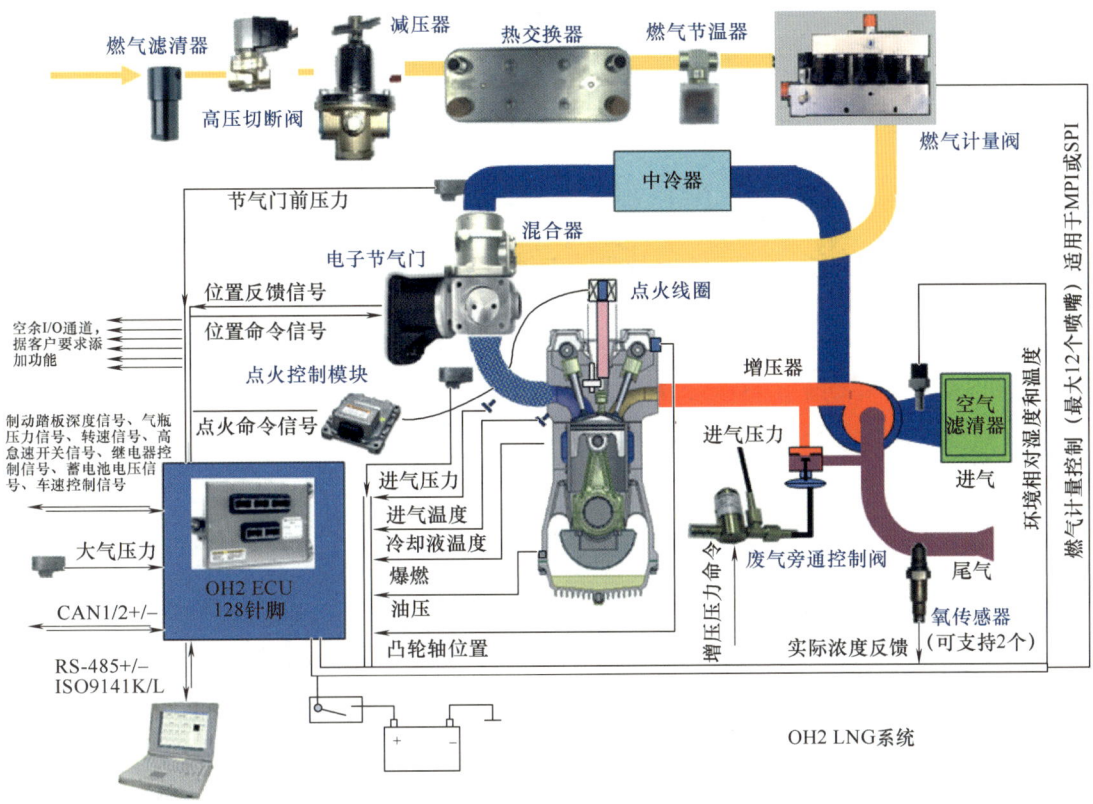

图 6-20　伍德沃德 LNG 电子控制系统的组成

图 6-21　大众途安 TSI EcoFuel 透视图

高途安 TSI EcoFuel 车型的安全性，大众汽车进行了深入而周全的设计：如电磁阀在发动机熄火、汽油模式及车辆发生碰撞时，能自动切断天然气的供应；储气瓶的热安全阀与流量控制阀设计，避免了管线中不可控制的压力下降；而储气瓶中配置的压力阀，可以避免加气时储气瓶中天然气向外倒流等。因此，在安全性上，途安 TSI EcoFuel 与普通汽油或柴油车型并无差异。

2. 上汽红岩杰狮 C6 LNG 商用车

上汽红岩汽车有限公司（简称上汽红岩）作为清洁能源商用车辆领域的领先者，在不断深研市场的过程中，依托国际国内的先进技术，潜心开发天然气的国六产品。2019 年，在国内各重要地区宣布提前执行国六排放标准后，上汽红岩携带红岩杰狮国六系列车型迅速进入市场，推出了红岩杰狮 C6 LNG 系列产品，如图 6-22 所示，在驾驶室后方设有一个 1000L 的 LNG 储气瓶，净重 487kg，最大充装量 326kg。搭载的上汽动力 E 系列天然气发动机拥有强劲动力的同时，也具备更好的经济性，该系列发动机是上汽动力针对天然气燃料特点全新设计开发而成。红岩杰狮 C6 LNG 牵引车配备了驾驶室后移技术、缸内制动技术、先进辅助驾驶系统、疲劳驾驶预警技术等丰富的主、被动安全系统。

图 6-22　红岩杰狮 C6 LNG 牵引车

课题二　生物质燃料汽车

生物质能源是以生物质为载体的能源，即通过植物光合作用把太阳能以化学能形式在生物质中存储的一种能量形式。碳水化合物是光能储藏库，生物质是光能循环转化的载体，生物质能是唯一可再生的碳源，它可以被转化成许多固态、液态和气态燃料或其他形式的能源，称为生物质能源。生物质能源是一种可再生能源，其消耗量居第 4 位，排在石油、煤炭和天然气之后。

当前最受人们关注的生物质燃料主要是乙醇和生物柴油。

乙醇是一种无色澄清液体、易流动、易燃烧的含氧生物燃料，可以从粮食及植物中提取，是一种可再生的生物能源。乙醇又是一种清洁燃料，汽车掺烧乙醇可以大幅降低一氧化碳及微粒的排放。

生物柴油是由各种油脂通过酯化反应制得，生物柴油的原料很多，大豆和油菜籽等油料作物，油棕和黄连木等油料林木，果实、工程微藻等油料水生植物以及动物油脂、废餐饮油等都可作为制取生物柴油的原料。它既可以单独作为发动机的燃料，又可作为一种燃料添加剂使用。发动机燃用含有生物柴油的燃料时，可以大幅度降低污染物的排放。

因此开发乙醇燃料、生物柴油等替代燃料，对缓解石油短缺和汽车对大气环境的污染，实现可持续发展战略具有重大意义。

一、乙醇在汽车上的应用

乙醇俗称酒精，它以玉米、小麦、薯类、糖或植物等为原料，经发酵、蒸馏而制成。将乙醇进一步脱水再经过不同形式的变性处理后成为燃料乙醇。燃料乙醇也就是用粮食或植物生产的可加入汽油中的品质改善剂。它不是一般的酒精，而是酒精的深加工产品。

燃料乙醇一般不会直接用来当汽车燃料，而是按一定的比例与汽油混合在一起使用，这有利于增加燃料的辛烷值。按照我国的国家标准，乙醇汽油是用90%的普通汽油与10%的燃料乙醇调和而成。它可以有效改善油品的性能和质量，降低一氧化碳、碳氢化合物等主要污染物的排放。它不会影响汽车的行驶性能，还能减少有害气体的排放量。燃料乙醇作为一种新型清洁燃料，是目前世界上可再生能源的发展重点。国内从2003年起陆续在黑龙江、吉林、辽宁、河南、安徽等省以及河北、山东、江苏、湖北等省的27个城市全面停用普通无铅汽油，改用添加10%燃料乙醇的E10燃料。当在汽油中掺兑少于10%时，对车用汽车发动机无须进行大的改动，即可直接使用乙醇汽油。

E85乙醇汽油是按85%的燃料乙醇和15%的汽油混合的新型生物燃料。E85拥有与传统汽油相同的性能和价格，但是有害物质排放却远远低于普通汽油，因此在发达国家得以迅速的推行。

1. 通用汽车燃料乙醇概况

通用汽车在乙醇以及燃料乙醇汽车技术研发领域中，一直走在业界的前列。通用汽车公司20多年前就已经致力于燃料乙醇技术的研发，并通过和众多燃料乙醇生产商的合作，开发可以使用燃料乙醇的汽车产品。另外，通用汽车公司也是第一个在美国大规模应用E10燃料的汽车制造商。现在，通用汽车公司是最大的E85灵活燃料汽车制造商，目前全球在使用中的E85燃料乙醇汽车已超过了300万辆。在巴西，通用汽车公司售出的90%以上的汽车可以使用100%的燃料乙醇，此类车型的保有量达到了100万辆。在2008年北美车展上，通用汽车公司大打"E85牌"，推出了多款E85燃料乙醇车；同时，作为推动车用能源多样化的战略手段，正式宣布与美国Coskata能源公司携手，在燃料乙醇技术领域内开展合作。

美国Coskata能源公司2006年由一位风险投资家及化工技术人员创立，与其他生产燃料乙醇工厂不同的是，Coskata可以利用包括废旧轮胎、城市垃圾及农作物废弃物等在内的各种有机碳原料来生产燃料乙醇。一直以来，燃料乙醇备受争议，因为有人批评大规模使用乙醇作为燃料，会导致粮食价格上涨，此外，传统的制造乙醇过程中会消耗很多能源。而Coskata公司的创新技术，先是应用常规的汽化技术将垃圾等废弃物原料转变为合成气，随后把制成的合成气送入生物反应器中与微生物反应生成乙醇，最后再采用膜技术将乙醇和水分离开。这种方式不仅减少了对传统农作物的依赖，并且在生产制作过程中消耗的能量和对环境造成的污染也大大地降低了。图6-23所示为Coskata获得燃料乙醇的方法。

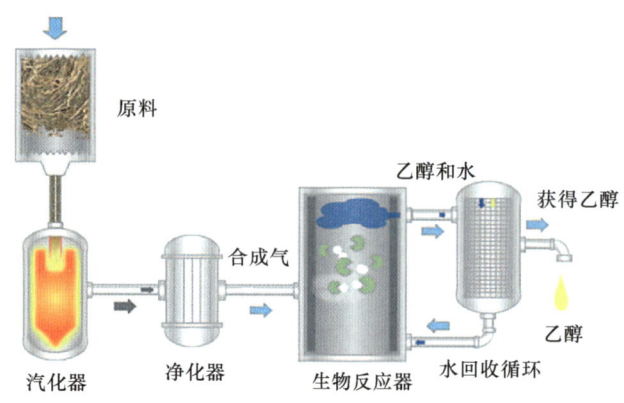

图 6-23　Coskata 获得燃料乙醇的方法

2. 福特汽车燃料乙醇概况

福特汽车公司在燃料乙醇的运用方面，也一直走在前列。从 1996 年以来，福特汽车公司已经生产了 200 多万辆以 E85 和汽油任意混合比燃料的灵活燃料汽车。作为混合动力技术和燃料乙醇技术的领先者，福特汽车公司第一个想到把它们结合到一起。在 2006 年的华盛顿车展上，福特汽车公司推出了 E85 Escape 混合动力汽车，它是世界上第一款使用燃料乙醇的混合动力汽车。E85 Escape 混合动力汽车比燃烧汽油的 Escape 混合动力汽车的温室气体排放量少 25%，同时能降低对石油的依赖。福特汽车公司推出 E85 Escape 混合动力汽车并非用来展示，而是即刻投入到实际运行当中，一共生产了 20 辆，供美国六个州的政府车队使用，而前三辆车分别交付美国能源部门、可再生燃料协会和乙醇联合会理事会使用。

福特汽车公司也是欧洲燃料乙醇汽车的最主要制造商之一，早在 2001 年，它们就正式生产了第一辆低 CO_2 排放的燃料乙醇车。2005 年，新一代福克斯推出以后，福特就与欧洲的乙醇企业以及瑞典政府合作开发了福克斯的燃料乙醇车型。采用燃料乙醇 E85 的福克斯，在价格上与普通汽油车基本持平，而且由于环保性能高、燃油经济性好，政府还有额外的税收优惠政策，因此这款车型具有很强的竞争力。福克斯的 1.8L 发动机，经过一些改良后即可很好的支持 E85 燃料：首先，发动机的气门和气门座，都改用特殊强化材料制成，以保证发动机工作时，气门机构可以承受足够的冲击；其次，燃料乙醇和普通汽油的燃点不同，新发动机采用了可调的新式点火方式，这样就可以适应各种燃料的不同要求；最后，燃料乙醇不像汽油那样容易受到低温的影响，因此一旦温度降低到 -15℃，发动机气缸体就可以进行预热，比普通汽油车更容易起动。除了福克斯以外，福特在欧洲许多畅销车型，比如蒙迪欧、C-MAX、Galaxy 等车型，都有 E85 版本。

二、生物柴油在汽车上的应用

生物柴油（Biodiesel）是指以油料作物如大豆、油菜籽、棉、棕榈等，野生油料植物和工程微藻等水生植物油脂以及动物油脂、餐饮垃圾油等为原料油，通过酯交换工艺制成的可代替石化柴油的再生性柴油燃料。生物柴油是生物质能的一种，它是生物质利用热裂解等技术得到的一种长链脂肪酸的单烷基酯。

生物柴油的特性和优点：

(1) 具有优良的环保特性　生物柴油和石化柴油相比含硫量低，使用后可使二氧化硫和硫化物排放大大减少。权威数据显示，二氧化硫和硫化物的排放量可降低约30%。生物柴油不含对环境造成污染的芳香族化合物，燃烧尾气对人体的损害低于石化柴油，同时具有良好的生物降解特性。和石化柴油相比，柴油车尾气中有毒有机物排放量仅为10%，颗粒物为20%，二氧化碳和一氧化碳的排放量仅为10%。

(2) 具有良好的低温起动性能　和石化柴油相比，生物柴油具有良好的发动机低温起动性能，冷滤点达到 -20℃。

(3) 生物柴油的润滑性能比石化柴油好　可以降低发动机供油系统和缸套的摩擦损失，增加发动机的使用寿命，从而间接降低发动机的成本。

(4) 具有良好的安全性能　生物柴油的闪点高于石化柴油，它不属于危险燃料，在运输、储存、使用等方面的优势明显。

(5) 具有优良的燃烧性能　生物柴油的十六烷值比柴油高，燃料在使用时具有更好的燃烧抗爆性能，因此可以采用更高压缩比的发动机以提高其热效率。虽然生物柴油的热值比柴油低，但由于生物柴油中所含的氧元素能促进燃料的燃烧，可以提高发动机的热效率，这对功率的损失会有一定的弥补作用。

(6) 具有可再生性　生物柴油是一种可再生能源，其资源不会像石油、煤炭那样会枯竭。

(7) 具有经济性　使用生物柴油的系统投资少，原用柴油车的发动机、加油设备、储存设备和保养设备无须改动。

(8) 可调和性　生物柴油可按一定的比例与石化柴油配合使用，可降低油耗，提高动力，降低尾气污染。

课题三　太阳能汽车和压缩空气动力汽车

一、太阳能汽车

太阳能汽车是太阳能发电在汽车上的应用，它使用太阳能电池把光能转化成电能，储存在电池中，为汽车的电机提供动力源，有望完全做到零排放。正因为其环保的特点，太阳能汽车被诸多国家所提倡，太阳能汽车产业的发展也日益蓬勃。

1. 太阳能汽车的优势

1) 太阳能汽车无污染，无噪声。因为不用燃油，太阳能电动车不会排放污染大气的有害气体；没有内燃机，太阳能电动车在行驶时噪声污染小。

2) 太阳能汽车耗能少，只需采用 $3\sim4m^2$ 的太阳电池组件便可使太阳能电动车行驶起来。燃油汽车在能量转换过程中要遵守卡诺循环的规律来做功，热效率比较低，只有1/3左右的能量消耗在推动车辆前进上，其余2/3左右的能量损失在发动机和驱动链上；而太阳能汽车的热量转换不受卡诺循环规律的限制，90%的能量用于推动车辆前进。

3) 易于驾驶。无须电子点火，只需踩下加速踏板便可起动，利用控制器使车速变化。不需换档、踩离合器，简化了驾驶的复杂性，避免了因操作失误而造成的事故隐患。

4) 太阳能汽车结构简单，除了定期更换蓄电池以外，基本上不需日常维护，省去了传统汽车必须经常更换机油,添加冷却液等定期维护的烦恼。

5)在都市行驶,为了等候交通信号灯,必须不断地停车和起动,既造成了大量的能源浪费,又加重了空气污染,使用太阳能汽车,减速停车时,可以不让电机空转,大大提高了能源使用效率且减少了空气污染。

2. 太阳能汽车的基本构造

(1) 太阳电池方阵　太阳电池方阵是太阳能汽车的能源。方阵是由许多 PV 光电池板(通常有好几百个)组成,方阵类型受到太阳能汽车尺寸和部件费用等的制约。目前,主要有两种类型的光电池板:硅电池和砷化合物电池。环绕地球卫星使用的太阳电池使用的是典型的砷化合物电池,而硅电池则更为普遍地为地面基础设备所使用。一般等级的太阳能汽车通常使用硅电池板。许多独立的硅片(接近 1000 个)被组合,形成太阳电池方阵。依靠光伏电源供电驱动太阳能汽车。这些方阵的工作电压通常为 50~200V,并能提供 1000W 的电力。方阵输出功率的大小受到太阳、云层的覆盖度和温度的影响。超级太阳能汽车也能使用常规类型的太阳能光电池板,但更多的是使用太空级光电池板。这种板很小,比普通的硅电池板要昂贵得多,但是它们的使用效率非常高。

一般情况下,汽车在运动时,被转换的太阳能会被直接送到电机。但有时提供的能量要大于电机需求的电力,那么多余的能量就会被蓄电池储存以备后用。当太阳电池方阵不能提供足够的能量来驱动电机时,蓄电池内储存的备用能量将会自动补充。当太阳能汽车静止时,所有能量都将通过太阳能光伏阵列储存在蓄电池内。当太阳能汽车减速制动时,这时电机将变成了一个发电机,能量通过电机控制器为蓄电池充电。

(2) 电力系统　太阳能汽车的电力系统主要由蓄电池和电力网等组成,电力系统控制器管理全部电力的供应和收集工作。蓄电池组就相当于普通汽车的燃油箱,电池组是由几个独立的模块连接起来,并形成系统所需的电压。比较有代表性的系统电压一般是 84~108V。

(3) 电力控制系统　电力控制系统包括峰值电力监控仪、电机控制器和数据采集系统等。电力控制系统最基本的功能就是控制和管理整个系统中的电力。当太阳能光伏阵列正在给蓄电池充电的时候,电池组电力监控仪会保护蓄电池组因过充电而不被损坏。电机控制器控制电机的起动,而电机起动信号是来自驾驶人的加速装置。

(4) 电机　在太阳能汽车里使用什么类型的电机没有限制,大多数太阳能汽车使用的电机是双线圈直流无刷电机,可在额定的转速达到 98% 的使用效率,但是价格比普通有刷型交流电机要高。

3. 太阳能汽车技术的发展

在 2015 年 10 月的"全国大众创业万众创新活动周"活动上,汉能集团推出了一款名为"Hanergy SolarPower"的太阳能电动概念车,如图 6-24 所示。在这辆车的前舱盖、顶部以及尾部,安装了 $6m^2$ 面积的"高效砷化镓柔性薄膜电池",这种薄膜电池的转换效率达 30.8%。车身使用了大量碳纤维和轻质合金,后置两台电机,综合动力输出可达 160kW,峰值转矩为 400N·m,整车续驶里程达 300km,百公里加速时间为 5.8s,最高时速为 200km/h,同时配备了一系列传感器、摄像头和高精度地图,能够实现自动驾驶功能。

二、压缩空气动力汽车

压缩空气动力汽车（Air Powered Vehicle，APV）通常称为气动汽车。它使用高压压缩空气为动力源，空气作为介质，汽车运行时将压缩空气存储的压力能转化为其他形式的机械能（汽车动能）。以液态空气和液氮等吸热膨胀做功为动力的其他气体动力汽车也应属于气动汽车的范畴。

图6-24　汉能集团的"Hanergy SolarPower"太阳能电动概念车

1. 气动汽车的发展

气动汽车的工作原理与传统汽车最大差别在于汽车动力来源的不同，其发动机的总体结构形式还是可以借鉴传统汽车现有的结构模式，主要还是往复活塞式、旋转活塞式等形式。具体工作原理是：压缩缸吸入外面空气，活塞上升，把空气加压至20~30MPa，温度上升至400℃；储气瓶的高压压缩空气经减压后，通过热交换器吸热，进入作用缸推动负载运动。合理设计通道的压力切换，以及各缸在曲轴上的转角相位关系，将可以获得发动机平稳的动力输出。通过调节进入作用缸的气体压力和流量，可以改变发动机的动力特性。

由法国环保汽车公司MDI（Motor Development International）设计的"空气车"每加一次空气可行驶10h，适合城市的短途客运和货运。该公司创办人兼发明家内格里，以其设计飞机和一级方程式赛车发动机的经验，发明出完全以压缩空气发动机推动的空气车。空气车最高时速达110km，平均每加一次空气可行驶200km或10h。车上有4个总容量为90L的压缩空气缸，可储$90m^3$的空气。由于空气车使用的是压缩空气，为避免损害发动机，所有空气都要先经过滤器过滤沙尘杂质，变成干净空气后才能注入发动机。所以驾驶人在驾驶空气车的同时，还能帮助清新城市内的废气。

气动汽车加气过程非常简单，驾驶人可在家中自行加气，只需把空气车上的空气压缩机接到家中电源上，4h后便能自动加满气。将来驾驶人也可以去指定的加气站快速加气，MDI已开发出一种快速充气技术，使气缸可在3min内完成充气，服务费约1.5欧元。为减轻车身重量和使车辆速度更快，空气车的车身和车架分别以强化玻璃纤维和铝管制造。为减少汽车的电线重量，内格里特地为空气车设计了一套无线电控制的电力装置系统，只需一条电线便能供电给包括车灯在内的所有电力装置，使电线质量大大减少了22kg，车身的总质量为700kg。

美国华盛顿大学1997年研制了一台以液氮为动力的气动原型汽车，其基本工作原理与压缩空气动力汽车相同，只是动力来源于液态氮受热蒸发后气体膨胀做功。液氮无须使用高压罐储存，安全性较好。但液氮的制取和存储需很低的温度，制氮成本不低，储氮费用较大。使用过程中存在氮气逸气量大、液氮汽化的热交换量也很大等问题。

国内近来也有人提出液态空气动力汽车的设想，但其同样存在液氮气体动力汽车的问题。

2. 标致雪铁龙空气混合动力系统（Hybrid Air）

在2014年4月的北京车展上，标致展台展出了配备最新空气混合动力技术的标致2008解剖车，如图6-25所示。这套系统曾在2013年的日内瓦车展上正式亮相过，当时配套车型为雪铁龙 C3，官方公布的百公里油耗为 2.9L。而在 2014 年的日内瓦车展上，这套系统再次参展，并搭载在标致 2008 车型上，百公里油耗也下降到了 2.0L，低油耗低排放也是这套混合动力系统存在的主要意义。

图 6-25　标致 2008 空气混合动力系统（Hybrid Air）

在标致雪铁龙的中远期计划中，未来在混合动力车型方面，将在小型车或紧凑级车型上，主推空气混合动力；而在中大型车上则依旧使用油电混合技术，尤其是其在欧洲市场依旧会推出全新的柴油电动混合动力产品，两套系统会高低搭配，而非替代关系。相比插电式混合动力系统，这套空气混合动力结构并不算复杂，主要包括三部分：汽油发动机、液压机构（液压泵与液压马达）和压缩空气罐系统。其中液压泵和液压马达与变速器是整合到一起（结构布局与油电混合系统相似）的。结构非常紧凑，以便之后轻松地装入小型车的发动机舱内，如图 6-26 所示。

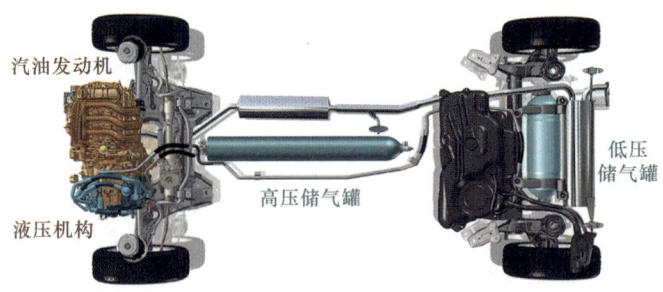

图 6-26　标致雪铁龙空气混合动力系统（Hybrid Air）

图 6-27 所示为气体混合动力系统的结构简图，从图中可以看出，压缩气体的能量通过液压油推动液压机构（液压泵与液压马达）将动力传递到驱动桥，其中液压泵起到了传统汽车中发动机一样的作用，官方称它为液压发动机。而制动能量的回收，也是通过液压机构和液压油压缩气体进行能量储存的。

系统有四种工作模式，包括发动机驱动、高压空气驱动、混合驱动和能量回收。其汽油发动机是三缸的 1.2L VTi 发动机，发动机驱动模式主要用于高速定速巡航（这也是发动机最经济的工作区间）；纯空气驱动主要用于城市道路（时速不超过 70km/h）；而需要加速或

其他清洁能源汽车的认知　项目六

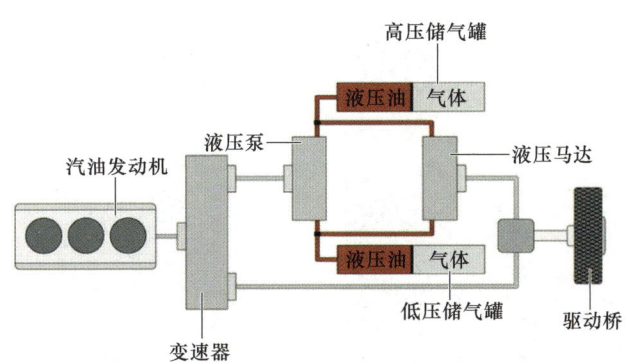

图6-27　气体混合动力系统的结构简图

爬坡时,两者同时介入工作。与油电混合系统相似,这套系统也允许用户自行切换,当然也可以设置为自动。

混合驱动模式主要是在汽车起动、加速、爬坡等高耗能的时候启动,这个时候汽油机和液压马达同时工作,而两种动力的驱动比例是根据驾驶人的需要,再由整车控制电脑自动调节。动力单元结构布局上,空气混合动力系统在体积以及重量上更有优势,压缩空气系统的布局更紧凑,尺寸也更小,核心由一套液压发动机系统组成。

Hybrid Air与油电混合技术的原理大体相似,不同的是,将对环境造成污染且会有积累效应和衰减效应的电池更换为压缩气体,由压缩空气和传统汽油机相结合提供动力,节油效果要高于油电混合,而且空气储存装置里的气体并非空气而是惰性气体,会确保使用安全。

与普通油电混合动力一样,纯压缩空气工作模式下,一样可以实现零排放,而且最高车速可达70km/h,基本覆盖了市区的大部分行驶路况。但空气混合动力系统制造成本相对于传统的油电混合动力要低不少。官方称,城市驾驶,可以提升45%的燃油经济性,综合路况的燃油经济性也能提升35%。

阅读小资料　　太阳柴油

太阳柴油是德国Choren公司的一个注册商标,是该公司将生物质转化为液体燃料的一种技术。与美国的Coskata公司使用垃圾等废弃物生产乙醇一样,Choren公司通过边角木料、秸秆或稻草为原料来生产生物燃料。从生物质和纤维素中提取的太阳柴油属于第二代生物燃料。

太阳柴油无色无味,如水晶般透明,可由木屑等生物质原料提炼而成,如图6-28所示。太阳柴油具有高十六烷值,没有芳香化合物,不含硫,因此明显降低有害物的排放。之所以将其称之为太阳柴油,是因为这些原料都是因为太阳的能量而产生的。在现有的柴油发动机(见图6-29)中使用这种品质极高的太阳柴油,可以进一步降低约30%的颗粒和氮氧化物排放,哪怕是在老旧车辆上使用,也能够取得明显的效果。为了进一步履行广泛推广太阳柴油的承诺,大众汽车集团与戴姆勒公司携手签约认购了德国Choren公司的股份,该公司已在德国建造了全球首个商用产业规模的生物燃料工厂。这种代用燃料的CO_2循环回收率达到90%以上,而且不会与食品生产发生冲突,在中国也有广泛的应用前景。

图 6-28　太阳柴油

图 6-29　太阳柴油汽车

 **课中实践**

查阅资料、结合实车，在老师现场安全指导下，完成本项任务。

任务名称	LNG 与 CNG 汽车的认知			
姓名		班级		学号
填写任务记录				
一款 LNG 发动机汽车	驱动布置形式		前驱□　后驱□　四驱□	
	发动机类型及参数			
	整车主要性能参数			
	燃料			
	储气瓶特点			
一款 CNG 发动机汽车	驱动布置形式		前驱□　后驱□　四驱□	
	发动机类型及参数			
	整车主要性能参数			
	燃料			
	储气瓶特点			
辨认其主要部件并分析两车型之间的差异				
指导教师		成绩		

 **课后思考**

1. LNG 汽车的燃料供给系统由哪些元件组成？各有什么作用？
2. CNG 汽车发动机有哪些传感器和执行器？
3. 太阳能汽车动力系统由哪些元件组成？各有什么作用？
4. 简述空气动力汽车的基本原理。

项目七 07 新能源汽车高压电气防护

学习目标

通过本项目的学习，学生能够认识新能源汽车涉及的高压部件；了解新能源汽车电气网络原理、现代新能源汽车电气安全防护主要措施，熟悉相应的维护、维修规范要求。

学习要求

知识要点	能力要求	相关知识
新能源汽车的使用与常规维护	了解新能源汽车的使用与常规维护	安全防护要求；安全维修操作规程；安全维修注意事项
新能源汽车电气防护	了解新能源汽车高压电气安全防护主要措施	电气网络原理；新能源汽车电气安全防护

课前引入

在新能源汽车高压电操作中，要牢记，千万不要把自己串入正负极之间构成导电回路，造成触电的严重事故。另外，正或负直流母线与车身意外相连将存在严重的高压电击隐患，一旦人员在车上接触了高压电负极或正极将造成严重电击伤或死亡，所以新能源汽车采用安全的电气网络和电气防护措施非常必要。因此，认识新能源汽车的高压安全知识、了解安全防护措施和掌握相应的维修规范要求非常重要。

电气危害与救助

课题一　新能源汽车使用与维护

新能源汽车在使用与维护方面和燃油汽车有着较大的区别，关于新能源汽车的使用维护问题也越来越多地受到大家的关注。搭载电动力系统的纯电动车型，整车涉及高压的部分有整车橙色线束、动力蓄电池、高压配电箱、车载充电机、电机控制器总成、DC/DC 变换器、电动力总成、电动压缩机总成、电加热芯体 PTC 等。如图 7-1 所示,车内橙色电缆及连接部件均为高压部件。

图 7-1 某纯电动汽车前机舱内高压部件

为确保维修人员人身安全,避免违规操作引起安全事故,在维修高压部分时,需要注意相关规范要求。JT/T 1344—2020《纯电动汽车维护、检测、诊断技术规范》于 2021 年 2 月 1 日起正式实施。

一、电动系统专用装置日常维护

1. 仪表、信号指示装置

1)检查仪表外观及指示功能,仪表应完好有效,指示功能应正常。

2)检查信号指示装置,信号指示应无异常声光报警和故障提醒。

3)检查动力蓄电池荷电状态(SOC)示值或参考行驶里程示值情况,示值应符合车辆维修维护手册的规定。

2. 驱动电机系统

1)检查运行工作状况,运行应平稳,且无异常振动和噪声。

2)检查系统外观及连接管路,表面应清洁,管路应无渗漏现象。

3. 冷却系统

1)检查风冷过滤网外观,过滤网应洁净、无破损。

2)检查运行工作状况,运行过程应无异常噪声和渗漏现象。

3)检查冷却液液面高度,液面应符合车辆维修维护手册的规定。

4. 充电插孔

1)检查充电插孔外观,插孔应无烧蚀、异物,插座应清洁、干燥。

2)检查防护盖,防护盖应锁闭完好。

5. 电器舱、电池舱

1)检查电器舱门和电池舱门的关闭状态,舱门锁闭应完好有效。

2)鼻嗅检查,舱体周围应无刺激或烧焦等异味。

二、安全防护要求

1）维修人员必须佩戴必要的安全防护用品，如：绝缘手套（需准备防高压电工手套以及防电池电解液酸碱性两种手套）、绝缘胶鞋、绝缘胶垫和防护眼镜等，如图 7-2 所示，其耐压等级必须大于需要测量的最高电压。

图 7-2 必要的安全防护用品
a）绝缘手套 b）绝缘胶鞋 c）绝缘胶垫 d）防护眼镜

2）使用前必须检查绝缘手套是否有破损、破洞或裂纹等，应完好无损，确保安全。

3）使用前必须检查绝缘手套、绝缘胶鞋等防护用品，不能带水进行操作，保证内外表面洁净、干燥，确保安全。

4）维修车辆时，必须设置专职监护人一名，监护人工作职责为监督维修的全过程，具体如下：

① 监督维修人员组成、工具使用、防护用品佩戴、备件安全保护、维修安全警示牌等是否符合要求。

② 检查紧急维修开关的接通和断开。

③ 负责对维修过程中的安全维修操作规程进行检查，监护人要按安全维修操作规程指挥操作，维修人员在做完一个操作后要告知监护人，监护人要在作业流程单上做标记。

④ 监护人要认真负起责任，确保维修过程的安全，避免发生安全责任事故。

⑤ 监护人及维修人员必须具备国家认可的《特种作业操作证（电工）》与《初级（含）以上电工证》（职业资格证书）。

⑥ 监护人及维修人员必须经过生产厂家关于纯电动车型培训，并通过考核。

5）严禁未经培训的人员进行高压部分检修，禁止一切带有侥幸心理的危险操作，避免发生安全事故。

三、安全维修操作规范

1）高压部件识别。

① 整车橙色线束均为高压线。

② 动力蓄电池连至蓄电池管理系统的红色电压采样线束。

③ 高压零部件：动力蓄电池、高压配电箱、车载充电机、电机控制器总成、驱动电机、DC/DC 变换器、电动压缩机总成、电加热芯体 PTC 等。不同车型结构会有所区别，有各部件分体式、多部件集成式（如"三合一"，"四合一"等）多种形式。

2）检修高压系统时，起动开关必须处于 OFF 档（若为智能钥匙系统，则使车辆不在智能钥匙感应范围内，并且车辆处于非充电状态），并拔下紧急维修开关。

紧急维修开关拔下后,由专职监护人员保管,并确保在维修过程中不会有人将其插到高压配电箱上。

① 断开紧急维修开关只是切断了从高压配电箱到各个高压用电设备的电源,并不能切断动力蓄电池到高压配电箱的电源。

② 当需要维修或更换高压配电箱时,应小心拔出连接动力蓄电池的电缆正、负极高压插接件,使用绝缘胶带包好裸露出的桩头,避免触电。

3) 在断开紧急维修开关5min后,检修高压系统前应使用万用表测量整车高压回路,确保无电。

① 确定方法:拔下紧急维修开关手柄后,测量动力蓄电池正极和车身之间的电压来初步判断是否漏电,若检测到电压大于等于50V,应立即停止操作,按动力蓄电池漏电检测方法检查。

② 使用万用表测量高压时,需注意选择正确量程,检测用万用表精度不低于0.5级,要求具有直流电压测量档位,量程范围不小于或等于1000V,并遵守"单手操作"原则。

③ 所使用的万用表一根表笔线上配备绝缘鳄鱼夹(要求耐压为3kV,过电流能力大于5A),测量时先把鳄鱼夹夹到电路的一个端子,然后用另一只表笔接到需测端子测量读数。每次测量时只能用一只手握住表笔;测量过程中,严禁触摸表笔金属部分。

4) 调试高、低压系统注意事项。

① 调试低压前必须断开紧急维修开关。

② 调试高压时,必须由专职监护人指挥装配紧急维修开关。

③ 调试高压必须在低压调试好的前提下调试,便于判断动力蓄电池是否有漏电的情况,如有漏电情况应及时检查,不能进行高压调试。

5) 拆装动力蓄电池总成时,首先把高压配电箱连接高压线束插接件用绝缘胶带缠好,拆装过程不要损坏线束,以免发生触电危险。

6) 检修或更换高压线束、油管等经过车身钣金孔的部件时,需注意检查与车身钣金的防护是否正常,避免线束、油管磨损。

四、安全维修注意事项

1) 在维修作业前请采用安全隔离措施(使用警戒栏隔离),并树立高压警示牌,以警示相关人员,避免发生安全事故,如图7-3所示。

图7-3 安全隔离措施

2）在维修高压部分前，请将车身用搭铁线连接到纯电动车型专用维修工位的接地线上。

3）在检修有电解液泄漏的动力蓄电池时，需佩戴防护眼镜，以防止电解液溅入眼中。

4）在车辆上电前，注意确认是否还有人员在进行高压维修操作，避免发生危险。

5）检修高压线束时，对拆下的任何高压配线应立刻用绝缘胶带包扎绝缘；注意：高压线束装配时，必须按照车身固定孔位要求将线束固定好。

6）不能用手指触摸高压线束插接件里的带电部分，以免触电，另外应防止有细小的金属工具或铁条等接触到接插件中的带电部分。

7）若发生异常事故和火灾时，操作人员应立即切断高压回路，其他人员立即使用灭火器扑救。

课题二　新能源汽车电气防护

在新能源汽车上存在高压电及高压部件，为了保证驾驶和维修安全，车辆本身必须进行必要的电气防护。防护的措施主要有：高压正极和高压负极使用各自单独的高压线；系统带有等电位线，用于引开接触电压；插头和连接均有接触保护；动力蓄电池上有可控的高压正极接触器和高压负极接触器；动力蓄电池上安装有维修开关，在拔下维修开关后高电压断电或电压下降；采用 DC/DC 变换器；高压部件内的中间电容器会进行放电；高压元件上有互锁安全线；高压元件采用绝缘监控；在识别出碰撞时，动力蓄电池上的高压接触点断开。

一、高压电气网络防护

对于电动汽车的高压部分，电气网络结构决定了从供电器（比如动力蓄电池）到用电器（比如驱动电机）的电能传输路径。图 7-4 所示为一般的电气网络结构类型。电气网络结构说明详见表 7-1。

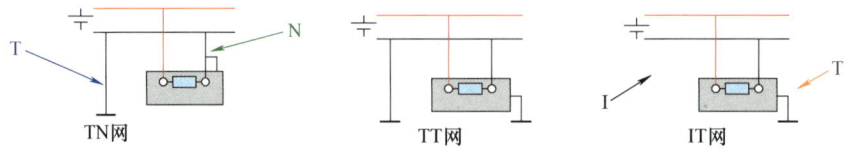

图 7-4　一般的电气网络结构类型

表 7-1　电气网络的结构说明

第一个字母（供电器）：是否与车身连接	第二个字母：壳体与车身是否连接
T 是，已连接	N 否，但与起保护作用的不带电搭铁线连接
I 否，绝缘的	T 是，以电位补偿方式（等电位）连接

对于 TN 网络系统和 TT 网络系统，如果从正极到壳体的导线出现故障，那么无论当前行驶状态是什么，高压系统都会立即被断电，图 7-5 所示说明了这种情况。

车辆中所用的高压网络是一种 IT 网络系统，如图 7-6 所示。对于 IT 网络系统，由于高压电有单独的回路，与壳体绝缘，所以就不会有电流经过车身，而是流向动力蓄电池负极。

IT 网络系统的优点是如果从正极到壳体的导线出现故障，IT 网络系统不会被断电。

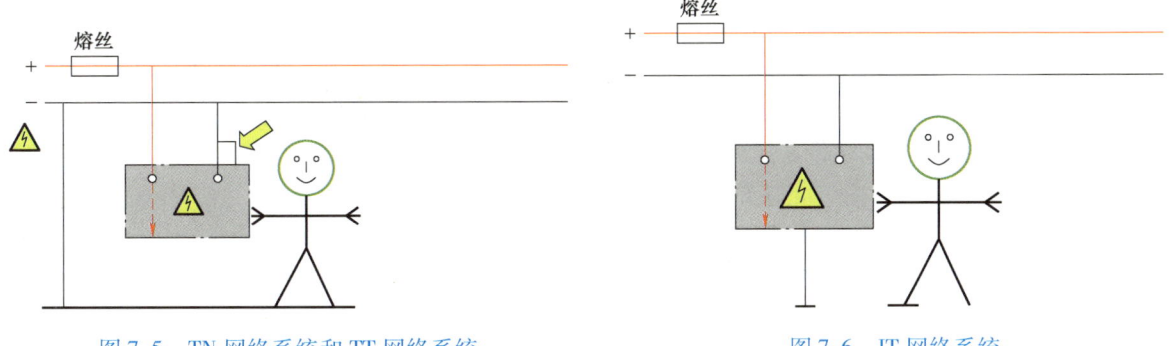

图 7-5　TN 网络系统和 TT 网络系统　　　　　图 7-6　IT 网络系统

IT 网络系统出现等电位连接故障，如图 7-7 所示，第一个故障在车上出现时，系统仍能够工作，有报警信息。第二个故障出现时 BMS 会将高压系统切断（断电），同时系统内会短路，功率电子装置内和维修开关内的熔丝会熔断，组合仪表上会有报警信息，高压系统无法工作，也无法重新起动。

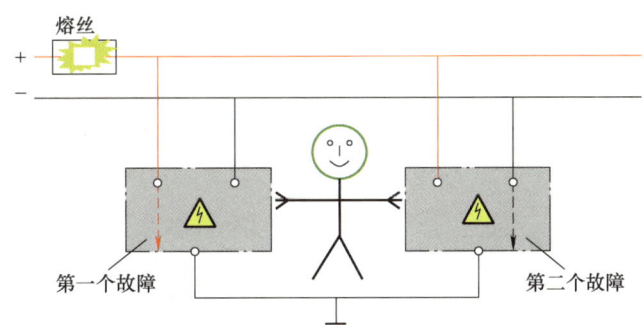

图 7-7　IT 网络系统出现等电位连接故障

IT 网络系统出现非等电位连接故障，如图 7-8 所示。第一个故障无安全风险，第二个故障电流可能会流经全身。电流的路径为正极电路→第一个用电器壳体→人体→第二个用电器壳体→负极电路。

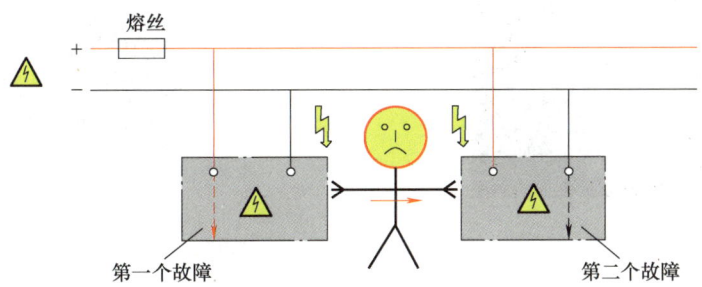

图 7-8　IT 网络系统出现非等电位连接故障

等电位（电位均衡）保护要求所有接触面应洁净且无油脂。导线截面不可因电缆断裂而减小。接触电阻大或电缆断裂时导致电阻增加,在出现故障时,等电位失去保护作用。

二、高压电缆防护

高压正极和高压负极使用各自单独的高压电缆(高压线)。高压正极和高压负极通过各自单独的导线与高压部件相连接,车身不用作搭铁。新能源汽车的高压电缆一般都是橙色的。某新能源汽车单芯高压电缆的结构如图7-9所示,双芯高压电缆的结构如图7-10所示。

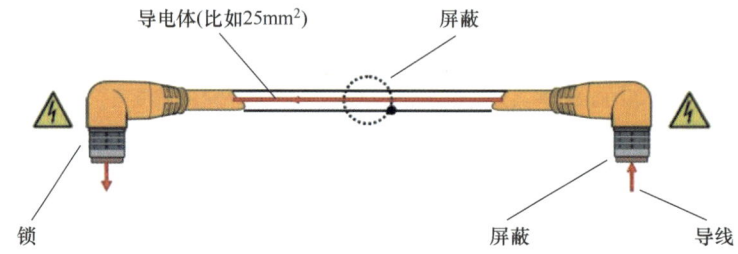

图7-9 单芯高压电缆的结构

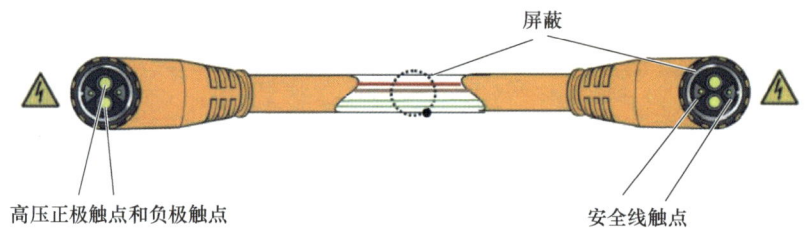

图7-10 双芯高压电缆的结构

三、插头的接触保护和插座的接触保护

纯电动汽车的高压插头和插座都具有特殊的结构形式。某纯电动汽车高压插头的结构如图7-11所示,高压插座的结构如图7-12所示。

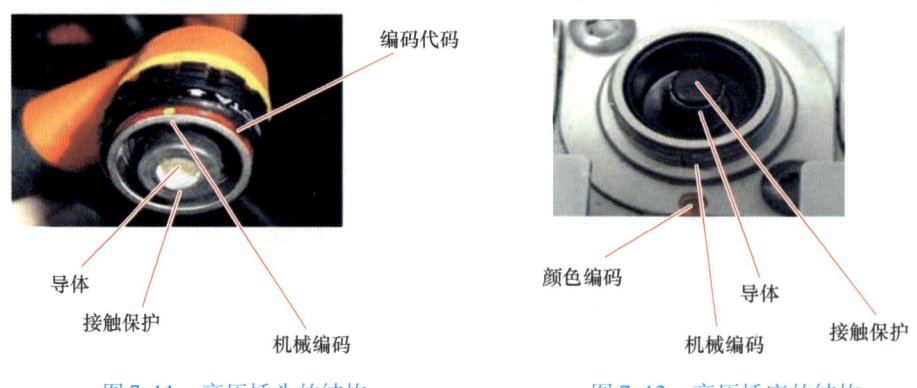

图7-11 高压插头的结构　　　　图7-12 高压插座的结构

四、维修开关

纯电动汽车上都安装有维修开关，在维修时将插头拔下，保证维修时断开高压电。拔下维修开关，安全线就中断了，动力蓄电池内部的连接就断开了。某车型动力蓄电池维修开关线路和维修开关的熔丝实物如图 7-13 所示。

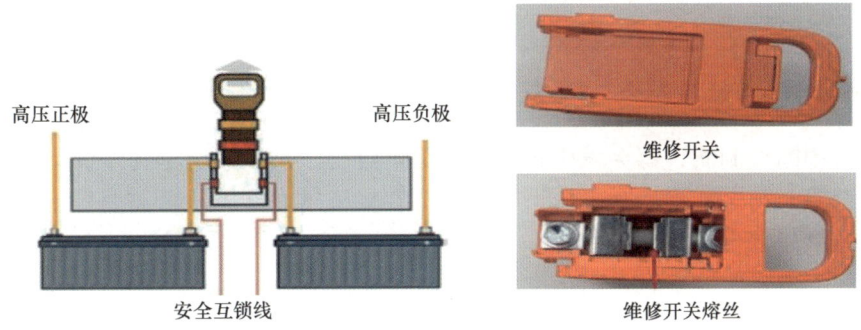

图 7-13　某车型动力蓄电池维修开关线路和维修开关的熔丝实物

五、高压系统的高压互锁

高压互锁安全回路是个环形线路，通过低压电网来监控高压电网。如果安全回路线断路，会导致高压系统立即被切断，对高压系统进行保护。某车型高压互锁回路如图 7-14 所示。

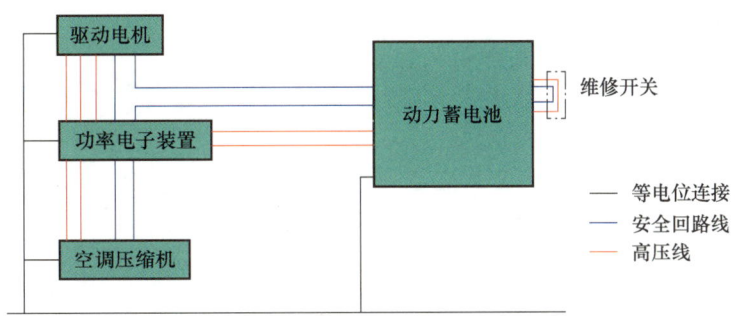

图 7-14　某车型高压互锁回路

六、DC/DC 变换器内的安全防护

电气分离装置会将 DC/DC 变换器的一次绕阻和二次绕阻分离开。与车身搭铁的连接仍是接在 12V 车载供电网络上。因此，一次绕阻和二次绕阻之间就不会有电压了。某车型 DC/DC 变换器内的安全防护原理如图 7-15 所示。

七、电容器放电

在 MCU 或功率电子装置内安装有电容器，电容器具有放电作用。通过放电可以消除功率电子装置内电容器上的残余电压。主动放电是由电动汽车的管理系统来操控的，每次切断

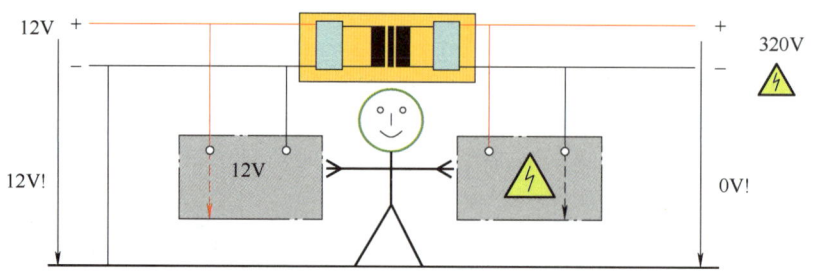

图 7-15　某车型 DC/DC 变换器内的安全防护原理

高压系统或者中断控制线，都会发生这种主动放电过程。被动放电是为了保证把高压部件中的残余电压消除。为了能把残余电压可靠消除，在拔下维修开关后，需要等待一段时间，然后才可以开始高压部件的检修工作。

　阅读小资料　　新能源汽车使用注意事项

1. 夏季注意事项

1）雨季行车前应先做好行车前检查，主要检查刮水器、车辆空调除雾功能是否正常。

2）当雨季行驶时车辆发生故障无法行驶后，应当靠边停车摆放三脚架后等待救援，严禁自行维修。

3）在泥泞路面行驶时，不要猛踩加速踏板，以免发生侧滑。

4）请勿驶入深水中，以免发生漏电短路事故。

5）当车辆被积水浸泡时，不要考虑继续行驶，应迅速断电并离开车内，尽量不要与车身金属接触，以免发生触电。

6）避免高温充电。因动力蓄电池温度特性，车辆在夏季高速行驶后，建议停放 30min 后，再在阴凉通风处进行充电。

7）暴雨打雷时，尽量不要充电，车辆在露天或者地势较低的地方充电时，下雨后应终止充电，以免积水高度超过充电口发生短路。

8）避免车辆暴晒。建议将车辆停放在阴凉通风处，以防车内温度过高，造成安全隐患。

2. 冬季注意事项

1）纯电动车辆在冬季低温行驶后，建议及时充电，避免因长时间停驶导致动力蓄电池温度低，造成用电浪费和充电延时。

2）车辆充电时，建议将车辆尽量停放于避风朝阳且温度适宜的环境。

3）充电时预防雪水淋湿充电接口，更不要将充电插头直接暴露在雪水下，防止发生短路。

4）避免因冬季气温较低导致充电异常情况等的出现，建议车辆充电开启后检查车辆充电是否开启

 **课中实践**

查阅资料、结合实车，在老师现场安全指导下，完成本项任务。

任务名称	纯电动汽车常规维护作业		
姓名		班级		学号	
车型主要参数	填写任务记录		
	车型		
	VIN 码		
	驱动布置形式	前驱□ 后驱□ 四驱□	
	动力蓄电池类型及参数		
	驱动电机类型及参数		
	整车主要性能参数		
	某纯电动汽车常规维护过程记录		
指导教师		成绩	

 课后思考

1. 纯电动汽车维修时，有哪些安全防护要求？
2. 纯电动汽车一般采用哪些高压安全措施？
3. 搭载电动力系统的纯电动车型，整车涉及高压的部分有哪些？
4. 简述 IT 电气网络的含义。

参 考 文 献

[1] 王东光. 新能源汽车概论 [M]. 北京：机械工业出版社，2018.
[2] 崔胜民. 新能源汽车概论 [M]. 北京：人民邮电出版社，2019.
[3] 陈社会. 混合动力汽车构造与维修 [M]. 2 版. 北京：机械工业出版社，2021.